Highlights

MADEIRA

50 ZIELE, DIE SIE GESEHEN HABEN SOLLTEN

Robert Asam
Grit Schwarzenburg
Udo Bernhart

Highlights

MADEIRA

BRUCKMANN

INHALT

Madeira auf einen Blick (v.l.n.r.): farbenfrohe Feste, Lorbeerwälder, gut gefüllte Weinkeller, Windmühlen außer Dienst auf Porto Santo, exotische »Gäste« im Jardim Tropical und Blumen, Blumen, Blumen

0
30 km
N
Ponta do Tristão
Aquario da Madeira
26
Ilhéu Mole
25 Porto Moniz
Santa
Levada Grande
Ilhéus da Ribeira da Janela
Ribeira da Janela
27
Fajã das Contreiras
24
Achadas da Cruz
28 Alte Küstenstraße
Fajã Nova
Lombada Velha
Laje
Serradinho
28
Ponta do Poiso
Seixal
Ilhéu das Ceroulas
Ponta Delgada
31
Pedregal
Ponta do Pargo
Ponta do Pargo
23
Am Berg Fanal
29
São Vicente
30
Grutas
Reserva Natural Integral
Amparo
Ginjas
Achada da Madeira
Fajã da Ovelha
Raposeira do Lugarinho
Raposeira do Serrado
Vargem
Achada do Loural
Rosario
34
Rabaçal
Paúl da Serra
35
36
Boca da Encumeada
Paúl do Mar
22
21
Prazeres
Ponta Pequena
22
Jardim do Mar
Ponta do Jardim
21
Estreito do Calheta
Parque Natural da Madeira
37 Serra de Água
Ponta da Gale
20
Calheta
Curral das Freiras
15
Arco da Calheta
Madalena do Mar
Canhas
Lombada
Lombo Furado
Tabúa
Corticeiras
19
Ponta do Sol
Apresentação
Ribeira Brava
18
Campanário
Nogueira
Quinta Grande
Gaminho Grande e Preces
Caminho Grande e Ribeiro de Alforra
17
Cabo Girão
Rancho
16
Câmara de Lobos
ATLANTISCHER
ATLANTIS
0
100 m
Rua 31 de Janeiro
Rua 5 de Outubro
Hospital
Sta. Luzia
Capela do Encarnação
Monte, Jardim Tropical Monte Palace
Jardim Botânico da Madeira, Palheiro Garden
Via à Cota 40
Mus. do Vinho da Madeira
Escola Secundária Francisco Franco
Museu Henrique e Francisco Franco
Igreja do Bom Jesus
Museu Quinta das Cruzes
3
Oberstadt
Convento de Santa Clara
Instituto do Vinho e Mus.
Tribunal
Igreja do Colégio
Câmara Municipal
Praça do Município
Igreja do Carmo
Museu do Bordado
Patricio & Gouveia
Rua do Conde Carvalhal
Campo do Liceu
R. Dr. Fernão Ornelas
Mus. Frederico de Freitas
Mus. Municipal
Igreja Inglesa
Museu da Fotografia Vicentes
Palácio do Governo Regional
Mus. de Arte Sacra
Kathedrale Sé
8
Santa Maria Maior
7
Mercado
Jardim São Francisco
Igreja Escocesa
Museu Chr. Colombo
Palácio de Lourenço
Museu do Açúcar
Praça de Colombo
Madeira Story Center
Clube de Jazz da Madeira
Teleférico da Madeira
Don Carlo
Capela de Corpo Santo
Rua de Santa Maria
Correio
Praça do Infante
Casa Turista
Avenida Arriaga
Avenida do Mar
L. dos Varadores
Praça da Autonomia
Fortaleza de São Tiago
5
Hafenpromenade
Henrique o Navegador
Parque de Santa Catarina
6
Santa Maria de Colombo
Marina
Cais
4
Der noble Westen
Turismo Monumental Lido, Quinta Magnólia, Cristiano Ronaldo Museum
ATLANTISCHER OZEAN
FUNCHAL

E A N
Reserva
Natural
Ponta de São Jorge
Achada Grande
32
São Jorge
Pico do Tanoeiro
Ribeira Funda
Ilha
33
Santana
Silveira
Ponta do Clérigo
Achada de Santo António
Achada do Marques
Lombo do Curral
39
Queimadas
Faial
Rocha da Galé
39
Caldeirão Verde
Reserva Natural Integral
Moinhos
42
Porto da Cruz
Corujeira de B.
Pico do Lombo do Galego
São Roque do Faial
Espigão Amarelo
Larano
Serrado
Cruz da Guarda
Cruzinhas
38
Pico Ruivo 1861
Fajã do Cedro Gordo
Achada do Pau Bastião
40
Ribeiro Frio
Lombo das Fajãs
Ribeira de Machico
Fajã dos Rolos
Ribeira Seca
Caniçal
Ponta do Bode
Ponta do Rosto
Pedra Furada
Ponta de São Lourenço
45
44
Piedade
Rochinha
Reserva Natural Integral
Ponta das Gaivotas
Ponta do Furado
Ilhéu do Farol
Pedra da Eira
Pico do Arieiro 1818
38
Landeiros
Caramanchão
Fajã das Vacas
Achada do Barro
Paraíso
Graça
Santo da Serra
43
46
Machico
Parque Eco. do Funchal
11
Ribeiro João Gonçalves
Queimado
Achada do Moreno
Bemposta
Ponta Queimada
Ribeira do Eixo
João Ferino
Água de Pena
Janeiro
Fonte de Almocreves
47
Santa Cruz
Rego
Achadinha
Corujeira
Laranjal
Monte
Jardim Monte Palace
10
9
Vala Paraíso
41
Camacha
Gaula
Salao
São Roque
Jardim Botânico
12
S. João de Latrão
Nogueira
Palheiro
Fazenda
Casas Proximas
Santo António
Moinhos
13
Palheiro Gardens
Tendeira
Madalena
Viveiros
Bairro de Santa Maria
São João
São Gonçalo
14
Caniço de Baixo
Ponta da Atalaia
São Martinho
1
FUNCHAL
Igreja
Neves
Ponta da Oliveira
14
Ponta do Garajau
Ponta Gorda
Reserva Natural Parcial do Garajau
H E R O Z E A N
Focinho do Forte
Ilhéu da Fonte da Areia
Ponta do Ninho do Guincho
Ilhéu das Cenouras
Pedregal de Dentro
Pico das Urzes 450
Rocha do Gasparão
Pontinha
Camacha
Ilha do Porto Santo
Serra de Dentro
Ponta de S. Miguel
Ponta do Varadouro
Farrobo
48
Ponta dos Ferreiros
Serra de Fora
Dragoal
Porto dos Frades
Tanque
Casinhas
Penedo
Salões
49
Barroca
Tabaqueira
Campo de Cima
Ponta da Galé
S. Sebastião
Vila Baleira (Porto Santo)
Porto de Abrigo
Ponta da Bebeira
Lombas
Ilhéu de Cima
Ponta da Canaveira
Campo de Baixo
Ponta de Oeste
Espigão 270
Ponta
49
Ilhéu de Ferro
Praia do Porto Santo
Miradouro das Flores
Ponta da Calheta
ATLANTISCHER OZEAN
Pedra Branca
Moledo Ruivo
Portinho
Ponta do Patacho
Ilhéu de Baixo ou da Cal
Ponta da Isabel
Ponta do Ilhéu
Palheiro de Terra
Palheiro do Mar
Selvagem Grande
ATLANTISCHER
OZEAN
50
Ilhas Selvagens
Ilhéus do Norte
Ilhéu Redondo
Ilhéu Comprido
Deserta Grande
50
Ilhas Desertas
Ilhéu Alto
Canal da Selvagem Pequena
Selvagem Pequena
Ilhéu Pequeno
Ilhéu de Fora
Ilhéu do Sul
Ilhéu Grande
Ilha do Bugio

UNSER NACHHALTIGKEITSKODEX

Die Welt birgt viele Wunder, Abenteuer und spektakuläre Aussichten, die wir gerne erkunden möchten. Doch sie ist auch leicht aus dem Gleichgewicht zu bringen. Hier ein paar Tipps, wie wir unsere Welt nachhaltig entdecken können:

- **Die Hauptsaison meiden:** Wenn wir nicht gerade auf die Ferienzeiten angewiesen sind, können wir der Umwelt einen großen Gefallen tun, indem wir in der Nebensaison verreisen. Damit tragen wir zu einer gleichmäßigeren Auslastung der Umwelt und der Infrastruktur bei und der Urlaub wird dazu auch noch wesentlich entspannter.

- **Die Aufenthaltsdauer dem Reiseziel anpassen:** Je weiter das Reiseziel ist, desto länger sollte der Aufenthalt sein. Dadurch lernen wir die Region nicht nur intensiver kennen, sondern stärken sie ganz nebenbei noch durch unsere Ausgaben vor Ort. Anfahrtsintensive Tagesausflüge sollten besser vermieden werden, sie bedeuten nur Stress, sowohl für die Umwelt als auch für uns selbst.

- **Auf umweltschonende Verkehrsmittel setzen:** Wo es möglich ist, reisen wir mit öffentlichen Verkehrsmitteln an. Das reduziert nicht nur die Luftverschmutzung, sondern schont auch unsere Nerven. Falls das nicht geht, helfen verschiedenste Plattformen dabei, den CO_2-Austoß auszugleichen, vor allem, wenn das gewünschte Reiseziel nur mit dem Flugzeug zu erreichen ist.

- **Nur dort parken und campen, wo es erlaubt ist:** Selbst, wenn wir uns noch so vorbildlich verhalten und unseren Aufenthaltsort so hinterlassen, wie wir ihn vorgefunden haben, stören wir den Lebensraum von Wildtieren und hinterlassen Spuren und Gerüche. Auch Lagerfeuer entzünden wir ausschließlich an den dafür vorgesehenen Stellen und achten dabei auf Waldbrandstufen und Naturschutzgebiete.

- **Ressourcen gewissenhaft nutzen:** Manche Umweltressourcen sind bereits knapp, endlich sind auf jeden Fall alle. Um sie zu schonen, sollten wir sparsam mit ihnen umgehen, gerade in Gegenden, in denen zum Beispiel Wasser oder Strom nicht im Überfluss vorhanden sind.

- **Ein guter Gast sein:** Nachhaltig unsere Umgebung zu erkunden bedeutet auch, der hiesigen Flora und Fauna mit Respekt zu begegnen. Pflanzen sollten auf keinen Fall gepflückt werden, aber sie stehen uns bestimmt gerne Modell für das eine oder andere Foto. Das Gleiche gilt für wilde Tiere: Wir füttern sie nicht, halten Abstand und beobachten sie aus der Ferne.

- **Auf den Wegen bleiben:** Wer die vorgegebenen Wege verlässt, dringt nicht nur in die Rückzugsräume heimischer Arten ein, sondern trägt auch dazu bei, dass sich neue Wege bilden, was zur Erosion des Bodens führt.

- **Abfall wieder mitnehmen:** Plastikverpackungen jeglicher Art, Dosen, Flaschen und Papiertaschentücher (es dauert Jahre, bis sich ein einzelnes Taschentuch vollständig abgebaut hat!) gehören nicht in die Natur, sondern artgerecht entsorgt. Am besten gleich eine wiederverwendbare Brotdose oder Trinkflasche mitnehmen. Dazu zählen natürlich auch Toilettenpapier und der Inhalt von (Chemie-)Toiletten. Entsprechende Entsorgungsstationen finden sich überall.

- **Lokal kaufen:** Dadurch lernen wir Land und Leute besser kennen und unterstützen die regionale Wirtschaft, außerdem sind regionale Produkte meist auch preisgünstiger und qualitativ hochwertiger.

So wie wir die Umwelt respektieren, wollen wir auch unseren Mitmenschen und deren Kultur Respekt entgegenbringen, gerade im Hinblick auf deren Traditionen, Religion oder typische Gebräuche. So können ein Lächeln oder ein paar Worte in der Landessprache Berge versetzen!

Und stehen die Häuser der Hauptstadt mancherorts noch so eng beisammen, ein Platz mit schattenspendenden Jacaranda-Bäumen findet sich immer. Wer abends ausgeht, landet früher oder später in Santa Maria Maior.

ERSTAUNLICHES ÜBER DEN ATLANTIKARCHIPEL

Madeira ist nicht einfach nur eine Insel, sondern auch der Name des portugiesischen Archipels, der mitten im Atlantik liegt. Hier findet man ein bisschen Hawaii, ein bisschen Galapagos, einen riesigen traumhaften Sandstrand und einen uralten Feuchtwald. Schon Kolumbus, Sisi oder Churchill konnten sich dem Reiz Madeiras nicht entziehen.

Madeira kreuz & quer

Der Archipel Madeira ist 801 Quadratkilometer groß und besteht aus den Inseln Madeira, Porto Santo, den drei Ilhas Desertas und den drei Ilhas Selvagens sowie etlichen kleinen Inselchen. Rund 741 Quadratkilometer groß ist allein die Insel Madeira. Sie hat eine Länge von 58 Kilometern und eine Breite von 23 Kilometern – und natürlich viele Ecken und Orte, die es zu erkunden gilt. Rund 40 Kilometer nordöstlich liegt die ungleiche kleine Schwester Porto Santo, die gerade einmal 42,5 Quadratkilometer umfasst. Bekannt ist sie heute vor allem wegen ihres goldenen Strands, der fast die komplette Südseite einnimmt. Zudem soll er heilende Kräfte haben. Sand und Meerwasser enthalten Kalzium, Magnesium und Jod. Das Archipel Madeira ist so vielfältig, dass für jeden was dabei ist.

1879

»wanderte« die Braguinha alias Machete, eine kleine Gitarre mit vier Seiten, von Madeira nach Hawaii aus. Portugiesische Auswanderer hatten sie auf der Fahrt über den großen Teich dabei und bauten sie in ihrer neuen Heimat nach. Dort bekam sie einen neuen Namen: Ukulele, was hüpfender Floh bedeutet.

20 PROZENT

der Insel sind vom Laurisilva, dem Lorbeerwald, bedeckt. Mit 15000 Hektar ist er der größte Wald dieser Art weltweit und seit 1999 UNESCO-Weltnaturerbe.

SEIT 1872

wird nicht nur Wein produziert, sondern auch Bier hergestellt. Die Hauptmarke der Madeira-Brauerei im ehemaligen Fischerort Câmara de Lobos heißt Coral und ist ein aromatisches hellgoldenes Lagerbier. Hopfen und Malz sind tschechischen Ursprungs. Na dann: Saúde!

1862 METER HOCH

ist der höchste Berg Madeiras, der Pico Ruivo. Damit ist er nach dem Ponta do Pico (2351 m) auf der Azoreninsel Pico und dem Torre (1993 m) auf dem Festland der dritthöchste Gipfel Portugals.

SIEBEN SEILBAHNEN

oder Teleféricos, wie sie hier heißen, gibt es auf der Insel Madeira. Zwei sind in Funchal: Eine führt von der Altstadt nach Monte, die andere von Monte zum Botanischen Garten. Die anderen verbinden die hohen Klippen mit den Küstenstreifen direkt am Meer.

ALS CR7

ist der berühmteste Sohn der Insel, Cristiano Ronaldo, bekannt. Die 7 ist die Trikotnummer des portugiesischen Fußballstars. 1985 wurde er als jüngstes von vier Kindern in Funchal geboren. Seine Mutter lebt noch auf der Insel. Heute ist nicht nur der Flughafen nach ihm benannt, es gibt auch eine Ronaldo-Bronzestatue direkt vor seinem CR7-Museum und sein Hotel.

3100 KILOMETER

– so lang sind alles Levadas zusammen. Diese künstlichen Kanäle transportieren Wasser vom niederschlagsreichen Norden in den trockenen Süden Madeiras. Angelegt wurden die Levadas bereits im 15. Jahrhundert von den ersten Menschen, die hier siedelten.

66,6 PROZENT

der Inselfläche stehen unter Naturschutz. Am 10. November 1982 wurde der Parque Natural da Madeira geschaffen, um eine einzigartige Flora und Fauna zu schützen. Der größte Teil befindet sich im Zentrum und Norden des Eilands.

MEHR ALS 1200 PFLANZENARTEN

haben dafür gesorgt, dass Madeira den Beinamen »Blumeninsel« trägt. 154 davon sind endemische Pflanzen, das heißt, sie wachsen ausschließlich dort. Dazu gehören der blaue Natternkopf, das lila Madeira-Knabenkraut und das Madeira-Veilchen.

GARTEN IM ATLANTIK – MADEIRA

Wie Madeira erklären? Womit beginnen? Am besten vor Millionen Jahren und Tausende Meter unter dem Meeresspiegel, als gewaltige Kräfte aus dem Erdinneren den Meeresboden sprengten und den Ozean in ein Feuermeer verwandelten. Das war die Geburtsstunde des Archipels. 14 Millionen Jahre ist Porto Santo alt, Madeira sechs Millionen Jahre. Seit 6000 Jahren herrscht Ruhe in den Kratern der Vulkaninsel.

Der Kurzfilm im Vulkanzentrum von São Vicente zeigt eine Art urzeitliches Höllenszenario und gibt Antworten auf viele Fragen, die beim Anblick Madeiras aufkommen. Eine Landschaft, wie von Geisterhand mit unheimlicher Kraft aus dem Meer emporgehoben, muss etwas Besonderes sein. Gerade noch sind die Besuchenden mit eingezogenem Kopf in den längst erloschenen Lavastrom-Kanälen marschiert, nun stehen sie im Schauraum des Zentrums und erleben das Wunder der Natur. Die tiefen Täler, mancherorts Spalten gleich, sehen aus, als hätten wütende Riesen versucht, die Berge zu zertrümmern. Die Steilküsten mit ihren schwarzen Wänden sind von Höhlen durchlöchert, und in gespenstischen Nebelwäldern tragen die Bäume Bart. Tropfnass hängen die Flechten von den Ästen, Riesenfarne wachsen in den Himmel, und sogar Steinböden sind moosbedeckt.

Doch weder waren Riesen am Werk, noch muss man sich vor Gespenstern fürchten. Wildbäche haben die Täler gegraben, Wind und Brandung formten die Küsten, und über die Wälder und Hochebenen ziehen seit Jahrtausenden die regenschwangeren Wolken des Atlantiks. Im feuchten Inselinneren haben sich Lorbeerwälder erhalten, gedeiht – manchmal in zu starkem Ausmaß – Eukalyptus, erreichen Erikakraut und Rhododendren Baumgröße. Was für ein Kontrast zum milden Süden, wo der Golfstrom dafür sorgt, dass Wind und Wetter und auch kein noch so tobender Atlantiksturm der Blüten- und Blumenpracht etwas anhaben können. Da die Vulkaninsel Madeira niemals direkten Kontakt zum Festland hatte, entwickelte sich eine eigenständige Pflanzenwelt, für die der Lorbeerwald ein Beispiel ist.

Die blauen und weißen Blütenkegel der Agapanthus säumen die Straßen. Ganzjährig treibt der Afrikanische Tulpenbaum tiefrote Blütenkelche. Das zarte Lila der Blüten der Jacarandabäume umrahmt hingegen nur einige Wochen im April und Mai die Plätze der Hauptstadt Funchal. Gelb, rot oder violett rankt sich die Bougainvillea an Mauern empor. Weinreben, kleine Obstgärten, exotische Spezies, Zierpflanzen – es gibt hier nichts, was es nicht gibt. Dafür sorgten vor allem englische Adelige und Weinhändler, die sich im milden Süden der Insel ansiedelten und ihren Gartenarchitekten freie Hand ließen.

← Typisch Madeira: Hoch über dem Meer haben die Siedlungen inmitten grüner Oasen ihren Platz gefunden.
↗ Das einstige Fischerdorf Câmara de Lobos liegt vor den Toren Funchals und hat schon Winston Churchill zum Malen inspiriert.

Doch ganz Madeira ist ein Garten – ein Garten mitten im Meer, 741 Quadratkilometer groß, 57 Kilometer lang und 22 Kilometer breit. Zum Vergleich: Gran Canaria ist fast doppelt so groß. Auf Mallorca hätte Madeira mehr als vier Mal Platz. Die afrikanische Küste ist 700 Kilometer entfernt, das portugiesische Festland 900 Kilometer. Zum Archipel gehören noch das 40 Kilometer nordöstlich liegende Porto Santo, das unbewohnte Naturschutzgebiet der Desertas, drei winzige Eilande im Südosten, und die ebenfalls unbewohnten, weit entfernten Selvagens. Etwa 250 000 Menschen leben auf Madeira, knapp 5000 auf Porto Santo. Wer durch das quirlige Funchal oder eines der Küstenstädtchen spaziert, muss den Eindruck gewinnen, dass sich hier wesentlich mehr Menschen drängen. Der Eindruck täuscht nicht, denn immerhin kamen im Jahr 2022 rund zwei Millionen Reisende hierher, um Ruhe und Erholung zu finden oder – in den allermeisten Fällen – Aktivurlaub zu machen.

Levadas, Poios und Piraten

Bis Madeira zum Traumziel vor allem europäischer Gäste wurde, dauerte es allerdings einige Zeit. Im Zeitraffer beschrieben: Phöniziern, Römern und Mauren entging die schöne Insel. Sie segelten an Madeira vorbei. Erst 1419 entdeckten zwei portugiesische Seefahrer, João Gonçalves Zarco und Tristão Vaz Teixeira, das unbewohnte Juwel. Die gesamte Insel war von dichtem Wald überzogen, daher der Name

Madeira, das portugiesische Wort für Holz. Brandrodung schuf Platz für Siedlungen, ein neues Bewässerungssystem in engen Kanälen, den *levadas,* und von Natursteinmauern gestützte Terrassen, die *poios,* ermöglichten es den Menschen, das Land zu bewirtschaften.
Mehr als 3000 Kilometer lang ist das Netz der Wasserkanäle, die die Insel durchziehen und zu dem machten, was sie heute ist. Die Levadas dienten vor allem dazu, das Wasser im Bergland zu sammeln und den trockenen Süden der Insel zu bewässern. Immer wieder gibt es Abzweigungen, damit auch jeder Bauer versorgt wird. Das Wissen um das ausgeklügelte Bewässerungssystem kam aus Afrika. Mauretanische Sklaven sollen die ersten Levadas auf Madeira geplant haben.
Das war auch bitter nötig, denn aus Sizilien wurde auf der Insel Zuckerrohr eingeführt. Mitte des 15. Jahrhunderts war Funchal bereits ein wichtiger Handelsstützpunkt. 1478 kam ein Seefahrer aus Genua nach Madeira. Sein Name: Christoph Kolumbus. 1479 heiratete er Filipa de Pestrelo e Moniz, die Tochter des Gouverneurs von Porto Santo. Der Ehe war jedoch kein langes Glück beschieden. Bereits zwei Jahre später starb Filipa, und Kolumbus kehrte Madeira den Rücken. Er versäumte nicht viel, denn die Geschichte der Insel prägten in der Folgezeit Piratenüberfälle, Plünderungen und Handelskriege. Zucker und Wein, aber auch Silbervorkommen hatten Madeira zu einer reichen Insel gemacht, die jedoch kaum Verteidigungsanlagen besaß. Dies rächte sich am 3. Oktober 1566. Acht französische Schiffe mit 1200 Mann Besatzung überfielen Madeira, verwüsteten Funchal, zogen mit 300 Sklaven an Bord wieder ab und hinterließen 300 Tote.

Das britische Zeitalter

Im 17. Jahrhundert hielt die Geschichte eine weitere Wendung für Madeira bereit, diesmal allerdings eine günstige. Die Tochter des portugiesischen Königs João IV., Catarina de Bragança, heiratete Charles II. von England. Das führte dazu, dass britische Kaufleute eine Sonderstellung auf Madeira genossen, wo viele Zuckerrohrplantagen mittlerweile durch Weingärten ersetzt worden waren. Die Briten durften direkten Handel mit den amerikanischen Kolonien betreiben und unterlagen nicht den geltenden Exportbeschränkungen. Dies kam einem Handelsmonopol mit der Neuen Welt gleich. Während der Napoleonischen Kriege wurden britische Truppen auf Madeira stationiert, um die Interessen des Königreichs zu schützen. Napoleons Begegnung mit Madeira war kurz. Auf dem Weg ins Exil nach St. Helena ging sein Schiff 1815 im Hafen von Funchal vor Anker. Der britische Konsul traf den abgesetzten Herrscher auf dem Schiff zum Abendessen und schenkte ihm Wein, den Napoleon allerdings nie trank. Die ersten Feriengäste auf Madeira kamen – natürlich – aus England, vor allem Offiziere, die sich von ihren Aufenthalten in Afrika und Indien erholten, bevor sie in die Heimat zurückkehrten. Die Wissenschaft entdeckte und interessierte sich vor allem für die Pflanzenwelt, und Mediziner empfohlen das milde Inselklima gegen Lungenerkrankungen. Der europäische Adel nahm die weite Schiffsreise in Kauf, und auch Kaiserin Elisabeth von Österreich kam gern nach

↑ Typisch Madeira: Exotische Pflanzen und ein guter Platz mit Meerblick, um einen wunderschönen Abend zu genießen.
← Wenn die Fischerboote zurückkehren, ist der Fang häufig überschaubar. Der Fremdenverkehr hat die Fischerei als wirtschaftliches Standbein längst abgelöst.

↑ Üppiges Grün, Lorbeerbäume und leuchtende Rhododendron findet man im Parque Forestal de Queimadas in Zentralmadeira.

Madeira, im Winter 1860/61 hielt sie sich sogar ein halbes Jahr lang auf der Insel auf.

U-Boot-Krieg und Nelkenrevolution

Obwohl die Insel weit draußen im Atlantik liegt, gingen die beiden Weltkriege nicht spurlos an Madeira vorüber. Im Ersten Weltkrieg erlebten die Menschen hier wiederholt deutsche U-Boot-Angriffe. Einmal wurden drei französische Kriegsschiffe versenkt, ein anderes Mal das Kloster Santa Clara in Funchal getroffen und fünf Kirchgänger getötet. Madeiras Blütezeiten waren damals längst vorbei, was unter anderem 1931 zu einer Revolte der Arbeiter gegen das Mehlmonopol der Großgrundbesitzer führte. Der Aufstand wurde niedergeschlagen, und ein Jahr später übernahm Diktator António Salazar die Macht. Das dunkle Kapitel in Portugals neuerer Geschichte dauerte vier Jahrzehnte und wurde erst 1974 durch die »Nelkenrevolution« beendet. Zwei Jahre später erhielt Madeira eine umfassende Autonomie. Damit fiel der Startschuss für eine bis heute währende Erfolgsgeschichte.

Espada und Espetada

Natürlich macht man auf Madeira Urlaub, um zu wandern, die einzigartige Natur zu genießen, Gärten zu erkunden und weil es auf der Insel nie bitterkalt oder drückend heiß ist. Im Sommer zeigt das Thermometer nie mehr als 30 Grad Celsius an, und im Winter fällt es selten unter 14 Grad. Was fehlt noch zu einer rundum gelungenen Urlaubsregion? Richtig, das gute Essen. Den vielen kleinen Restaurants zwischen Funchal und São Vicente, Porto Moniz und Machico ist eines gemein, nämlich eine vielfältige und sehr regional geprägte Speisekarte.

Auf dem Tisch steht ein Brotkörbchen mit *bolo do caco,* warmes, ofenfrisches, mit Knoblauchbutter bestrichenes Fladenbrot, das auf der Zunge zergeht und nur einen Nachteil hat: Man isst gern zu viel davon. Und das Essen kommt ja erst noch. *Espada* oder *espetada?* Kommt darauf an, ob man Fisch oder Fleisch haben möchte. Also nicht verwechseln: *Espada* ist der Degenfisch, der vor Madeira gefangen wird, und unterschiedlich zubereitet auf jeder Speisekarte zu finden ist.

Der *espetada* hingegen ist das Markenzeichen der Küche Madeiras. Saftige Rindfleischstücke werden an einem Metallspieß oder Lorbeerzweig aufgespießt, für die richtige Würze sorgt grobes Salz. Noch besser schmeckt der Fleischspieß, wenn er über offenem Holzfeuer gegrillt wird. Bei Volksfesten ist das fast immer der Fall. Dann werden Ölfässer halbiert und zu Straßengrills umfunktioniert.

Ein Glas Madeirawein darf natürlich nicht fehlen, ob als Aperitif oder Digestif. Süß, halbsüß, trocken, ganz wie es beliebt. Er wird aus rund 30 Rebsorten erzeugt. Diese Sortenvielfalt ist nur das Tüpfelchen auf dem »i«, zum köstlichen Geschmack tragen zudem die Vulkanerde, das Klima und ein Herstellungsverfahren bei, das auf 500 Jahren Erfahrung und Geschichte zurückblicken kann. Der typische Madeirawein entsteht, weil die Gärung durch die Zugabe von Branntwein gestoppt wird. So bleibt der süßliche Geschmack erhalten. Die Menschen hier sprechen vom Madeirawein als dem »Göttertropfen«. Und sie haben damit nicht ganz Unrecht.

Baden? Nicht unbedingt

Wer eine mehrstündige Levada-Wanderung hinter sich hat oder auf 1800 Meter Höhe zwischen Pico do Arieiro und Pico Ruivo unterwegs war, hat sich einen köstlichen Fleischspieß und einige Gläschen Madeirawein auch redlich verdient. Aber wer wandert und Blumen mag, ist auf Madeira längst nicht mehr allein. In Porto Santo trifft man sich zum Golfen und diskutiert vor allem die Frage, wie man an Loch Nummer 13 den Ball über die Klippen schlägt. Wer taucht, schwärmt von der Unterwasserwelt am Kap Garajau, alle, die surfen, genießen die Wellen in Jardim do Mar oder Paúl do Mar.

Wem das alles zu wenig abenteuerlich ist, dem bleibt immer noch der Gleitschirmflug vom Cabo Girão. Es braucht ja nur ein bisschen Wind, und der ist am Atlantik immer pünktlich zur Stelle. Viel Spaß! Wer hingegen nur am Strand faulenzen und sich in der Sonne aalen will, der setzt am besten von Madeira nach Porto Santo über. Der neun Kilometer lange goldgelbe Sandstrand auf der kleinen Nachbarinsel ist dafür wie geschaffen.

Auf Madeira hingegen muss man beim Baden mit Kiesstränden und den Atlantik-Pools vorlieb nehmen. Aber ganz ehrlich, wer kommt schon hierher, nur um zu baden? Dann schon eher zum Sportfischen, Reiten oder sogar zum Radfahren. Radfahren heißt hier allerdings, schwindelfrei sein und Kondition mitbringen, wenn sie Madeira erkunden wollen, oder – vielleicht noch besser – sich ein E-Bike ausleihen.

Moderne und Tradition

Keine Frage, Madeira hat sich dem Zeitgeist nicht verschlossen. Und das gilt nicht nur für das Freizeitangebot. Die »jüngste Errungenschaft« heißt CR7. Fußballfans wissen, was beziehungsweise wer sich hinter diesem Akronym verbirgt. Genau: Cristiano Ronaldo, mehrfacher Weltfußballer mit der Rückennummer »7«, Europameister von 2016 und – Zarco, Kolumbus und Co. werden es verschmerzen – berühmtester Sohn der Insel. Ganz in der Nähe von Funchal machte der kleine Cristiano mit dem Fußball Bekanntschaft. Und CR7 heißt das Ronaldo-Museum, das 2015 eröffnet wurde.

CR7 in Ehren, aber auf Madeira haben noch einige andere Persönlichkeiten Spuren ganz besonderer Art hinterlassen, seien es Architekten, Schriftsteller oder Maler. Das Centro des Artes aus dunklem Vulkangestein hoch über Calheta ist ein Beispiel für das Zusammenspiel zwischen Kunst und Baukunst. Auch das ist die Blumeninsel: Man landet irgendwo in einem kleinen Fischerdorf und entdeckt zur eigenen Überraschung die große Welt.

Hat tatsächlich jemand geglaubt, Kunst besteht hier nur aus gebranntem Ton und trägt die Farbe Blau? Natürlich begegnet man wie im Mutterland Portugal auch auf Madeira den Azulejos auf Schritt und Tritt. An und in Kirchen sowieso, aber auch an vielen Hauswänden sind die glasierten Keramikkacheln zu sehen, die als Wandbilder meistens Alltagsszenen zeigen. Das Wort *azulejo* leitet sich übrigens von dem arabischen *az-zellij* für »kleiner, polierter Stein« ab. Und moderne Errungenschaften hin oder her, der maurische Import bleibt ewig jung – so wie die Insel, die mittlerweile einen gesunden Ausgleich zwischen Tradition und Moderne gefunden hat.

↑ Der Fisch wird luftgetrocknet und über dem offenen Feuer brutzelt der *espetada*, auf einem Lorbeerzweig aufgespießte Rindfleischstücke.

Der Botanische Garten von Funchal liegt hoch über der Stadt. Hier stehen einheimische Pflanzen im Mittelpunkt und werden in kunstvollen Mustern arrangiert.

FUNCHAL UND DIE SÜDKÜSTE

Ein Edelstein und viele kleine Perlen

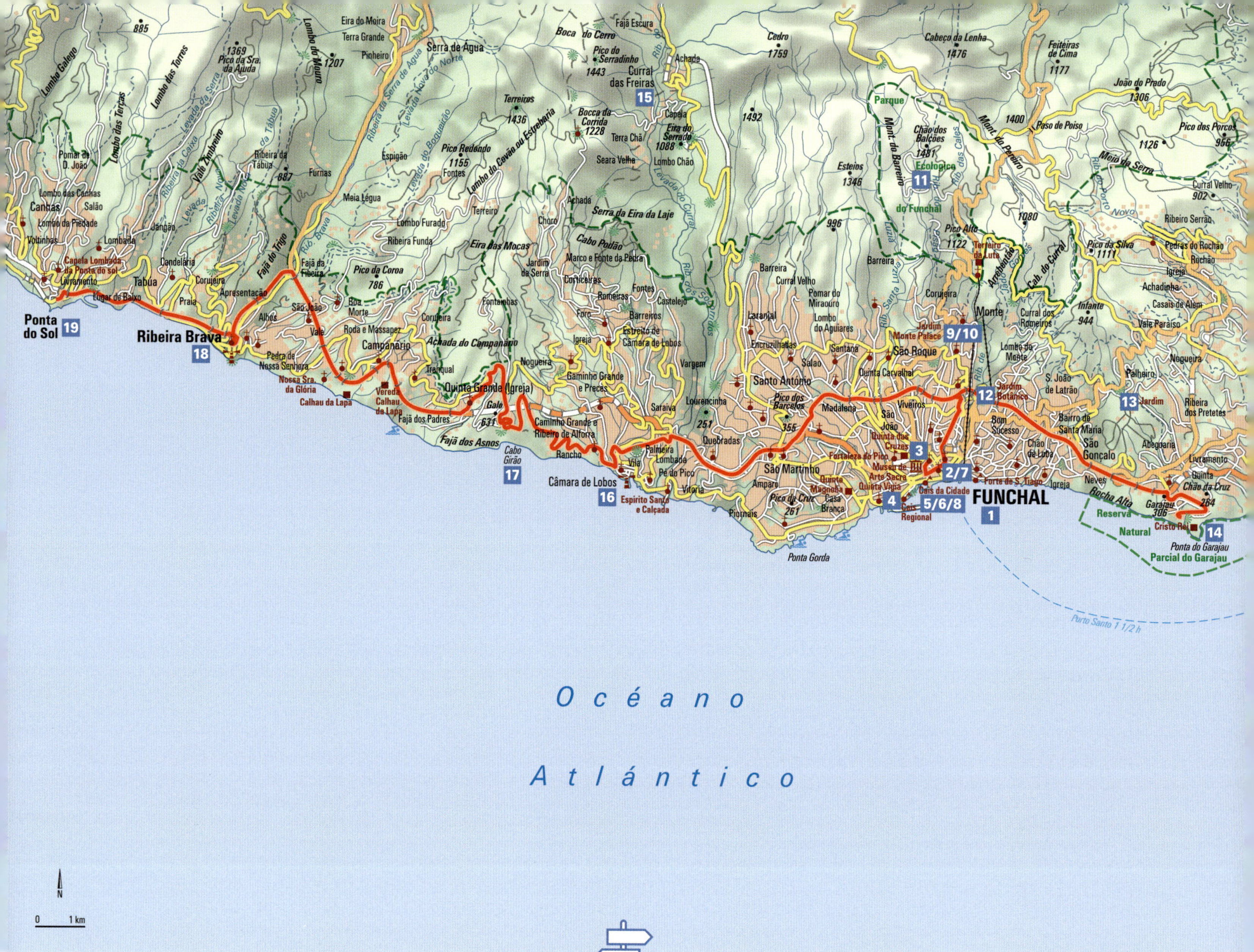

DAS TOURISTISCHE ZENTRUM MADEIRAS

AUSSICHTSREICH: DIE FENCHELSTADT UND CHURCHILLS LIEBLINGSPLATZ

Bereits Mitte des 19. Jahrhunderts zog es die meisten Feriengäste hierher – in die Inselhauptstadt Funchal und die direkte Umgebung. Hier, auf der Sonnenseite, im Süden Madeiras, wohnen die meisten Menschen. Dennoch finden sich auch unberührte Landschaft und Natur. Immer direkt vor der Nase das Meer – mit Badetemperatur.

Die meisten, die es nach Madeira zieht, bleiben in **1 Funchal** oder den Nachbarorten. Schließlich ist man hier auf der Sonnenseite der Insel. Das Zentralmassiv, dass den Nord- vom Südteil trennt, hält die Wolken von Funchal fern. Und so bleibt der Regen im Norden. Dass im Süden der Insel des ewigen Frühlings dennoch alles so schön blüht, verdankt Madeira den Levadas. Diese Kanäle transportieren seit Jahrhunderten das Wasser vom Norden in den Süden – und dienen mittlerweile auch als Wanderwege. Die meisten Küstenorte rund um Funchal sind über die ER101 erreichbar.

Idealerweise kann man **1 Funchal** mit seinen Kopfsteinpflasterstraßen gut zu Fuß erkunden – sich entweder treiben lassen oder je nach Interesse gezielt die Sehenswürdigkeiten ansteuern. Im Herzen der Stadt befindet sich die Kathedrale **2 Sé** – erbaut im späten 15. Jahrhundert. Von hier aus kann man durch die Fußgängerzone Avenida Arriaga flanieren, vom Honigkuchen oder Fenchelbonbons naschen oder Madeira-Wein trinken. Der **7 Mercado dos Lavradores** in Fußnähe ist nicht nur für den Bauch ein guter Zwischenstopp, sondern auch fürs Auge. Gleich neben der wunderschönen Markthalle beginnt **8 Santa Maria Maior,** die sogenannte *zona velha,* das älteste Viertel mit den schön bemalten Türen in den engen Gassen. Von dort aus kann man Richtung Wasser schlendern – nach Westen geht es zum **5 Hafen.** Dort legen die Ozeanriesen an und auch die Bootstouren, zum Beispiel auf einem Nachbau der **6 Santa Maria de Colombo,** starten im Hafen.
An die Uferpromenade grenzt der Parque Santa Catarina und hier beginnt **4 Funchals Westen** – nobel mit illustren Hotels wie dem Reid's Palace und dem Casino, erbaut nach einem Entwurf des brasilianischen Stararchitekten Oscar Niemeyer. Wer mehr Lust auf schmucke Gebäude hat und gut zu Fuß ist, klettert in die ruhige **3 Oberstadt.**

Bunt, bunt, bunt

Noch höher gelegen, auf etwa 600 Metern, ist der Stadtteil **9 Monte.** Hierher gelangt man am bequemsten mit der Seilbahn, hinunter kann man gehen oder mit dem berühmten Korbschlitten hinabsausen. Oder aber man verweilt eine Weile hier und schaut sich einen der zahlreichen exotischen Gärten an. Die beiden bekanntesten sind der **10 Jardim Tropical Monte Palace** und der **12 Jardim Botânico.** Zauberhaft sind die **13 Palheiro Gardens** der Familie Blandy in den Hügeln östlich von Funchal.

Das nächste Ziel ist in 20 Minuten über die Küstenstraße ER101 erreichbar, das **14 Kap Garajau** mit dem Unterwasserschutzgebiet. Zum gleichnamigen Strand gelangt man mit einer Seilbahn. Der Küstenabschnitt hat das wohl kristallklarste Wasser und bietet somit die besten Schnorchel- und Tauchspots. Auf der ER101 geht es zurück Richtung Funchal und anschließend weitere zehn Kilometer gen Westen. Hier, im Fischerdorf **16 Câmara de Lobos** saß einst Winston Churchill oberhalb des Hafens mit den bunten Holzbooten und malte. Oberhalb der Stadt erstrecken sich die Terrassenfelder des wichtigsten Anbaugebiets für Madeira-Wein. Knappe 15 Minuten westlich des Orts liegt das **17 Cabo Girão,** mit knapp 580 Metern eine der höchsten Steilklippen der Welt. Seit es den gläsernen Skywalk gibt, kann man praktisch über dem Abgrund schweben oder einfach nur den Panoramablick genießen. Ein Stückchen weiter westlich lohnt **18 Ribeira Brava** für einen Abstecher. Wo früher Zuckerrohr angebaut wurde, gedeihen heute Bananen und Obst. Außerdem beginnt hier die VE4, die Schnellstraße, die den Süden mit dem Norden verbindet. Im benachbarten Ort **19 Ponta do Sol** – ist der Name Programm. Verwöhnt mit den meisten Sonnenstunden hat er angeblich auch die schönsten Sonnenuntergänge zu bieten.

INFO

TOUR

Start: Funchal
Ziel: Ponta do Sol
Länge: ca. 60 km
Dauer: Minimum drei Tage
Beste Reisezeit: ganzjährig
Sehenswertes: Galapagos-Schildkröte Colombo, jardinsdolago.com

Unterkunft: Funchal: Quinta da Bela Vista, belavistamadeira.com; Casa Velha do Palheiro, casa-velha.com; NEXT Hotel savoysignature.com; Câmara de Lobos: Pestana Churchill Bay, pousadas.pt; Quinta Da Saraiva, quintadasaraiva.com; Ponta do Sol: Estalagem do Ponta da Sol, pontadosol.com

WEITERE INFOS

Seit 1927 steht am Aussichtspunkt von Garajau eine 14 Meter hohe Cristo Rei-Statue und überblickt das Meer. Und nein, sie ist keine Kopie der berühmten Skulptur in Rio de Janeiro, denn diese entstand erst vier Jahre später.

1

WILDER FENCHEL UND FÜNF ZUCKERHÜTE

AMPHITHEATER AM ATLANTIK – FUNCHAL

Der erste Eindruck: Kleine Häuschen ziehen sich den Berghang hinauf. Weiß dominiert. Auf halber Höhe zwischen Küste und Waldkuppen durchtrennt die Autobahn das Häusermeer. Die riesigen Stützpfeiler der Autobahnbrücken verschwinden irgendwo im Nichts. Zweifel kommen auf: Bin ich hier richtig? Auf der Blumeninsel? Immer mit der Ruhe. Sie sind hier genau richtig!

Wie ein Amphitheater liegt Funchal an der Südküste der Insel. Die bezaubernde Bucht mit den schützenden Bergen im Hintergrund ist ein guter Ort zum Bleiben. So sehen das auch die heute rund 110 000 Menschen, die in Funchal leben – immerhin mehr als 40 Prozent der gesamten Inselbevölkerung. Harmonisch reiht sich Terrasse an Terrasse bis hinauf nach Monte. Dort ist es kühler und feuchter. Schließlich liegt der Vorort 600 Meter hoch über dem weiten Atlantik.
Der Name Funchal erinnert an den wilden Fenchel, der hier früher überall wuchs. Wer heute *funcho* finden möchte, muss die Speisekarten studieren. Aber in den winzigen Gärten zwischen den vielen Häuschen dürfte er vermutlich noch wachsen.

Schwere Zeiten

Funchal begann 1421 als Gründung des Seefahrers João Gonçalves Zarco. Seit 1497 ist Funchal Inselhauptstadt und 1508 erhielt es den Ritterschlag, das Stadtrecht. Der portugiesische König Manuel I. verlieh Funchal ein Wappen, das fünf Zuckerhüte zeigt, denn der Zucker hatte die Stadt reich gemacht. Britische und flämische Kaufleute und Handelshäuser machten gute Geschäfte, und Funchal florierte.
Seit dem 16. Jahrhundert ist Funchal auch Bischofssitz. Ein Blick auf den imposanten Turm der Kathedrale Sé genügt, um die damaligen Machtverhältnisse zu verstehen. Aber auch der gute Draht zu den Himmelsmächten konnte nicht verhindern, dass Funchal immer wieder schwere Zeiten durchlebte. Die Blütezeit des Zuckers ging mit den Entwicklungen in Übersee zu Ende. Dort stand zum Beispiel in Brasilien, seit 1500 portugiesische Kolonie, unendlich viel Land für den Zuckerrohranbau zur Verfügung. Die nächste Prüfung aber hatten sich die Herren von Funchal selbst zuzuschreiben. Welcher Feind sollte hier, so fern vom Festland, die Stadt bedrohen? Piraten natürlich. Aber man war sich lange Zeit zu sicher gewesen und hatte die Stadt nur ungenügend gegen mögliche Angriffe gerüstet. Die kleine Festung São Tiago stellte für einen zu allem entschlossenen Feind jedenfalls kein ernsthaftes Hindernis dar. Und eines Tages im Jahr 1620 kam Jack Sparrow.

Mit richtigem Namen hieß der britische Kapitän Jack Ward. Aber seine Vorliebe für kleine Vögel hatte ihm in seiner Wahlheimat Tunis den Spitznamen Asfour – das arabische Wort für Spatz oder Sperling – eingebracht. Als der Pirat Funchal erreichte, war es für ihn ein Kinderspiel, zu plündern, zu morden und den Einheimischen so ganz nebenbei auch noch mehr als tausend ihrer afrikanischen Sklaven wegzunehmen. Berühmt wurde Ward alias Sparrow allerdings erst Jahrhunderte später dank Johnny Depp. Im 17. Jahrhundert spielte der »Fluch der Karibik« jedoch mitten im Atlantik. Auch die Naturgewalten verschonten Funchal nicht. Ein schweres Erdbeben zerstörte 1748 weite Teile der Stadt, und 1803 verwandelte nicht enden wollender Regen die kleinen Rinnsale, die aus den Bergen zur Küste flossen, in reißende Wildbäche. Die Überschwemmung war so verheerend, dass kaum ein Stein auf dem anderen blieb. 600 Menschen starben in den Fluten. Daraufhin wurden Schutzbauten errichtet und die Bäche befestigt. Funchal benötigte viel Zeit, um die Folgen dieser zweiten großen Naturkatastrophe zu überwinden. Am Ende aber behielten Zarco, König Manuel I. und alle anderen, die an diesen zauberhaften Ort geglaubt hatten, doch Recht.

Funchal entdeckt sich neu

Piraten sind – zumindest in europäischen Hoheitsgebieten – mittlerweile eher selten anzutreffen, also hat sich auch der Hafen Funchals ein neues Image zugelegt. Er bietet Platz für Segeljachten und Luxusliner, und viele Ozeanriesen haben auf ihrer Jungfernfahrt Funchal fest eingeplant. Die völlig erneuerte Hafenanlage ist ein würdiger »Haupteingang« für eine Stadt, die für sich selbst als »die malerischste und sauberste Hauptstadt« die Werbetrommel rührt. Solche Lobeshymnen sollte man mit Vorsicht genießen, aber ganz übertrieben hat die Tourismuswerbung in diesem Fall nicht. Funchal ist malerisch und vor allem sauber.

↖ Die vorbildlich restaurierte Altstadt Funchals ist ein Schatzkästchen, das behutsam geöffnet werden will.
↗ 500 Jahre alt und noch immer voller Leben ist das Kloster Santa Clara. Es hat Erdbeben, Piratenüberfälle, ja sogar einen U-Boot-Beschuss überstanden.

Das Funchal von heute strotzt vor Selbstbewusstsein und empfindet die geografische Lage Madeiras fern von Europa längst nicht mehr als Nachteil. Man weiß, was man ist und was man hat und zeigt es auch. Was auch die vielfältige Museumslandschaft der Hauptstadt beweist: Ob Kunsthandwerk, Zuckerrohr- und Weinanbau, sakrale und moderne Kunst, Elektrizität oder Fotografie in staatlichen Museen oder auch private Sammlungen, die einen intimen Blick in das Leben der betuchten Gesellschaft Funchals in vergangenen Jahrhunderten zulassen.

↑ Die Rua dos Capelistas ist ein Beispiel gelungener Altstadtsanierung.
← Ein buntes Bild bietet die Genusswelt im Mercado dos Lavradores.
↙ Typischer Wandschmuck: Das Wort *Azulejo* leitet sich vom arabischen *Az-zellij* ab, was so viel wie »kleiner, polierter Stein« bedeutet.

Vorbildliche Altstadtsanierung

Heute hat sich die Stadt prächtig herausgeputzt. Die Estrada Monumental, der neue Hafen, die Geschäftsstraße Avenida Arriaga – überall verspürt man Aufbruchsstimmung. In den malerischen Gassen erstrahlen die Häuser in frischen, aufeinander abgestimmten Farben. Wer von der Avenida do Mar in die kleine Rua dos Capelistas schaut, erblickt ein wunderbares Bild: Das Weiß der Capela de Santo Antonio in Kontrast mit dem Rosa und Rot zweier Wohnhäuser – im Hintergrund der dunkle Basalt des Turms der Kathedrale. Nichts wurde dem Zufall überlassen. Besser kann man Altstadtsanierung nicht umsetzen, und kein Stadtteil wurde vergessen. Überall dort, wo man der Geschichte der Hauptstadt begegnet, wurde behutsam daran gearbeitet, Altes in neuem Glanz zu präsentieren.

Die Plätze sind mit dem typischen portugiesischen Kopfsteinpflaster oder aber den Pflastermosaiken aus weißem Kalkstein und vulkanischem Basalt ausgelegt, die Hafenpromenade wurde verbreitert. Man spaziert an den Palästen vorüber, wirft einen Blick in herrschaftliche Villen, entdeckt hinter dicken Mauern Klöster und Paläste. Doch ein Museum ist Funchal nicht, ganz im Gegenteil. Funchal ist ein anregender Mix: Elegante Geschäfte und exotische Pflanzen in Gärten und Parks stehen im ständigen Wettstreit miteinander. Hier paart sich englische Lebensart mit südländischer Lebenslust.

Die Stadt vermittelt eine angenehm-entspannte Atmosphäre. Cafés laden zum Verweilen ein, das alte Hafenviertel hat eine Restaurantszene, die keine Wünsche offen lässt, und die prächtige Avenida Arriaga gehört ganz allein den Fußgängern. Längst ist klar, dass das Häusermeer gar keines ist. Denn immer wieder steht man plötzlich vor Gärten und Parks, bestaunt Baumriesen, schaut auf wundervoll angelegte Blumenbeete und kleine grüne Oasen. Über den Köpfen schweben die Gondeln hinauf nach Monte.

INFO

DER FENCHELBONBON AUS FUNCHAL

Seit 1893 gibt es mitten im Herzen Funchals einen ganz besonderen Ort: die Fábrica de Santo António. Damals entschloss sich Francisco Roque Gomes da Silva und seine Frau Guilhermina die erste Keksfabrik auf Madeira zu gründen. Eine brillante Idee, zumal die englischen Familien auch hier ihre *Teatime* zelebrierten. Zum Kassenschlager wurde das Zuckerrohr-Honig-Gebäck *Bolo de Mel de Cana*. Dazu gesellten sich weitere Rezepte und auch Süßigkeiten. Die bekanntesten sind die *Rebuçados Funcho* – Fenchelbonbons – zu 100 Prozent von Hand hergestellt. Es gibt auch die Geschmacksrichtungen Eukalyptus, Ingwer, Passionsfrucht, Zuckerrohrhonig, Bienenhonig, Mandarine, Mango oder Banane.

Die Fabrik und der wunderschöne altmodische Laden befinden sich im selben Gebäude und bis heute auch in Familienhand.

WEITERE INFORMATIONEN

fabricastoantonio.com, visitmadeira.pt

→ Ein Hauch von Wildnis, und doch hat alles seine Ordnung: Die Gärten und Parks der Hauptstadt bieten einen Vorgeschmack auf das, was die Natur auf Madeira bietet.
↑ Im Mai lockt die Classic Auto Show Tausende Autorfans an den Hafen von Funchal.
← Ein besonderes Schmuckstück ist das Museum Casa Frederico de Freitas.

2

DIE KATHEDRALE BEHERRSCHT DAS GESCHEHEN

IM HERZEN DER STADT – RUND UM DIE SÉ

Kaum vorstellbar, aber wahr. Auch dort wo heute die Kathedrale steht, erstreckten sich früher einmal weite Zuckerrohrfelder. Der Bau der Kirche wurde 1485 begonnen und dauerte mehr als 30 Jahre. Erst 1517 wurde das Gotteshaus geweiht. Seither dominiert das Bauwerk Funchals Stadtzentrum und hat auch die weniger guten Zeiten unbeschadet überstanden.

Auch die Kirche gönnt sich eine Mittagspause. Erst um 16 Uhr öffnet das Hauptportal der Kathedrale. Vor dem Zaun, der den Kirchhof umschließt, warten schon Grüppchen von Gläubigen. Sie möchten einige Augenblicke ungestört im Gebet verharren und eine Kerze anzünden, bevor die Touristen kommen. Dieses Ritual wiederholt sich beinahe täglich. Zuerst die Einheimischen, dann die Fremden. Und so empfängt der Schein unzähliger Kerzen die Feriengäste, wenn sie das Kirchenschiff betreten. Licht von außen dringt kaum in den Innenraum, denn die Fensterluken sind nicht viel größer als Schießscharten.
Spätgotik, maurische und manuelinische Elemente sind in der Sé vereint. Apropos Sé: So ein Bauwerk hat natürlich auch einen gebührenden Namen, nämlich Sé Catedral de Nossa Senhora da Assunção. Aber der Hinweis auf Mariä Himmelfahrt war offensichtlich selbst den gottesfürchtigen Einwohnern Funchals zu lang, deshalb kurz und bündig Sé. Die weiße Fassade ist mit dunklem Basalt abgesetzt. Darüber erhebt

← Von der Oberstadt Funchals bieten sich immer wieder wunderschöne Aussichten auf den Atlantik.

sich der ebenfalls aus dunklen Steinquadern gebaute Turm. Der Turmaufsatz ist mit Azulejos verkleidet, die in verschiedenen Farben in der Sonne glänzen. Das Kirchenschiff weist spätgotische Arbeiten auf, und die Decke aus einheimischem Zedernholz ist im maurischen Mudejarstil geschnitzt. Sieben flämische Zuckerhändler haben ihre letzte Ruhestätte in der Kirche gefunden, ihre Grabplatten sind im Boden eingelassen. Die flämischen Namen der wohlhabenden Geschäftsleute wurden ins Portugiesische übertragen. So wurde aus Jeanim Esmerandt eben João Esmeraldo. Der schwerreiche Kaufmann gehörte zu den vielen Flamen, die im 15. und 16. Jahrhundert den wirtschaftlichen Aufschwung der Stadt in hohem Maß mitprägten. João Esmeraldo war jedoch nicht nur Zuckerhändler, sondern auch ein kundiger Kunstmäzen. Seine Bildersammlung ist heute im Museum für sakrale Kunst zu bestaunen.

Flanieren, shoppen, Pause machen

Unmittelbar vor der Kathedrale beginnt Funchals noble Einkaufsmeile, die Avenida Arriaga. Hier wurden die Autos an den Rand gedrängt, um für eine großzügige Fußgängerzone Platz zu schaffen. Ein monumentales Bronzestandbild Kapitän Zarcos vor dem nicht minder monumentalen Bau der portugiesischen Nationalbank lässt erahnen, dass dieser Stadtteil nicht unbedingt die Welt der kleinen Leute war. Das Denkmal des Entdeckers Madeiras stammt von Francisco Franco, einem der bedeutendsten Künstler des Landes. Jacaranda-Bäume säumen die Arriaga und machen eine Shoppingtour auch an heißen Tagen erträglich. Wer im Frühjahr kommt, erlebt die stolze Avenida im zauberhaft zarten Lila der Jacaranda-Blüten, ein eleganter Rahmen für gute Adressen. Die Galerias São Lourenço bieten heimische Erzeugnisse an, ebenso wie Waren bekannter internationaler Marken. Blandys Wine Lodge ist die Adresse für alle, die Wein mögen. Zahlreiche Cafés und Bistros laden zum Verweilen ein. Ein Eckhaus mit auffälligen Fliesenbildern an der Fassade sticht ins Auge. Das Café The Ritz Madeira gibt es seit dem Jahr 1905. Gleich nebenan steht das Stadttheater, dessen Architekt angeblich mit der Mailänder Scala geliebäugelt hat, als er die Pläne entwarf. Wie das Ritz wurde auch das Teatro Baltazar Dias Ende des 19. Jahrhunderts fertiggestellt. Benannt ist es nach einem Sohn Madeiras, einem blinden Dichter. Gegenüber ist der Jardim Municipal, Funchals erster öffentlicher Park. Die 8300 Quadratmeter große Anlage entstand auf dem Gelände des ehemaligen Franziskanerklosters und wird daher auch als Franziskuspark oder Franziskusgarten bezeichnet. Angesichts südamerikanischer Baumriesen, wie Elefantenfuß, Florettseidenbaum und Araukarie, bietet sich hier ein Vorgeschmack auf den botanischen Reichtum, der rund um Funchal herrscht.

INFO

MADEIRA-WEIN – EIN STÜCK KULTURGESCHICHTE

Madeiras Wein ist mit Geschichte und Kultur der Insel eng verbunden. Für den Besuch eines Weinmuseums – natürlich mit Verkostung – sollte man sich Zeit nehmen. Die Madeira Wine Company ist der größte Weinproduzent der Insel und nicht ganz zufällig in der Avenida Arriaga beheimatet. Die Ursprünge der Firma gehen auf das Jahr 1913 zurück. Hundert Jahre vorher hatte der Engländer John Blandy eine Weinkellerei gegründet, in der Old Blandy Wine Lodge sind deshalb Geschichte und Tradition spürbar. Geändert haben sich die Produktionsmethoden, doch nach wie vor benötigt guter Wein vor allem Zeit. Neben alten Eichenfässern stehen deshalb moderne Stahlcontainer. In Funchal und Câmara dos Lobos bieten einige Kellereien Führungen an. Der Besucher erfährt viel über die Vorzüge der Malvasia, welche Lagen der Sercial bevorzugt, und welche Rebe sich zur Herstellung der Süßweine besonders eignet. Doch irgendwann ist es genug der Theorie und es kommt die Zeit, die edlen Tropfen zu verkosten.

WEITERE INFORMATIONEN

madeirawinecompany.com
hmborges.com
henriquesehenriques.pt
barbeitomadeira.com

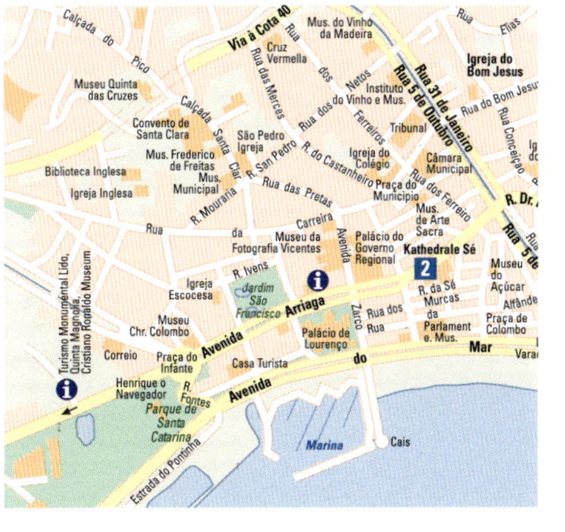

EIN PLATZ ZUM TRÄUMEN – DIE OBERSTADT

Die Calçada de Santa Clara führt in die Oberstadt, ist ziemlich steil und eine Einbahnstraße. Es muss irgendeine Verkehrsregel geben, die Funchal verpflichtet, dass alle Autos die Gasse möglichst ohne zu bremsen hinunterrasen. Das Kopfsteinpflaster signalisiert zum Glück frühzeitig, wann der nächste »Rennschlitten« kommt. Es ist also Zeit genug, sich auf den schmalen, schützenden Gehsteig zu flüchten.

Die Oberstadt beginnt an der Praça do Município. Es ist einer jener Orte, der es einem schwer macht, ihn zu verlassen. Abends, wenn Ruhe eingekehrt ist und die Straßenlaternen ihr warmes, gelbliches Licht über den Platz verteilen, ist er am schönsten. Drei historisch bedeutsame und beeindruckende Gebäude begrenzen den Platz: das Jesuitenkolleg, das Rathaus und der Bischofspalast. Der Blick wandert über das schwarzweiße Pflastermosaik zum Jesuitenkolleg mit der Igreja do Colégio aus dem 17. Jahrhundert. Bereits seit 1570 unterrichteten die Jesuiten die Söhne reicher Handelsfamilien in Funchal. Rund 200 Jahre ging das gut, bis den weltlichen Herren auffiel, dass sich die Brüder etwas

3

zu sehr in die Inselgeschäfte einmischten. So ging deren Geschichte auf Madeira ziemlich abrupt zu Ende. Heute gehört das Kolleg zur Universität.
Ein Besuch der Kirche lohnt allein schon wegen der herrlichen Azulejos und flämischen Gemälde aus dem 17. Jahrhundert. Die Fassade zieren vier Marmorfiguren von Ordensheiligen. Natürlich ist auch – links unten – der Ordensgründer Inácio de Loiola dabei.
Der prächtige Barockpalast aus dem 18. Jahrhundert an der Stirnseite des Platzes ist heute das Rathaus und war früher die Stadtresidenz der Grafen Carvalhal. 1883 verkaufte die angeblich reichste Familie auf der Insel das Haus an die Stadt. Über dem auffälligen Eingangstor ist das Stadtwappen zu sehen: Fünf Zuckerhüte und vier Weintrauben, damit niemand vergisst, worauf sich der Wohlstand gründete.
Die Südseite des Platzes begrenzt der Bischofspalast, der nach dem schweren Erdbeben von 1748 neu aufgebaut werden musste. Der dem Platz zugewandte Arkadengang hat die Naturkatastrophe überstanden. Der Palast beherbergt das Museum für sakrale Kunst, in dem Schätze aus der Kathedrale Sé aufbewahrt werden, beispielsweise das überdimensionale Prozessionskreuz, ein Geschenk König Manuels I. Vor allem aber beeindruckt die Sammlung flämischer Ölgemälde aus dem 15. und 16. Jahrhundert. Vereinfacht ausgedrückt könnte man sagen: Zucker kam von der Insel nach Antwerpen, und Kunst aus den Ateliers in Flandern ging den umgekehrten Weg.

Casa Freitas – der Herr Notar lässt bitten

Ein bisschen anstrengen muss sich schon, wer Funchals schönste Ecken sehen will. Also gehen wir die Calçada de Santa Clara hoch, vorbei an der Kirche São Pedro und an alten Stadthäusern. Am Ende der Calçada wartet ein Schmuckstück der besonderen Art, das Wohnhaus eines der angesehensten Männer Funchals, des Notars Frederico de Freitas. Die leuchtend rote Fassade garantiert, dass niemand achtlos vorbeiläuft. Als Museum ist das Haus öffentlich zugänglich. Was für ein Glück! Nach dem Besuch des Museums und des Wohnhauses mit dem kleinen Garten weiß man, wie Funchals wohlhabende Gesellschaft bis weit ins 20. Jahrhundert lebte. Nicht schlecht, das steht fest. Die Räume der Stadtvilla erwecken den Eindruck, als seien die Menschen, die hier leben, nur kurz weggegangen. Die Einrichtung ist *very British,* mit Regency-, Chippendale- und viktorianischen Möbeln. Die Küche mit ihren riesigen Kupferkesseln und -töpfen würde auch einen Haubenkoch zu Freudensprüngen verführen, und das Esszimmer beseitigt alle Zweifel: Hier fehlte es an gar nichts!
Nach dem Rundgang durch Frederico de Freitas grandiose Wohnlandschaft führt der Weg hinaus in den Garten, in dessen Mitte ein Avocado-Baum und ein duftender Frangipani gedeihen. In der Ecke über der Calçada steht die Casinha de Prazer, das für Privatgärten typische Gartenhäuschen. Hier traf man sich zum Tee, den Turm der Sé im Blick, beobachtete alles, was sich unten auf der Straße abspielte, und tauschte Neuigkeiten aus.
Der moderne Museumsanbau der Casa Freitas besticht durch helle Räume mit Böden aus weißem Marmor. Nehmen wir uns also noch ein bisschen Zeit für die Casa Museu de Freitas. Der Herr Notar war oft auf Reisen und sammelte dabei vor allem Porzellanobjekte und Keramikfliesen. Und so findet man hier neben portugiesischen Azulejos wertvolles. Porzellan aus China, Großbritannien und Delft gehören ebenso zu den Exponaten wie Art-déco-Stücke.

← Die Praça do Municipio ist einer der schönsten Plätze der Stadt.
↗ Die Casinha de Prazer der Casa Freitas diente wie alle Gartenhäuschen auf den Dachterrassen als idyllischer Treff- und Aussichtspunkt.

Die Nonnen lassen sich nicht unterkriegen

Es gibt wenige Gebäude und Institutionen auf Madeira, die die vergangenen 500 Jahre nicht nur fast unbeschadet überstanden haben, sondern heute wie damals ihren Zweck

erfüllen. Das Kloster Santa Clara gehört dazu, und genau deshalb spielt es im Leben der Hauptstadt eine besondere Rolle. Die verbliebenen Nonnen des Franziskanerordens der Marienmission sorgen nach wie vor dafür, dass das so bleibt. Nicht einmal der U-Boot-Beschuss im Ersten Weltkrieg konnte die tapferen Nonnen in die Flucht schlagen. Ein Geschoss eines deutschen U-Boots, vom Hafen abgefeuert, landete im Altarraum.
Wir bestaunen den Kuppelturm und den gotischen Kreuzgang, stehen am Grabmal Kapitän Zarcos und seiner Töchter, bewundern in der Auferstehungskapelle das Bild einer Schwarzen Madonna und eine Christusstatue mit echten Haaren.

Noble Wohnwelt

Noch ein Stückchen die Calçada hinauf und schon steht man vor dem Eingangstor der Quinta das Cruzes. Das ehemalige Stadtpalais von Kapitän Zarco teilt das Schicksal vieler Bauten Funchals. Beim Erdbeben von 1748 völlig zerstört, wurde es Ende des 18. Jahrhunderts im Barockstil wieder aufgebaut. Das Museum zeigt Wohnstil und Möbel aus mehreren Jahrhunderten, Edelsteine, Silbergeschirr, kostbare Wandteppiche und Zuckerkisten aus Brasilien, die auf Madeira zu Möbelstücken verarbeitet wurden.
Die eigentliche Überraschung ist jedoch nicht so sehr das herrschaftliche Haus, sondern der tropische Park. Zwei Fensterrahmen manuelinischer Baukunst, voller Rankenwerk, verknoteter Taue und dämonischer Figuren, degradieren die Pflanzen allerdings fast zu Nebendarstellern. Die aus Basalt gemeißelten Fensterrahmen stammen aus dem früheren Hospital Funchals. Nach der anstrengenden Calçada-»Besteigung« ist der Park der Quinta das Cruzes der wunderbarste Ort der Welt, um im Schatten der Bäume auszuspannen.

↑ Das Museum Quinta das Cruzes lockt mit seinen Schätzen.
← Die ebenso enge wie steile Rua do Castanheiro führt von der Praça do Municipio in die Oberstadt.

INFO

CASTANHEIRO BOUTIQUE HOTEL
In der Altstadt wohnen und doch Ruhe genießen. Im Pool auf dem Dach schwimmen, Funchal zu Füßen mit Blick aufs Meer. Für einen Aufenthalt in Funchal ist das Castanheiro Boutique Hotel ideal. Von hier aus lassen sich sämtliche Sehenswürdigkeiten der Stadt bequem zu Fuß erkunden. Das Hotel liegt wenige Schritte oberhalb der Praça do Municipio an der Rua do Castanheiro. Es besteht aus fünf historischen Gebäuden aus dem 18. bis 20. Jahrhundert. Sie vereinen den Charme eines historischen Altstadtensembles mit den modernen Annehmlichkeiten eines Stadthotels. Das Vier-Sterne-Haus wurde sorgfältig restauriert und verfügt über 81 Zimmer. Wer abends müde Beine hat, wird die Küche des Hotel-Restaurants zu schätzen wissen. Das absolute Highlight aber ist der 360-Grad-Rundblick von der Dachterrasse.

WEITERE INFORMATIONEN
mqc.madeira.gov.pt
castanheiroboutiquehotel.com

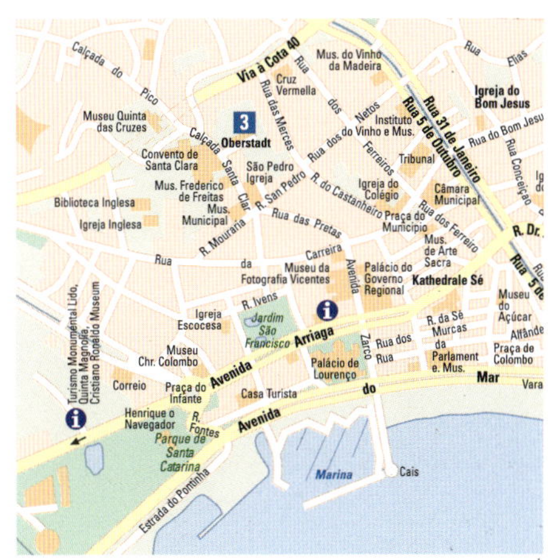

ÄUSSERST NOBEL – FUNCHALS WESTEN

Das schicke Viertel im Westen der Stadt wartet mit einem erstaunlichen Bauwerk auf. Es könnte die gestutzte Trägerrakete einer Raumfähre sein, ist es aber nicht. Es ist ein Vulkan mit vertikal verlaufenden Außenrippen. Vielleicht als Stützen gedacht, damit ihn die Atlantikstürme nicht aus dem Gleichgewicht bringen. Seine Lage ist nämlich etwas ausgesetzt, so hoch über dem Jachthafen von Funchal.

An Bettenburgen herrscht rund um Funchal kein Mangel. Aber das Pestana Casino Park Hotel ist keine gewöhnliche Bettenburg. Dafür hat ihr Erbauer gesorgt, Brasiliens Stararchitekt Oscar Niemeyer (1907–2012). Der halbrund gebogene Hotelblock auf Stelzen ist mit dem »Vulkan« über eine geschwungene Brücke verbunden. Der Bau wurde Anfang der 1970er-Jahre vollendet, könnte aber durchaus neueren Datums sein. Ein Werk, das ewige Jugend vermittelt. Und der Vulkan ist natürlich kein Vulkan, sondern das Spielcasino. Abends nach Einbruch der Dunkelheit erstrahlt es in bunten Farben. Und die Reihe der Assoziationen wird um eine weitere reicher: Gibt es da nicht diese Kathedrale in Brasilia? Natürlich. Der Architekt war derselbe.
Der westliche Nobelbezirk der Hauptstadt wird von den Prachtstraßen Avenida do Infante und Avenida Sá Carneiro begrenzt. Unterhalb des Pestana-Hotels liegt der Parque de Santa Catarina. Ein nachdenklicher Christoph Kolumbus und eine gewaltige südafrikanische *Euphorbia gigante* empfangen den Parkbesucher. Vier Gärtner sind für die Pflege der öffentlichen Grünfläche zuständig. Schließlich ist die Quinta Vigia mitten im Park seit 1984 der offizielle Sitz des jeweiligen Regierenden der Autonomen Region Madeira.

4

↙ Im Westen der Stadt residiert Madeiras Regierungschef. Die Quinta Vigia ist deshalb für Interessierte tabu, aber Spaziergehen im Garten der Villa ist erlaubt.

Quinta Vigia und die Kaiserin

Bevor die Ära der Bettenburgen begann, standen hier mehrere Landhäuser, die bevorzugte Quartiere von prominenten Gästen waren. Dazu zählten Zar Nikolaus I., die Kaiserin Brasiliens, D. Amélia, und auch Kaiserin Elisabeth von Österreich. Im Jahr 1860 kam Sisi, damals 22 Jahre jung, nach Funchal, seit 1999 steht sie in Bronze in unmittelbarer Nähe des Pestana-Hotels. Sie hätte sich vermutlich einen anderen Platz ausgesucht.
Die Quinta Vigia ist für die Öffentlichkeit nicht zugänglich, der wunderschöne Garten der Quinta dafür schon. Der Wachmann am Eingang steht nur zur Dekoration da und lächelt freundlich, während man auf dem Weg in den Garten an ihm vorbeigeht. In großen Volieren machen Papageien und Pfauen lautstark auf sich aufmerksam, als ob sie wüssten, dass sie die Anziehungskraft des Parks mit seinen wunderbaren Orchideen kaum übertreffen können.

William Reids Lebenstraum

Noch ein Stückchen weiter Richtung Westen: Die Avenida do Infante geht in die Estrada Monumental über. Hier gelangt man zur Praia Formosa, dem mit 800 Metern längsten Inselstrand. Hoch über der Steilküste steht in privilegierter Lage das wohl luxuriöseste Hotel der Insel, das Reid's Palace. Mit 14 Jahren kam William Reid aus Schottland auf ärztlichen Rat nach Madeira. Der Weinhandel machte ihn reich, aber nicht reich genug, um sich seinen Lebenstraum erfüllen zu können: ein Hotel im Kolonialstil. Bis es so weit war, verging ein halbes Jahrhundert. Dann hatte William Reid endlich die Geldgeber gefunden, die sein Luxushotel finanzieren würden.
Zwei Jahre nach William Reids Tod wurde das Reid's im November 1891 eröffnet – die Söhne hatten das Werk ihres Vaters vollendet. In seiner langen Geschichte wechselte das Hotel, das von einem herrlichen botanischen Garten umgeben ist, mehrmals die Besitzer, und auch bauliche Veränderungen gab es viele. Den Ruf als erste Adresse genießt das Reid's nach wie vor. Wer es betritt, wandelt auf den Spuren etlicher Prominenter. Für Winston Churchill wurde 1950 sogar der Eingang neu gebaut. Man muss nicht unbedingt hier wohnen, um den Zauber einer anderen Welt zu genießen. Wer unter den Arkaden der Terrasse bei einer Tasse Tee sitzt, den Blick auf den Atlantik gerichtet und das Rauschen der Brandung im Ohr, vergisst schnell, dass Funchals pulsierendes Zentrum nicht mehr als 1,5 Kilometer entfernt ist.
Auf dem Weg zurück zum Hafen zieht das erst 2016 eröffnete Lifestyle Hotel Pestana CR7 alle Blicke an, ein Projekt der Hotelkette Pestana mit Fußballstar Cristiano Ronaldo. Wer in einem Zimmer mit Bildern aus den Kindheitstagen des Fußballhelden schlafen möchte, ist hier richtig.

INFO

MUSEU CR7

CR7? Fußballfans wissen auf Anhieb, wer damit gemeint ist: Cristiano Ronaldo! Der mittlerweile berühmteste Inselsohn aller Zeiten wurde in Santo Antonio bei Funchal geboren und lernte bei CF Andorinho und Nacional Funchal das Fußballspielen. Die Idee zum Museu CR7 an der vornehmen Avenida Sá Carneiro hatte übrigens Cristianos Bruder Hugo. Die Trophäen, die CR7 als Einzelsportler gewonnen hat, sind dort im Original zu sehen, so etwa die Goldenen Bälle des Weltfußballers. Von den Mannschaftstrophäen wurden Kopien angefertigt. Aber Real Madrids Champions-League-Pokal ist auch als Kopie beeindruckend. In den Vitrinen kann man Cristianos Trikots bestaunen und jene Zauberschuhe, mit denen er seine Tore erzielt hat. Für ein Foto mit dem Weltstar eignet sich die lebensgroße Wachsfigur oder der Platz vor der Videowand, die die Betrachtenden urplötzlich ins Bild zaubert.

WEITERE INFORMATIONEN

Museu CR7: Av. Sá Carneiro – Praça do Mar 27, 9004-518 Funchal, Tel. 00351 291 639 880, museucr7.com

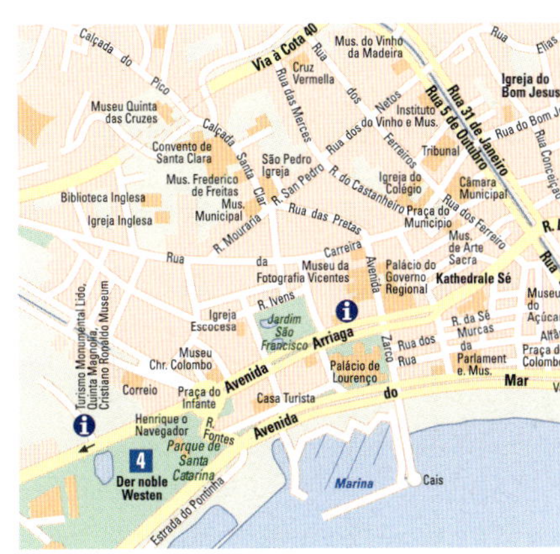

Der einstige Containerhafen ist heute die Visitenkarte der Hauptstadt und der Mittelpunkt bei großen Events, egal ob Karneval, Feuerwerk oder Oldtimerparade.

5

EIN SPAZIERGANG AM MEER

STOLZE VISITENKARTE DER HAUPTSTADT – DER HAFEN

Ob Silvesterfeuerwerk, Atlantik-Festival mit Musik und Straßenkunst, Oldtimertreffen oder Faschingstrubel – fast immer steht dabei die Hafenpromenade im Mittelpunkt. Aber auch an einem ganz normalen Wochenende spielt sich hier das Leben ab.

Seit der Frachtverkehr nach Caniçal verlegt wurde, ist Funchals Hafen zur Visitenkarte der Hauptstadt aufgestiegen. In der Marina liegen die Jachten dicht an dicht, am Kai legen Fähren und Ausflugsboote an, und auch für die Kreuzfahrtschiffe ist genügend Platz. Entlang des Hafens führt die Uferpromenade Avenida do Mar und lädt zum Bummeln ein.

Gegenüber vom Jachthafen sticht die wuchtige Festung Palácio de São Lourenço ins Auge. Sie sieht zwar uneinnehmbar aus, doch die Kanonen auf ihrem Wehrturm waren nur auf das Meer gerichtet. Also betraten die Angreifer die Stadt eben durch die Hintertür. Vor etwa 200 Jahren wurde der Palast Amtssitz der Inselgouverneure, heute ist er der offizielle Wohnsitz der Abgesandten der Republik Portugal.

Am Eingang zum Innenhof steht breitbeinig eine Torwache. Fotowünsche werden nicht abgeschlagen, sondern mit einem gnädigen Nicken genehmigt. Unweit der Festung steht das Alte Zollamt, die Alfandega Velha. Der ursprüngliche Bau stammte aus dem 16. Jahrhundert, war in manuelinischem Stil errichtet und wurde beim Erdbeben von 1748 völlig zerstört. Der barocke Nachfolgebau dient als Sitz des Regionalparlaments.

Am östlichen Ende der Hafenpromenade ist schon von Weitem die ockergelbe Fortaleza São Tiago zu sehen. Ehemals militärisches Hauptquartier ist die Festung heute ein Ort für Kunstfreunde, wo zeitgenössische portugiesische Kunstschaffende präsentiert werden.

Auf den Spuren von Christoph Kolumbus: Die Santa Maria hisst die Segel. Das Ebenbild des Kolumbus-Schiffes startet täglich zu einer mehrstündigen Ausflugsfahrt.

6

DER ENTDECKERGEIST IST MIT AN BORD

SEGELTRÄUME – AUF DER SANTA MARIA DE COLOMBO

Wenn der Wind die Segel des 22 Meter langen Dreimasters bläht und das Cabo Girão auftaucht, müsste eigentlich ein Matrose oben im Ausguck »Land in Sicht« rufen. Aber die Santa Maria liegt auf ihrer Fahrt vor der Südküste Madeiras immer in Sichtweite des Festlands.

Kolumbus lebte wenige Jahre auf Porto Santo und verließ die Insel nach dem frühen Tod seiner Frau. Das war lange vor der Entdeckung Amerikas 1492. Aber Tourismus und Kolumbus, das passt einfach zu gut. Also gehen wir im Hafen von Funchal an Bord eines originalgetreuen Nachbaus des Kolumbus-Flaggschiffes und stechen in See. Dieser entstand in Câmara de Lobos. Der Holländer Rob Wijntje verwirklichte den Traum aus Mahagoniholz gemeinsam mit einheimischen Bootsbauern. 1998 stach der Dreimaster erstmals in See und dient heute als Ausflugsboot. Die Steilküsten der Insel sind ohnehin atemberaubend und beeindrucken umso mehr, wenn man sie einmal von der anderen Seite sehen kann. Die Santa Maria liegt an der Marina in Funchal vor Anker und segelt auf ihrer dreistündigen Ausflugsfahrt die Südküste entlang. Mag der historische Hintergrund auch ein wenig aufgesetzt wirken, das Naturerlebnis ist garantiert. Mit etwas Glück ziehen in der Ferne Wale vorüber, begleiten Delfine das Schiff oder tauchen gerade Meeresschildkröten ab. Ein wenig seetüchtig sollte man schon sein, denn Wind und Wellen des Atlantiks bringen auch eine Santa Maria zum Schaukeln. Aber keine Angst: Für alle Fälle gibt es auch einen Motor. An heißen Sommertagen ankert der Kapitän vor der grandiosen Steilküste von Cabo Girão und ermöglicht den Passagieren ein Bad im kühlen Atlantik. Und zum Abschluss trinkt man Madeirawein und isst dazu Honigkuchen.

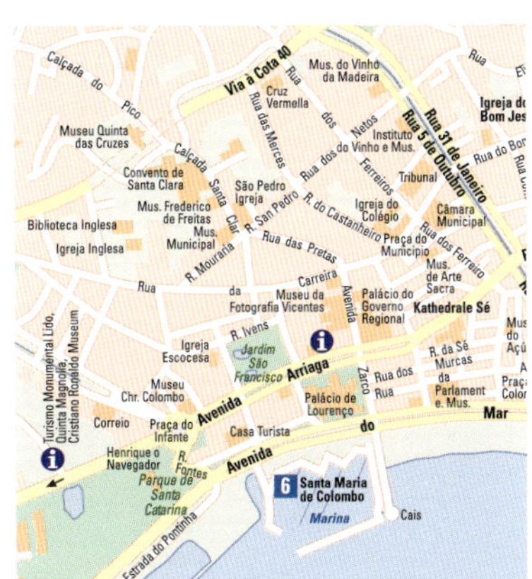

BUNTE VIELFALT – DER BAUERNMARKT MERCADO DOS LAVRADORES

Hier treffen sich Land- und Stadtbevölkerung. Die Rollen sind klar verteilt. Hinter den Verkaufsständen die einen, davor die anderen. Verkaufende und Kaufende sind sich ebenbürtig im Feilschen. Außer am Sonntag bietet der Mercado dos Lavradores in der 1940 eröffneten Markthalle täglich dasselbe Bild.

Das auffällige Gebäude des portugiesischen Architekten Edmundo Tavares ist ein Kind seiner Zeit, ein typisches Beispiel der sogenannten Estado-Novo-Architektur, der Baukunst des neuen Staats des Diktators Salazar. Besonders schön sind die Fliesenbilder an der vorderen Fassade und in der Fischhalle, die – wie so viele profane Azulejos – Alltagsbilder zeigen, in diesem Fall vor allem Marktszenen.

Sieben Uhr morgens. Die Straßen der Hauptstadt sind fast menschenleer. Genauso leer wie die Fischbänke im hinteren Teil der Markthalle. Es kommen Zweifel auf, ob man sich in der Adresse geirrt hat. Nein, nein, da stand ja in großen Lettern über dem Haupteingang »Mercado dos Lavradores«, Bauernmarkt.

»Warten Sie noch ein paar Minuten, dann ist hier alles voll«, sagt ein Mann hinter einer der leeren Fischbänke, »die laden gerade aus.« Und tatsächlich: Hinter der Markthalle stehen in der Rua Latinho Coelho und der Rua da Boa Viagem die kleinen Lieferwagen dicht an dicht und lassen gerade so viel Platz, dass die Hecktüren geöffnet und die Kisten mit dem nächtlichen Fang ausgeladen werden können.

Inzwischen werden die Wannen der Fischbänke mit frischem Eis gefüllt. Kurze Zeit später wird der Fischmarkt seinem Namen gerecht. Die ersten Thunfische werden hereingetra-

7

↑ Die Blumenfrauen in ihrer typischen Tracht sind wahre Verpackungskünstlerinnen, wenn die Pflanzen als Handgepäck ins Flugzeug sollen.
↙ Wer die Wahl hat, hat die Qual. Die Auswahl auf dem Bauernmarkt an Obst, Gemüse, Fleisch und Fisch ist riesig. Die Kunden der Blumenfrauen in der traditionellen Inseltracht sind allerdings nicht nur Einheimische.

gen. Hinter den Fischbänken werden schon mal die Schlachtermesser geschliffen, groß wie Macheten, es wird sich bekreuzigt, und dann beginnt die Arbeit. Kopf und Flossen der Thunfische müssen abgetrennt werden. Am anderen Ende der Bänke haben die schwarzen Degenfische ihren Platz. Erst wenn sich die Kundschaft für ein Exemplar entschieden hat, wird der *espada* gehäutet. Für die Männer und Frauen in den Gummischürzen kein leichter Job.

Strelitzien und Maracuja-Bananen

Da haben es die Blumenfrauen, die am Eingang des Bauernmarkts hinter ihren Ständen sitzen, angenehmer. Sie unterscheiden sich von allen anderen Marktfrauen, denn nur die Blumenverkäuferinnen tragen die typische Inseltracht: weiße Bluse, eine mit Stickereien verzierte rote Weste und einen knallbunten knielangen Rock. Viele der Frauen arbeiten bereits ihr ganzes Leben im Mercado und verkaufen Blumen – wie zuvor ihre Mütter und nun auch ihre Töchter. Die Blumenfrauen sind Profis darin, wie man langstielige Strelitzien verpackt, damit sie eine Flugreise überstehen können.
Ich erfahre, dass es mehr als 100 verschiedene Protea Arten gibt und bin sicher, die Blumenfrauen kennen sie alle. Das farbenprächtige Bild der Blumenstände wird noch übertroffen vom Angebot an Obst und Gemüse im Innenhof der Markthalle. Was für ein Duft und vor allem, was für eine Auswahl an bekannten und unbekannten Früchten! Wer kennt schon Maracuja-Bananen oder auch Ananas-Bananen und Maracuja-Tomaten? Die Ware wird wunderschön in Körben präsentiert. Wohin man auch schaut, überall ist Obst in allen Farben kunstvoll aufgetürmt.
Während es in der Fischhalle am späten Vormittag schon wieder ruhig wird und die Männer und Frauen in den Gummischürzen die Steinbänke putzen, haben Blumenfrauen an den Obst- und Gemüse- sowie Korbwarenständen noch einen langen Tag vor sich. Müde Marktgäste hingegen werden irgendwann in einem der kleinen Restaurants verschwinden, die hier alles anbieten, was kurz vorher am Fisch- oder oder Fleischstand zu sehen war oder als Gemüseauswahl angepriesen wurde.
Und zum Abschluss gibt es *bica* und *pastéis de nata,* einen Espresso und dazu die portugiesische Versuchung schlechthin – mit Cremepudding gefüllte Blätterteigtörtchen. Man kann beides im Café auf der Dachterrasse oder vor der Markthalle genießen und dabei zuschauen, wie gut die Blumenfrauen Überzeugungsarbeit leisten.

INFO

SOUVENIRS AUS DEM MERCADO
Da bieten sich vor allem die Blumen an, und ganz besonders die orangen Strelitzien. Die Blumenverkäuferinnen sind auf Gäste eingestellt, die eine Urlaubserinnerung mit nach Hause nehmen möchten. Vor der Abreise bestellte Blumen werden in einen Karton verpackt und können im Flugzeug als Handgepäck verstaut werden. Bis zu vier Wochen kann man sich daheim an den Strelitzien oder Paradiesvogelblumen erfreuen und in Erinnerungen schwelgen. Auch Orchideen und Anthurien, die Flamingoblume, eignen sich als Mitbringsel. Wer einen grünen Daumen hat, wählt die weniger umständliche Methode und deckt sich mit Samen und Knollen ein. Aber nicht nur Blumen, auch alle anderen für Madeira typischen Souvenirs sind in den Markthallen zu finden. Wer in Santana keine Stickereien und in Camacha keine Korbwaren erstanden hat, kann es hier nachholen.

WEITERE INFORMATIONEN
madeira-web.com

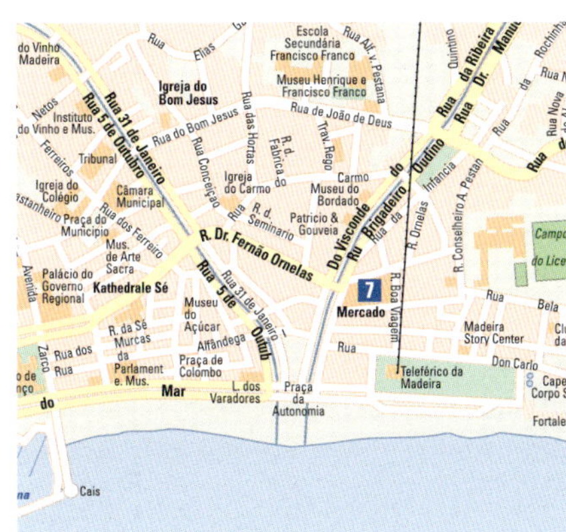

8

LEBENSLUSTIGE KLEINE WELT

DAS ALTE FISCHERDORF – SANTA MARIA MAIOR

Je weiter nach Osten man auf der Hafenpromenade spaziert, desto näher kommt man dem historischen Funchal. Bestimmen im Westen der Stadt etwas zu groß geratene Hotelburgen das Panorama, entdeckt man jetzt den Charme eines Fischerdorfs. Enge Gassen, kleine Häuser, Blumenschmuck an den Fenstern, gemütliche Kneipen. Das Viertel Santa Maria Maior, die Zona Velha – die Altstadt – ist bis nachts voller Leben.

Im Park Jardim do Almirante Reis, in dem sich die Talstation des Gondellifts nach Monte befindet, umgeben einen noch die moderne Hafenanlage und die Weite des Meeres. Ein paar Schritte weiter, dann ändert sich das Stadtbild: Die Straßen werden zu Sträßchen, die Häuser zu Häuschen. Die meisten haben nur ein Stockwerk, stehen eng beieinander und geduckt, als wüssten sie, dass der nächste Sturm über dem Atlantik schon bald kommt. Funchal ist hier nicht mehr majestätisch schön und aufgeräumt, sondern bunt und chaotisch. Wir sind in Santa Maria Maior.

Die große Sanierungs- und Renovierungswelle ging an diesem Viertel glücklicherweise vorüber. So konnte sich Funchals Keimzelle ihre Eigenheiten, ihren Charakter bewahren. Quer hindurch verläuft die Rua de Santa Maria, die angeblich älteste Straße der Stadt. Ein Blick auf das Kopfsteinpflaster genügt, um zu wissen, dass das nicht geflunkert ist. Rund 200 bunt bemalte Haustüren und Fenster sind das Ergebnis der Streetart-Initiative »Arte de Portas Abertas«. Den alten Häusern wurde so neues Leben eingehaucht; der Fantasie waren keine Grenzen gesetzt.

In der Gasse locken Läden und Restaurants. Letztere haben vor allem am Abend Hochbetrieb. Einheimische wie Besuchende haben in der Zona Velha ihr Lieblingslokal, ihren Geheimtipp, den sie allerdings mit vielen anderen teilen. Ab einer bestimmten Zeit sind freie Tische draußen auf den Gassen Mangelware. Aus den offenen Lokalen dringt traurig-melancholischer Fado-Gesang. Die Konkurrenz spielt auf der anderen Straßenseite im Freien. Ein junger Mann mit Gitarre versucht sich an Bob Dylans »Blowing in the Wind«. Auch dieser Song ist sehr melancholisch, aber lauter. Und zwischen Fado und Bob Dylan rennen die Kellner hin und her, servieren schmackhafte Espadas, *espetadas,* Paella – eben alles, was Madeiras Küche und auch die Keller zu bieten haben.

Auch der liebe Gott gibt sich bescheiden

Am Ende der Rua de Santa Maria, nahe der Festung São Tiago steht eine kleine Kapelle. Die Geschichte der Capela do Corpo Santo ist – wie könnte es anders sein – eng verbunden mit der Seefahrt und dem Meer. Vor allem aber passt das Kirchlein wunderbar in seine Umgebung: klein, bescheiden und doch mit einer ungeheuren Anziehungskraft ausgestattet. Die Bruderschaft der Seefahrer ließ die Kapelle im 15. Jahrhundert errichten und dem Schutzheiligen der Fischer, Pedro Gonçalves Telmo, weihen. Die Gemälde in der Kapelle zeigen Szenen aus dem Leben des Heiligen.
Etwas oberhalb steht die Pfarrkirche der Altstadt, die dem Stadtheiligen São Tiago geweiht ist. Zu seinen Ehren wird jedes Jahr im Mai eine große Prozession abgehalten, die durch die Gassen des Viertels führt und vor der Igreja do Socorro endet. Das Pilgerfest geht auf eine jahrhundertealte Tradition zurück. Aber das trifft hier rund um die Rua de Santa Maria auf fast alles zu.
Auf fast alles. Natürlich gibt es auch in der Zona Velha die üblichen Souvenirläden und 08/15-Modegeschäfte. Doch genauso findet man hier auch kleine Besonderheiten: Wer sich für Technik interessiert, besucht die Casa da Luz, das Museum, das die Elektrifizierung der Insel dokumentiert, und wer wissen will, wie die berühmten Stickereien von Madeira entstehen, erfährt dies im Núcleo Museológico do Bordado in der Rua Visconde Anadia. Hier, gleich hinter der Markthalle, hat dieses Kunsthandwerk eine Heimat gefunden. Wenige Häuser weiter befindet sich die Fabrik Patrício und Gouveia, wo man den Stickerinnen bei der Arbeit über die Schulter schauen kann. Und dass es bei wirklich hochwertigem Kunsthandwerk mit Schauen nicht getan ist, das ist hinlänglich bekannt. Besonders interessant ist es, die einzelnen Arbeitsschritte zu beobachten. Die traditionellen Muster werden auf Pergamentpapier gestichelt und dann in einer Blaupause auf Leinen übertragen. Allerdings: Echte Handarbeit hat ihren Preis und ein Echtheitszertifikat. Große, reich verzierte Tischdecken sind teuer, denn sie entstehen meistens in Heimarbeit, und eine Stickerin arbeitet an so einem Stück auch bis zu einem halben Jahr.

← Ausgehmeile und gemütliches Kneipenviertel, die Zona Velha am alten Hafen.

INFO

MADEIRA STORY CENTRE
Madeiras Geschichte an einem Ort und auf einen Blick – das Madeira Story Center macht es möglich. Ein didaktisches Konzept, das auch die Unterhaltung nicht vergisst, zeichnet dieses Haus der Geschichte aus.
Rund 90 Minuten lang begibt man sich hier auf eine interaktive und multimediale Reise, die mit der geologischen Entstehung beginnt und mit Madeira als moderner Tourismusdestination endet. Man begegnet Piraten, Kolumbus und anderen wichtigen Persönlichkeiten in Lebensgröße und erfährt, welche strategische Rolle die Insel im Lauf der Zeit spielte. Das Madeira Story Centre befindet sich in der Altstadt, gegenüber der Talstation der Seilbahn nach Monte. Ein Besuch im Themen-Café und oder auf der Panorama-Terrasse runden eine unterhaltsame Begegnung mit Madeiras Vergangenheit und Gegenwart ab.

WEITERE INFORMATIONEN
Madeira Story Centre:
Rua D. Carlos I 27–29, 9060-051 Funchal,
Tel. 00351 291 63 90 81,
madeirastorycentre.com

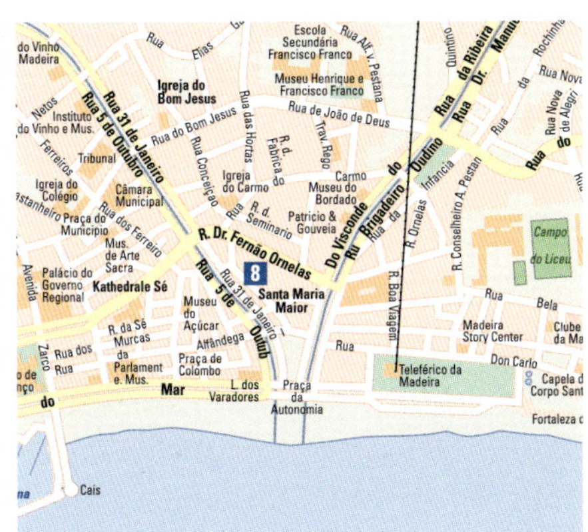

EINE WELT FÜR SICH – MONTE

Der Blick hinauf nach Monte endet sehr oft im Nebel. Davon sollte man sich jedoch auf keinen Fall abhalten lassen, die einstige Sommerfrische der englischen Weinhändler zu besuchen. Sonst versäumt man wunderbare Gärten, die bedeutendste Kirche Funchals, die traurige Geschichte des letzten Habsburger-Kaisers, gemütliche Gondelbahnfahrten bergauf und eine abenteuerliche Korbschlittenfahrt bergab.

Nebel, Feuchtigkeit, englisches Wetter eben. Kein Wunder also, dass sich hier oben – 600 Meter über dem Meer – die englischen Familien im 18. und 19. Jahrhundert ihre Sommerhäuser bauten. Rund um die Quintas wurden prächtige Gärten angelegt. Eine Zahnradbahn ersparte der wohlhabenden Gesellschaft mühsame Fußmärsche. Quintas und Gärten haben die Zeit überdauert, die Zahnradbahn hingegen wurde von einer modernen Gondelseilbahn abgelöst, dem Teleférico do Funchal.
Die Talstation an der Hafenpromenade nahe der Zona Velha ist ein moderner Glasbau und nicht zu übersehen. In den großzügig bemessenen Kabinen haben sechs bis acht Personen Platz. Sie sehen Funchal aus der Vogelperspektive; zuerst die Dächer der Altstadt und die unzähligen kleinen Gärten in dem Häusergewirr. Jeder Quadratmeter wird zum Anbau von Obst und Gemüse genutzt, nirgendwo fehlen Bananenstauden. Immer höher hinauf geht die Fahrt. Als tiefer Graben trennt das Flusstal des Ribeira de João Gomes den Berghang in zwei Teile. Er ist einer jener Wildbäche, die Funchal immer wieder unter Wassermassen begruben, bevor sie gezähmt wurden.
Die Bergstation kommt in Sicht. Erst jetzt wird einem bewusst, dass man eine gute Viertelstunde lang absolute Stille genossen hat. Damit ist es aber vorbei. In Monte leben rund 7000 Menschen, die Tagesgäste nicht mitgezählt.

9

↑ In der Kirche Nossa Senhora do Monte liegt der letzte Habsburger Kaiser Karl I. begraben. Aber viel wichtiger ist die Namenspatronin: Alljährlich am Mariä Himmelfahrtstag ist die Kirche das Ziel von Pilgernden.
↙ Eine Fahrt mit der Gondelseilbahn nach Monte lohnt vor allem wegen der grandiosen Aussicht.

Pilgerstätte Nossa Senhora do Monte

Schon während der Gondelfahrt machen zwei mächtige Glockentürme auf sich aufmerksam. Sie weisen den Weg zur bedeutendsten Kirche Funchals, Nossa Senhora do Monte. Die Kirche ist der Schutzpatronin der Hauptstadt geweiht und deshalb – Kathedrale hin oder her – die Nummer 1 in Funchals Kirchen-Ranking. Eine Marienerscheinung im 16. Jahrhundert begründete ihren Ruhm als Pilgerstätte.
Die alljährliche Wallfahrt nach Monte findet an Mariä Himmelfahrt am 15. August statt. Dabei werden die 68 Stufen der Freitreppe, die zum Hauptportal führen, auf Knien zurückgelegt.
Den ersten Kirchenbau aus dem Jahr 1741 zerstörte schon sieben Jahre später das große Erdbeben. 1818 wurde der barocke Nachbau geweiht, dessen markante Türme dunkler Tuffstein rahmt. Das Hauptportal mit seinen Rundbögen ist das bestimmende Element der Kirchenfassade, dessen Fensterfront mit Balkon und Dachterrasse durchaus auch ein Herrschaftshaus zieren könnte.

Die letzte Station des letzten Kaisers

Wem Seilbahnfahren nicht bekommt, der kann Monte im Autobus oder zu Fuß erreichen. Kaiser Karl I. erreichte sein Domizil vermutlich mit der Zahnradbahn, aber auch das nützte ihm nichts. Er starb wenige Monate nach seiner Ankunft auf der Insel an einer Lungenentzündung. Nach dem Ende des Ersten Weltkriegs versuchte der Kaiser von seinem Exil in der Schweiz, zumindest in Ungarn wieder die Monarchie einzuführen. Das gefiel den Siegermächten überhaupt nicht. Karl und seine Familie wurden auf ein britisches Kriegsschiff verfrachtet und fernab von Europa nach Madeira gebracht.
Anfangs wohnten Karl, Kaiserin Zita und die Kinder in einer Villa, die zum Anwesen des Reid's Palace gehörte. Dieser Aufenthalt aber wurde bald zu teuer, also zog die kaiserliche Familie nach Monte. Ein einheimischer Bankier hatte ihr seinen Sommersitz zur Verfügung gestellt. Im kühlen und feuchten Monte verschlechterte sich der ohnehin angeschlagene Gesundheitszustand Kaiser Karl I. zusehends, bis er am 1. April 1922 an den Folgen einer Lungenentzündung verstarb. Karl wurde in der Pfarrkirche von Monte beigesetzt, sein Sarkophag befindet sich im linken Seitenflügel. Das letzte Domizil des Kaisers, die Quinta Jardins do Imperador, wurde im Sommer 2016 bei einem Großfeuer zerstört, das in den Bergen um Funchal wütete.

INFO

IM KORBSCHLITTEN ZU TAL
Für Pferdefuhrwerke war der steile Weg von Monte hinunter nach Funchal zu gefährlich. Mitte des 19. Jahrhunderts kam ein britischer Geschäftsmann auf die Idee, Korbschlitten auf Holzkufen *(carros de cesto)* für den Warentransport zu verwenden. Einige Jahrzehnte später hatte Madeira eine neue Touristenattraktion, und am Startplatz unterhalb der Kirche stehen die Menschen Schlange. Die Korbschlittenfahrer heißen *Carreiros* und oftmals geben die Väter den Beruf an ihre Söhne weiter. Die Korbschlittenfahrer sind in Weiß gekleidet, sie tragen Strohhüte und Lederstiefel. Die sind mit starken Gummisohlen verstärkt, um besser bremsen zu können. Alle paar Wochen ist es notwendig, sie zu erneuern. Doch spätestens nach den ersten scharfen Kurven wissen die Fahrgäste, dass sie nicht auf dem Canale Grande in Venedig sind. Nach zehn Minuten ist das Ziel, die Busstation in Livramento, erreicht.

VON KAISERIN SISI BIS WINSTON CHURCHILL – DER KURORT DES EUROPÄISCHEN HOCHADELS

Die Insel des ewigen Frühlings, wie Churchill sie einst nannte, lockte schon im 18. Jahrhundert Kurgäste an. Leisten konnten sich das damals jedoch nur der europäische Hochadel oder wohlhabende Kaufleute. Heute kommen die Menschen vor allem zum Wandern her, aber auch Extremsportarten sind auf Madeira möglich.

Mitte des 19. Jahrhunderts schlug Madeiras große Stunde; damals begann sich in Europa langsam ein elitärer Tourismus zu entwickeln. Und auch die Atlantikinsel und ihre Hauptstadt sollten davon profitieren. Zuerst kamen die reichen und adeligen Erholungssuchenden wegen des guten Klimas hierher, meist aus gesundheitlichen Gründen. Aber auch die subtropische Vegetation spielte eine Rolle und das bessere Wetter – vor allem für Menschen aus England, die dem Winter zum Teil für einige Monate entfliehen wollten. Bereits im 17. Jahrhundert hatten sich englische

von Österreich-Ungarn 1860/1861 fünf Monate lang ebenfalls. Aus der Zeit stammt ein Foto, auf dem die Kaiserin die viersaitige Braguinha, die Vorgängerin der Ukulele, spielt. Mehr als drei Jahrzehnte später zog es Sisi ein zweites Mal auf die Insel, nach dem Tod ihres Sohns Rudolf. Sie verbrachte ihren 56. Geburtstag hier und zählte zu den ersten Gästen im legendären Nobelhotel Reid's Palace.
Doch nicht nur der Hochadel entdeckte Madeira und das Reid's für sich, sondern auch die Prominenz aus Politik, Literatur, Kunst und Film: Richard von Weizäcker und Margaret Thatcher, Rainer Maria Rilke und George Bernard Shaw, der sich hier das Tangotanzen beibringen ließ, Charlie Chaplin, Gregory Peck (während der Drehabeiten zu »Moby Dick«), Roger Moore, Pierce Brosnan und Claudia Cardinale. Der durch den Zweiten Weltkrieg gestoppte Tourismus wurde auf der Insel durch den ehemaligen britischen Premierminister, Sir Winston Churchill, neu beflügelt. Er kam im Januar 1950 für zwölf Tage nach Madeira, um sich von einem Schlaganfall zu erholen und an seinen Kriegsmemoiren zu schreiben, für die er später den Nobelpreis erhielt. Außerdem malte er hier einige Landschaftsaquarelle, unter anderem von der Bucht des Fischerdorfs Câmara de Lobos. Sein Lieblingsplatz trägt mittlerweile seinen Namen und eine Bronzeplakette erinnert an ihn. Von Churchill erhielt Madeira den Beinamen »Insel des ewigen Frühlings« und die Feriengäste zurück. Die Bevölkerung Madeiras hatte endlich wieder Einkünfte.

Kaufleute auf Madeira niedergelassen, die bis heute ihre Spuren hinterlassen haben. Ab dem 18. Jahrhundert wurde die Atlantikinsel und ihre Luft von englischen Ärzten als Wundermittel bei Tuberkulose angepriesen. Dabei ist die hohe Luftfeuchtigkeit hier bei Lungenkrankheiten eher suboptimal. Erst im 20. Jahrhundert, genauer gesagt 1964, wurde Madeira durch die Eröffnung des Flughafens dann für alle erreichbar.
Zu den bekanntesten Kurgästen zählten ab Sommer 1852 Amélie von Leuchtenberg, die letzte Kaiserin von Brasilien (dt: Amélia), und ihre an Tuberkulose erkrankte Tochter Prinzessin Maria Amélia. Diese war übrigens mit Erzherzog Maximilian von Österreich verlobt, dem Bruder von Kaiser Franz Joseph und späterem Kaiser von Mexiko. Doch die »gesündere« Luft Madeiras half der 22-Jährigen nicht, sie starb hier wenige Monate später. Ihre Mutter Amélie finanzierte 1853 den Bau eines Krankenhauses für Tuberkulosekranke in Funchal, das »Princesa Dona Maria Amélia«: eine Anlaufstellte für Adelige mit Lungenleiden aus ganz Europa. Nach dem Tod der Kaiserin ging das Hospital an ihre Schwester, die Königin von Schweden und Norwegen über, und wurde später eine Stiftung. Es kamen weitere Einrichtungen wie ein Alten- und Pflegeheim und auch eine Kindertagesstätte hinzu. Heute sind die Stiftung und das schwedische Königshaus noch immer eng verbunden.

Die prominente Erholungsinsel

Amélie von Leuchtenberg und ihre Tochter wohnten 1852/1853 am Rand von Funchal in der Quinta Vigia. Vor ihnen hatte bereits Adelheid von Sachsen-Meiningen, später Queen Adelaide, Königin von Großbritannien und Irland sowie von Hannover, ihre letzten beiden Lebensjahre auf dem Landgut verbracht. Bekannt war die Quinta schon damals für ihren wunderschönen riesigen Garten. Hier erholte sich Elisabeth

↑ Das Pestana Churchill Bay ist nach dem britischen Premier benannt.
↖ Madeira ist ein Wanderparadies – für alle Schwierigkeitsgrade.
← Blick auf das Fischerdorf Câmara de Lobos

10

EINMAL JAPAN, CHINA UND ZURÜCK

KOSMOPOLITISCH – DER JARDIM TROPICAL

Soeben ist man über eine japanische Brücke spaziert, da steht urplötzlich eine Armee bunter Terrakotta-Soldaten aufgereiht. Gerade noch war man von einer tropischen Pflanzenwelt umgeben, da öffnet sich der weite Blick hinaus aufs Meer, und es liegt einem die Bucht von Funchal zu Füßen. Im Jardim Tropical Monte Palace sind Kulturen und Pflanzen der Welt in einem Garten vereint.

Das Anwesen hat wie so vieles auf Madeira eine wechselvolle Geschichte hinter sich. Am Beginn stand – wie üblich – ein Engländer. Konsul Charles Murray erbaute im 18. Jahrhundert etwas unterhalb der Kirche von Monte eine Quinta mit Park. 1897 kaufte der Portugiese Alfredo Rodrigues das Anwesen, und es entstand das Monte Palace, ein palastähnliches Herrenhaus, das der Bauherr als Hotel führte. Nach seinem Tod im Jahr 1943 verkaufte die Familie das Hotel an eine Bank. Für Hotel und Park begann ein Dornröschenschlaf, der mehr als ein halbes Jahrhundert währte.

Das Projekt José Berardos

Anfang der 1990er-Jahre erwarb der einheimische Künstler und Kunstmäzen José Berardo das Grundstück, gründete eine Stiftung und gab damit den Startschuss für das Projekt Monte Palace Tropical Garden. Der sieben Hektar große Park mit seinem einzigartigen Baumbestand wurde nach und nach durch botanische Kostbarkeiten aus aller Welt ergänzt. Aber nicht nur das: Berardo hatte China und Japan bereist. Die fernöstliche Kultur faszinierte ihn so sehr, dass er zwei orientalische

← Der Jardim Tropical ist eine Welt für sich, das Hotel Monte Palace verwaist. Hotelgäste im Ruderboot sieht man im künstlichen See nicht mehr. Dort haben jetzt riesige Koi-Karpfen ihr Revier.

Gärten anlegen ließ. Ein anderes Thema ist dem Einfluss Portugals in Fernost gewidmet. Die Geschichte dieser Beziehung, geprägt von zahlreichen Seefahrern und Kaufleuten, ist auf einem riesigen Azulejo-Wandbild dargestellt. Es besteht aus 166 bunten Keramikfliesen und trägt den Titel »Die Abenteuer der Portugiesen in Japan«.
Der Eingang des Gartens nahe der Bergstation der Gondelbahn ist nicht zu übersehen. Die Mauern strahlen in kräftigem Rot und Orange. Im Museum sind José Berardos Kunstsammlungen zu sehen, darunter Seifenstein-Skulpturen aus Simbabwe. Das Dach des Museums ist mit uralten Olivenbäumen bepflanzt. Der Weg durch den exotischen Garten führt talwärts. Die Hanglage hat einen besonderen Reiz, weil sie den Gästen gleich zu Beginn einen großzügigen Überblick ermöglicht und unwillkürlich das Verlangen aufkommt, in diese grüne Welt einzutauchen.

Ein Fest der Sinne

Ein schattiges Tal öffnet sich mit kleinen Wasserläufen als Begleitern. Es ist, als ob man irgendwo in den Bergen Madeiras auf Wanderschaft wäre. 60 verschiedene Arten der Brotfarnpalmpflanze sind zu sehen und der für Madeira typische Lorbeerwald; im Frühjahr blühen Azaleen, im Sommer folgen Clivien. Der Brotpalmfarn ist vier Millionen Jahre alt, und auch der Lorbeerwald ist ein urzeitliches Relikt, das auf dem europäischen Festland die Eiszeit nicht überlebt hat. Wären da nicht asiatische Tempel, ein freundlich lächelnder Buddha und bunte Abbilder der berühmten chinesischen Tonkrieger-Armee, die urplötzlich zwischen Baumriesen auftauchen, möchte man tatsächlich glauben, in einer Zeitspanne unterwegs zu sein, die Tausende von Jahren zurückliegt.
Ob man nun zwischen Orchideen und Heidekraut auch noch Pagoden und Buddhastatuen sehen will, ist Geschmackssache. Aber der Jardim Tropical ist ein Fest der Sinne, und diesem Fest sollte man sich einfach nur hingeben. Schon allein das Schlendern durch den Garten bis zum Aussichtspunkt hinter dem Hotel Monte Palace macht den Besuch zu einem Erlebnis. Vorher spaziert man noch am Schwanenteich entlang. Hier vertrieben sich früher die Hotelgäste mit dem Ruderboot die Zeit, heute leisten Koi-Karpfen in allen Farben und Größen den Schwänen Gesellschaft. Die dunkelgrünen Läden des Hotels sind geschlossen, denn im Gegensatz zum Garten dauert der Dornröschenschlaf für die einstige Luxusunterkunft noch an. Hier will man ohnehin nur das Panorama genießen, den großartigen Blick von der Terrasse auf Funchal und den Atlantik.
Außerdem ist das Fest der Sinne ja noch nicht zu Ende. Der Weg führt weiter zum Orchideengarten und zu einem Terrassencafé in der südöstlichen Ecke des Gartens. Hier kann man ein bisschen ausruhen und sich stärken. Schließlich steht ja noch der Rückweg durch den Lorbeerwald bevor.

INFO

WELCHE PFLANZEN, WELCHE GÄRTEN?
Als Vulkaninsel hatte Madeira nie Kontakt mit anderen Kontinenten. Daher hat sich eine sehr eigenständige Pflanzenwelt entwickelt. Schätzungsweise 15 Prozent aller Pflanzen auf Madeira wachsen nur dort.
Wer sich für diese endemische Vegetation interessiert, muss nicht unbedingt in einen Garten gehen, sondern wird auch bei Wanderungen an der Küste oder in den Wäldern des Nordens fündig. Der beste Platz, um Madeiras typische Pflanzenwelt kennenzulernen, ist der Botanische Garten in Funchal, wo immerhin 100 einheimische und rund 2500 eingeführte Pflanzen versammelt sind. Palheiro Gardens vermitteln hingegen viel Gartenkunst und sind ein typisches Beispiel, wie die englischen Kaufmannsfamilien ihre Privatgärten anlegen ließen. Der Tropische Garten von Monte vereint Exoten aus der ganzen Welt und besticht durch seine extreme Hanglage. Im Norden Madeiras ist der Rosengarten der Quinta do Arco ein beliebtes Ziel.

WEITERE INFORMATIONEN
ifcn.madeira.gov.pt
montepalace.com
pestana.com/pt/hotel/quinta-arco

ENDEMISCH STATT EXOTISCH – PARQUE ECOLÓGICO DO FUNCHAL

Hinter Monte beginnt mit dem Parque Ecológico do Funchal das größte Ausflugs- und Naherholungsgebiet der Hauptstadt. Am Paso do Poiso befindet man sich bereits auf 1400 Meter Meereshöhe. Wer bisher nur Funchal und Umgebung kennt, wird sich die Augen reiben. Heidekraut, Madeira-Stechpalmen, erste Lorbeerbäume haben die subtropischen Gartenlandschaften abgelöst, und die Berge sind plötzlich ganz nah.

Kaum sind die letzten Häuser von Monte außer Sicht, ändert sich die Landschaft. Akazienbäume säumen die Straße. Im Frühjahr erinnern die gelben Blüten an Mimosen. Der Weiler Terreiro da Luta war bis 1940 Endstation der Zahnradbahn. Das Gebäude beherbergt heute ein Restaurant. Nur wenige 100 Meter weiter steht das Denkmal Nossa Senhora da Paz, dessen Sockel eine rostige Ankerkette ziert. Die Nonnen im Kloster Santa Clara waren entsetzt, als im Ersten Weltkrieg ein von einem deutschen U-Boot abgefeuertes Geschoss den Altarraum verwüstete. Hier in den Bergen oberhalb von Monte, am Denkmal der Muttergottes des Friedens, erfährt man den Rest der Geschichte.

1916 hatte Deutschland Portugal den Krieg erklärt, weil das Land im Auftrag Großbritanniens deutsche Besitztümer beschlagnahmt hatte. Als ein deutsches U-Boot im Hafen von Funchal ein französisches Kriegsschiff versenkte, bekamen es die Bürger der Stadt mit der Angst zu tun und riefen – wie in solchen Fällen üblich – den Himmel an. In einer Bittprozession zogen sie nach Monte und gelobten, für die Madonna

11

↑ Die Landschaft hat sich verändert: Im Öko-Park haben Gartenspielereien keinen Platz, sondern endemische Pflanzen wie der lila blühende Natternkopf.
↙ Das Naturschutzgebiet ist ein Vogelparadies, das immer wieder von Waldbränden gefährdet wird.

ein Denkmal zu errichten. Die Spendengelder flossen vermutlich spärlich, denn erst im Jahr 1927 konnte das Gelübde eingelöst werden. Die Ankerkette ist übrigens jene des versenkten französischen Kriegsschiffs.

Rückkehr zum Ursprünglichen

Am Eingang zum Öko-Park, beim Forsthaus Ribeira das Cales, befindet sich ein Informationszentrum. Hat man in den Gärten Funchals den Eindruck gewonnen, dass man alle Pflanzen dieser Welt auf Madeira versammeln möchte, gehen die Bemühungen im Öko-Park in die andere Richtung. Natürlich gibt es auch hier exotische Bäume und Sträucher, aber neu angepflanzt werden ausnahmslos einheimische Pflanzen. Mit etwas Glück stößt man auf Heidelbeersträucher, die hier mehrere Meter hoch sind.

Ein Tierparadies ist Madeira hingegen nicht. Es gibt kaum wild lebende Tiere. Den größten Teil der Fauna machen Vogelarten aus, von denen mehr als die Hälfte im Parque Ecológico nisten. Heide- und Lorbeerwälder bieten dafür gute Voraussetzungen. Landwirtschaft und Naturschutz kommen sich zumindest im Öko-Park nicht in die Quere. Wenn Gefahr droht, dann von Waldbränden. 2010 wütete ein Feuer im Park und machte intensive Aufforstungsmaßnahmen notwendig.

Poço da Neve – das letzte Eishaus

Die nächste Besonderheit ist das letzte noch existierende Eishaus Madeiras. Der einem Iglu ähnliche Kuppelbau aus dunklen Steinen findet sich kurz nach der Abzweigung vom Poiso-Pass Richtung Pico do Arieiro unterhalb der Straße. Im 19. Jahrhundert gab es schon Fremdenverkehr, aber noch keine Kühlschränke. Also mussten sich die Menschen anderweitig behelfen. Die *neveiros* oder »Schneesammler« stopften die Grube, über die man das Steinhaus gebaut hatte, mit Schnee voll. Die nächtlichen Temperaturen auf 1600 Metern ließen den Schnee zu Eis gefrieren, das dann im Eiltempo und in der Nacht ins Tal gebracht wurde. Abnehmer waren das Krankenhaus und auch das Hotel Reid.
Die Wanderung am Eishaus vorbei entlang der Levada da Negra ermöglicht einen wunderbaren Einblick in die alpin anmutende Landschaft und endet mit einem archaischen Bild. Dunkle Steinkreise entpuppen sich als Schafpferche, die sich über eine Hochfläche verteilen. Im Frühsommer werden hier die Schafe geschoren. An der südlichen Kante der Hochfläche fällt der Blick auf das Zentrum von Funchal.

INFO

WANDERN UND SCHULBANK DRÜCKEN IM ÖKO-PARK

Der Parque Ecológico do Funchal ist ein zehn Quadratmeter großes Wandergebiet mit einem besonderen Anliegen: Es will den Interessierten die landschaftlichen und kulturhistorischen Besonderheiten sowie die Flora und Fauna Madeiras und des Naturparks näherbringen. Darauf weisen die Schautafeln beim Informationszentrum am Parkeingang hin. Für Schulklassen gibt es Workshops zu Umweltthemen. Eine zweite Einrichtung beschäftigt sich mit dem Thema Wasser. Im Centro Temático de Agua erfährt man mehr über das ausgeklügelte System der Levadas und wie auf der Insel das Trinkwasser aufbereitet wird. Erwachsene Abenteuerlustige können im Ökopark eine Canyoning-Tour machen – am Chão da Lagoa auf ca. 1500 Meter Höhe. Das Flüsschen Ribeira das Cales – mit seinem kristallklaren Wasser – fließt hier entlang und bietet sich dafür an.

WEITERE INFORMATIONEN

visit.funchal.pt/parque-ecologico-do-funchal

Ohne die Engländer wäre Madeira heute um viele Gärten ärmer. Auch der Botanische Garten von Funchal hat englische Wurzeln. Erst seit den 1950er-Jahren ist die Stadt Eigentümerin des Geländes.

12

EIN SPAZIERGANG DURCH DIE WELT DER PFLANZEN

KONZENTRIERTE VIELFALT – JARDIM BOTÂNICO

Der Botanische Garten ist eine Fundgrube für all jene, die Blumen lieben, die Botanik ohne Beiwerk schätzen und auch der geometrischen Strenge französischer Barockgärten etwas abgewinnen können.

Der Botanische Garten liegt etwas unterhalb von Monte auf der östlichen Seite der Ribeira de João Gomes. Man erreicht ihn von Funchal aus mit dem Autobus oder von Monte aus mit einer Seilbahnfahrt. Die Bergstation ist in eine riesige Höhle oberhalb von Monte hineingebaut. Knapp zehn Minuten schwebt man über dem Tal des Wildbachs und schaut senkrecht auf Urwald und Wasserfälle.

1881 kaufte die Hoteliersfamilie Reid das Gelände, legte einen Garten an und lebte bis Mitte der 1930er-Jahre im Herrenhaus Quinta do Bom Sucesso. Seit 1952 gehören Quinta und Gartenanlage der Stadt Funchal. 1960 wurde der Botanische Garten eröffnet und 20 Jahre später in der Quinta das naturhistorische Museum eingerichtet. Fossilien sowie Tier- und Pflanzenpräparate sind hier zu sehen. Für Madeira ging damit ein Traum in Erfüllung. Der Jardim Botânico hat natürlich seine Berechtigung, vereint er doch einheimische Wild- und Anbaupflanzen mit denen anderer Länder. Ob das nun Kakteen und Sukkulenten sind, tropische und subtropische Obstsorten wie Mango und Papaya, Avocados, Kaffeesträucher oder medizinische Kräuter.

Die Blumen- und Blütenpracht übertrifft alles. Seit jeher haben Naturwissenschaftler und Abenteurer auf ihrem Weg nach Amerika, Afrika und Asien auf Madeira Station gemacht, und Pflanzen eingeführt. Fackellilien, Proteen und Agapanthus aus Südafrika, Jasmin und Hibiskus aus China und Flammenbäume aus Australien.

Palheiro Gardens sind nicht nur eine großartige Park- und Gartenlandschaft, sondern auch eine der nobelsten Inseladressen.

13

AUF DIE CARVALHALS FOLGTEN DIE BLANDYS

MADEIRA IM KLEINFORMAT – PALHEIRO GARDENS

Östlich von Funchal liegen 500 Meter über dem Ozean die Palheiro Gardens. Wir entdecken einen Ort, der Madeira verkörpert wie kaum ein anderer. Nichts fehlt, weder unberührte Natur noch kunstvolle Gartenlandschaften.

Der erste Graf Carvalhal hatte hier sein Jagdrevier. Ihm gehörte mehr als ein Drittel der Ländereien auf Madeira. Der Graf hatte auch eine Vorliebe für exotisches Grün. Dieses beschafften sogenannte Pflanzenjäger, die von ihren Reisen Samen und Setzlinge mitbrachten. Nach seinem Tod im Jahr 1813 drehte der Graf sich wahrscheinlich viele Male im Grab um, denn seine Erben brachten es tatsächlich fertig, den gewaltigen Besitz am Spieltisch zu verlieren. 1885 ersteigerte der englische Weinhändler John Blandy Palheiro. Dieser hatte mehr Glück mit seinen Nachfahren: Die Familie Blandy setzte über mehrere Generationen fort, was Graf Carvalhal begonnen hatte. Die Quinta wurde zum Familiensitz und das Jagdschloss 1997 in ein Luxushotel umgestaltet. Seither gilt das Hotel Casa Velha do Palheiro als eine der besten Adressen der Insel, mit Spa und Golfplatz. Vielleicht ging auch alles gut, weil Frauen das grüne Heft in die Hand nahmen. In den 1930er-Jahren besann sich Mildred Blandy auf englische Gartenbautradition und ließ einen versunkenen Garten mit einem Seerosenteich als Mittelpunkt anlegen. Der Rosengarten hingegen ist das Werk von Christina Blandy. Die Kamelien, die den Winter über bis April blühen, gehen auf Graf Carvalhal zurück, Ehre wem Ehre gebührt. So wechseln einander Blumengärten und hundertjährige Bäume ab, hier streng geometrisch angeordnet, da völlig wild wachsend. Und doch hat alles seine Ordnung, schließlich sind immer mehrere Gärtner im Einsatz.

Die Meerwasserpools am Kap Garajau bieten Badespaß. Noch mehr los ist aber unter Wasser. Das Meer steht hier unter Naturschutz und ist berühmt für seine Unterwasserwelt.

14

DAS SCHUTZGEBIET RESERVA NATURAL PARCIAL DO GARAJAU

ZWISCHEN ROCHEN UND MANTAS – GARAJAU

Badestrände sind auf Madeira dünn gesät, zu den wenigen der Insel gehört die Praia do Garajau. 200 Meter hoch ist die Steilküste, an deren Fuß das kleine Strandparadies liegt. Die meisten Gäste wollen die Unterwasserwelt erkunden.

Bis 2007 kam vor dem Preis der Fleiß. Wer hier baden und tauchen wollte, musste den steilen Küstenweg in Kauf nehmen. Jetzt bietet die Seilbahn eine bequeme und reizvolle Alternative für alle, die Rochen, Mantas, Zackenbarsch und Papageienfische aus der Nähe sehen möchten. Möglich ist das, weil der Küstenstreifen zwischen dem Cais do Lazareto am Ostende von Funchal und der Ponta do Garajau 1986 als Unterwasserschutzgebiet ausgewiesen wurde. Auf einer Länge von sechs Kilometern ist Fischfang verboten und Schiffsverkehr nur eingeschränkt erlaubt.

Über die Via Rápida erreicht man die Ponta do Garajau in weniger als 20 Minuten. Ein überlebensgroßer Jesus Christus weist mit ausgestreckten Armen den Weg, die Statue wurde in den 1920er-Jahren von einer wohlhabenden einheimischen Familie gespendet. Von der Aussichtsterrasse des Cristo Rei reicht der Blick bei guter Sicht von Ponta da Cruz im Westen Funchals bis Ponta da Oliveira.

Das Unterwasserschutzgebiet und Garajau gehören zum Gemeindegebiet von Caniço, das in den 1960er-Jahren noch ein Fischerdorf war, wo gerade einmal etwas mehr als tausend Menschen lebten. Heute zählt es bereits 23 000 Menschen. Vor allem junge Leute, die in der Hauptstadt arbeiten, wohnen lieber außerhalb. Und wer zwischendurch einen Badetag einschieben möchte, ist hier genau richtig. In Caniço do Baixo gibt es Meerwasserpools, und die Felsbadeanlagen Galomar und Rocamar sind nicht nur für Hotelgäste da.

Mutprobe für Autofahrer: Das Nonnental im Hinterland von Funchal war bis in die 1950er-Jahre nur zu Fuß über einen Pflasterweg erreichbar.

15

ZWISCHEN OBEN UND UNTEN

DER STALL DER NONNEN – CURRAL DAS FREIRAS

Schnell und bequem oder etwas mühsamer, aber dafür spektakulär erreicht man mit dem Auto den Ort Curral das Freiras. Entweder fährt man durch den Tunnel in den Talkessel oder man entscheidet sich für die Panoramastraße.

Der Name Curral das Freiras – »Nonnenstall« oder auch »Nonnental« – ergab sich durch das Kloster Santa Clara in Funchal, das hier Weidegründe besaß. Diese wurden an Schaf- und Ziegenhirten verpachtet. Die Nonnen kümmerten sich lieber um den Obst- und Gemüseanbau, den das milde Klima im Tal ermöglichte. Ein alter, sehr steiler Pflasterweg war bis in die 1950er-Jahre der einzige Zugang. Dann erreichte die Straße Curral das Freiras und mit ihr auch der Fremdenverkehr.

Wir befinden uns im Hinterland von Funchal und weit weg vom umtriebigen Hauptstadtflair. Am Ostrand Funchals erreicht man schnell den Pico dos Barcelos, einen Aussichtsgipfel 350 Meter hoch über dem Meer.

Das Tal wird steiler, die Straße kurvenreicher, und spätestens in Eira do Serrado wird klar, weshalb die Nonnen hierher flüchteten, wann immer sich Piratenschiffe Funchal näherten: Das ist kein Ort für Seeleute. Sobald man ein Schild mit der Aufschrift »Miradouro« entdeckt, ist auf Madeira ein Panoramablick garantiert. Eira do Serrado ist ein ganz besonderer Miradouro: Von 1095 Metern Höhe schaut man auf den markanten Gipfel des 1654 Meter hohen Pico Grande, vor allem aber 700 Meter in die Tiefe, auf Kastanienwälder und die Dächer von Curral das Freiras.

Wer sich damit zufriedengibt, geht zurück und macht es sich im Café gemütlich. Ansonsten kommt man von hier aus auch direkt ins Tal. Nach einer guten Stunde hat man Curral das Freiras erreicht.

MODERN, MONDÄN, CHARMANT – CÂMARA DE LOBOS

Es war einmal … ein verschlafenes Fischerdorf, heute das ideale Postkartenmotiv. Früher wurde noch der Pinsel geschwungen, so von Winston Churchill. An seinen Lieblingsmalplatz erinnert heute ein Gedenkstein. Auch die Mönchsrobben, *lobos-marinhos*, hatten in Câmara de Lobos ihren Lieblingsplatz. Das war lange vor Winston Churchill. An sie erinnert heute der Name des Orts.

Verschlafen ist Câmara de Lobos nicht mehr, deshalb haben sich die Mönchsrobben auch an einsamere Orte zurückgezogen. Für Hobbymalende hingegen ist die Ortschaft rund fünf Kilometer westlich von Funchal noch immer ein guter Platz. Wer möchte, kann die Strecke auf der Promenade entlang der Küste zurücklegen. Vom Pico da Torre bietet sich der wohl schönste Blick auf die Bucht von Câmara de Lobos. Die Wanderung ist nicht die schlechteste Art, ein Gefühl für diese Insel zwischen Meer und Bergen zu bekommen. Sir Winston ging natürlich nicht zu Fuß, sondern ließ sich angeblich im Rolls Royce vom Reid's hierher fahren. Heute kommen die Besucher über die Autobahn und sehen zuerst einmal nur Bananenplantagen, die den gesamten Berghang bis hinunter nach Câmara de Lobos einnehmen.

Alt und Neu – die Mischung macht's

Die Praça da República öffnet den Blick für die Gratwanderung, die hier stattgefunden hat. Die Stadtoberen haben viel

16

Modernes, Mondänes zugelassen und dabei versucht, den Charme der »guten alten Zeit« zu erhalten. Und man muss zugeben, dass dies ziemlich gut gelungen ist. Die Pfarrkirche Igreja São Sebastião wurde bereits 1426 erbaut, der Musikpavillon erinnert an die Anfänge des Fremdenverkehrs, der strahlend weiße Kubus dahinter, in dem sich das Rathaus befindet, ist aus neuerer Zeit. Seit 2004 gibt es den Complexo Balnear das Salinas. Wo früher Salz gewonnen wurde, steht heute in Felsen eingebettet eine Bade- und Freizeitanlage, die Madeiras Stararchitekt Paulo David gestaltete.
Zwischen dem Platz der Republik und dem Fischerhafen liegen auf einem Hügel der Jardim do Ilheu, ein wunderbarer Aussichtsplatz nicht nur für Freizeitmalende. Vom Park führt eine Treppe hinab zur Küstenpromenade. Die Häuschen, die sich hier den Hang hinaufzogen, sind ebenso Geschichte wie die Mönchsrobben. Das ziemlich verwahrloste Viertel wurde geschliffen und durch eine Gartenanlage ersetzt. Nur vereinzelt sieht man noch leerstehende Gebäude, die an vergangene Zeiten erinnern.
Der Fischerhafen ist geblieben, aber da die Fischerei für die mittlerweile fast 20 000 Menschen des Städtchens nicht mehr ganz so wichtig ist wie einst, ist die Zahl der Boote geschrumpft. Trotzdem versammeln sich an Festtagen noch immer viele Fischer vor der Kapelle Nossa Senhora da Conceição. Sie gilt als die erste Kirche der Insel und ist dem Schutzpatron der Seefahrer geweiht, São Pedro Gonçalves Telmo. Sie ist noch immer der Mittelpunkt des Hafens und des religiösen Lebens der Gemeinde, trotz der Pfarrkirche am anderen Ortsende. Die vielen Restaurants und Cafés in enger Nachbarschaft sind schon eine ernsthaftere Konkurrenz.

← **Für Gäste wird der charmante Ort vor den Toren der Hauptstadt immer attraktiver.**

Poncha und Wein

Heute würde Winston Churchill vor der Rückfahrt nach Funchal in einem der Lokale einkehren und mit ziemlicher Sicherheit eine Poncha bestellen. Câmara de Lobos ist berühmt für das Inselgetränk Nummer Eins. Das Rezept ist einfach: Zuckerrohrschnaps, Zitronensaft und ein bisschen Honig werden mit einem Holzquirl verrührt. Nach dem Genuss ist der Fußweg zurück nach Funchal zu empfehlen, und nicht die Fahrt über die Autobahn.
Zehn Kilometer von Câmara de Lobos entfernt liegt im Hinterland Estreito de Câmara de Lobos. Wie schon der Name *estreito* verrät, wird es eng. Die Bergdörfer im Rücken der Küstenorte tragen vielfach diese Bezeichnung, weil die Landschaftsform immer die gleiche ist. Die Bananenplantagen weichen den Weinbergen, diese wiederum werden taleinwärts bei Jardim de Serra von Kirschbaumanlagen abgelöst. Aber der Wein spielt natürlich die Hauptrolle. Entsprechend lebendig wird der Ort zur Weinlese im September. Beim Weinfest dürfen alle in die Bottiche steigen und die Trauben stampfen, eine Attraktion, die nur noch zur Gaudi der Gäste am Leben gehalten wird. Aber keine Sorge: Es bleibt nicht beim Stampfen. Das Weinfest macht seinem Namen alle Ehre, der gute Tropfen darf natürlich gekostet werden.

INFO

KÖNIGLICHER WEIN

Weinberge sind fast überall auf Madeira zu finden. Die Südküste ist das bevorzugte Anbaugebiet, und hier vor allem die Gegend um Estreito de Câmara de Lobos. Die Weingärten liegen terrassenförmig an den Hängen, niedrige Spaliere – *latadas* – sorgen für den wichtigen Schatten. Im September beginnt die Lese, und die wertvolle Fracht wandert in die Weinkeller. Während der Lagerung wird der Wein mit Brandy angereichert und reift in 45 Grad Celsius warmen Heizhäusern, den *estufas*. In Estreito de Câmara de Lobos ist mit der Weinkellerei Henriques & Henriques eine der ältesten Weinkellereien beheimatet. Der Traditionsbetrieb war lange Zeit im Besitz des portugiesischen Königshauses. Den Rest lassen Sie sich am besten selbst erzählen, dort wo hinter großen Glasfenstern noch größere Weinfässer den Weg weisen.

WEITERE INFORMATIONEN

Henriques & Henriques, Sítio de Belém, 9300-138 Câmara de Lobos, Tel. 00351 291 94 15 51, henriquesehenriques.pt

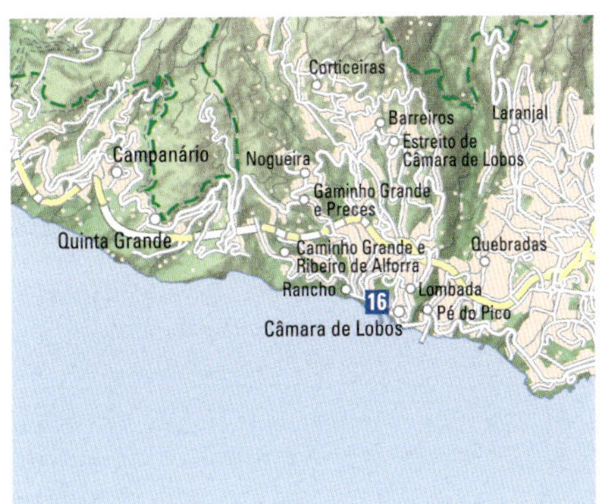

Hoch über Câmara de Lobos thront Cabo Girão. Wer oben ist, steht an einer knapp 600 Meter senkrecht abfallenden Klippenwand.

17

UND IMMER GEHT ES TIEF NACH UNTEN

SCHÖNE AUSSICHT – CABO GIRÃO

Ganz nach oben ohne die geringste Anstrengung. Und dann dieser Blick! Unter uns 580 Meter Steilküste. Die höchste Klippenwand der Welt, erfährt man da und dort auf Madeira. Na ja, eine der höchsten ganz bestimmt. Wären sonst die Gleitschirmflieger hier?

Von Câmara de Lobos führt die Straße herauf. Es gilt wieder einmal, einige Kurven zu bewältigen, um das obere Ende der Steilklippe zu erreichen. Oben gibt es ein Café und die unvermeidlichen Souvenirläden, aber das Sahnehäubchen ist der gläserne Skywalk der Aussichtsplattform. Von dort schaut man senkrecht auf den winzigen Küstenstreifen in der Tiefe. Der 180-Grad-Blick reicht von Funchal im Osten bis weit hinaus aufs offene Meer, das aus solcher Höhe einen ganz und gar friedlichen Eindruck vermittelt.

Übrigens: Je länger der Tag dauert, desto weniger Gedränge herrscht am Cabo Girão. Die tiefstehende Sonne im Gegenlicht muss man allerdings in Kauf nehmen. Eine Möglichkeit wäre, diese Tour mit einem Badeausflug zu kombinieren. Auf halber Strecke zwischen Câmara de Lobos und Cabo Girão weist ein Schild auf den Teleférico do Rancho hin. Die Seilbahn führt seit 2003 hinab zu den Fajãs do Cabo Girão, einer Badebucht.

Steil bergab geht es auch etwas weiter westlich: ebenfalls mit einer Seilbahn. Ein winziges Paradies wartet: Hier wachsen Wein und Gemüse, es gedeihen Mangobäume und andere Tropenfrüchte. *Fajã* bedeutet fruchtbarer Küstenstreifen, und weil bis ins 18. Jahrhundert hinein die Klosterbrüder dieses gut abgeschirmte Stückchen Land bebauten, ist sie eben die Fajã dos Padres.

So kann man heute in restaurierten Häuschen übernachten und im Strandrestaurant essen. Oder einfach die Segelboote beobachten, die vor Cabo Girão ankern.

Die blauweißen Azulejos der Turmhaube machen die Kirche von Ribeira Brava zu einer Besonderheit unter den vielen Sakralbauten Madeiras.

18

EIN BISSCHEN VIEL BETON

AKTIVURLAUB AM WILDEN FLUSS – RIBEIRA BRAVA

Als die ersten Siedelnden Anfang des 15. Jahrhunderts nach Ribeira Brava kamen, muss ihnen das Meer gehörigen Respekt eingeflößt haben. Hier lässt der Atlantik die Muskeln spielen. Die nachfolgenden Generationen haben sich gewappnet, mit Wellenbrechern im XXL-Format.

Es wurde also ziemlich viel Beton verbaut in Ribeira Brava, angefangen bei der Uferpromenade. Und so braucht es hier keinen Christo, damit die Gäste über das Wasser spazieren können. Die riesigen Betonklötze der Molen eignen sich mindestens ebenso gut, bei ruhiger See, versteht sich. Auch für Badespaß ist gesorgt, im Meer hinter den Wellenbrechern und im Schwimmbad, für das eigens eine künstliche Bucht angelegt wurde. Ribeira Brava bedeutet »wilder Fluss«. Nur nach starken Regenfällen wird die Ribeira Brava ihrem Namen gerecht. Auch hier gab es einst Schutzbauten, damit sich die Geschichte der Festung São Bento nicht wiederholte. Nur der Turm steht noch, der Rest wurde vom wilden Fluss ins Meer gespült.

Genug der Gruselgeschichten. Ribeira Brava ist ein Eldorado für aktive Reisende. Ob Surfen, Segeln, Tauchen oder Hochseefischen, alles ist hier möglich.

Das Städtchen überrascht mit einem im Schachbrettmuster angelegten Ortskern, der nach dem Erdbeben von 1748 neu aufgebaut werden musste. Mittelpunkt ist die Kirche São Bento mit ihrem auffälligen Turm. Die Haube ist mit blauen und weißen Azulejos geschmückt. Im Ort befindet sich auch das Ethnografische Musseum Madeiras, untergebracht in einem Gebäude, das einst zum Kloster Santa Clara gehörte und später als Zuckerrohrmühle und Schnapsbrennerei diente.

EIN PLATZ AN DER SONNE – PONTA DO SOL

Von Ribeira Brava nach Ponta do Sol ist es ein Katzensprung. Doch was für ein Unterschied! Hat man erst einmal den für die Südküste typischen Bananengürtel überwunden, wird auf Anhieb klar, weshalb Adjektive wie »malerisch«, »zauberhaft«, »liebenswert« in einem Atemzug mit Ponta do Sol zu hören sind. Es gibt auf Madeira kaum einen besseren Ort, um die Sonne im Meer versinken zu sehen. Nomen est omen.

19

Die historische Häuserzeile entlang der Strandpromenade mit kleinen Hotels und Cafés wirkt vornehm und einladend. Ein Tunnel dient als Parkgarage und macht Ponta do Sol fast autofrei. Ein Maler hat seine Staffelei an der Kirche aufgestellt, ein zweiter die Felsenküste als Motiv gewählt. Andere wiederum hantieren mit Ködern und Ruten. Und es sind nicht wenige, die hier ihr Anglerglück versuchen. Ponta do Sol – eingeklemmt zwischen Atlantik und Steilküste – ist dennoch ein idealer Ort, um zur Ruhe zu kommen.

Die Gassen, krumm und verwinkelt, geben den Blick auf die Kleinode des Städtchens im letzten Moment frei. Da ist sie wieder, die Kirche zur heiligen Madonna des Lichts. Sehenswert ist vor allem das grün glasierte Taufbecken, das König Manuel I. der Kirchengemeinde Anfang des 16. Jahrhunderts zum Geschenk machte. Auch die holzgeschnitzte Decke – eine Arbeit im Mudéjarstil – ist aus dieser Zeit. Ein strahlendes Weiß bestimmt den Ortskern rund um die Igreja Nossa Senhora da Lux. In Ponta do Sol wurde nicht nur mit Geld restauriert, sondern es wurde auch mindestens ebenso viel Liebe investiert.

Eine literarische Begegnung

Wenige Schritte oberhalb der Kirche kommt es zu einer überraschenden Begegnung mit einem Mann, den man hier nicht erwartet hätte: John dos Passos (1896–1970). Er zählt mit Ernest Hemingway und F. Scott Fitzgerald zu den bedeutendsten Vertretern der modernen amerikanischen Literatur. Mit dem Großstadtroman »Manhattan Transfer« (1925) erlangte dos Passos internationale Bekanntheit. Des Rätsels Lösung ist einfach: Die Vorfahren des Autors kamen aus Ponta do Sol. Das Kulturzentrum John dos Passos mit Museum und Bibliothek erinnert an das Leben und Wirken des Schriftstellers, der zehn Jahre vor seinem Tod zum letzten Mal die Heimat seines Großvaters besuchte. Der einstige Familiensitz gleich neben dem Zentrum ist allerdings nicht öffentlich zugänglich.

Auf einer Klippe über dem Ort klebt ein weißes Häuschen. Man hat Angst, es könnte jeden Augenblick ins Meer kippen. Die Angst ist unbegründet, und man sollte die paar Höhenmeter unbedingt überwinden, denn für den kurzen Fußmarsch wird man gleich zweifach belohnt: mit einem herrlichen Blick über die Bucht von Ponta do Sol und gutem Essen im Restaurant Sol Poente.

← Ponta do Sol macht ihrem Namen alle Ehre. Nirgendwo kann man so entspannt auf den Sonnenuntergang warten wie hier.
↗ Die Weinberge bilden einen schützenden Ring um den charmanten Ort.

Senhor Esmeraldos letzte Mühle

Im Hinterland von Ponta do Sol liegt der Ortsteil Lombada. Wieder begegnet uns eine Persönlichkeit. Diesmal haben wir es aber mit einem »alten Bekannten« zu tun, João Esmeraldo. Der flämische Großgrundbesitzer mit dem portugiesischen Namen war Herr über eine riesige Zuckerrohrplantage, auf der bis zu hundert Sklaven arbeiteten. Sein Gutshaus, die Casa do Esmeraldo, ist gut erhalten, aber nur von außen zu besichtigen. Daneben steht die Hauskapelle. Beide zeugen von einstiger Macht und Größe. Der Seefahrer Christoph Kolumbus soll hier Gast bei João Esmeraldo gewesen sein. Ob wahr oder nur gut erfunden, die ehemalige Zuckerrohrplantage ist ohnehin Geschichte. Das Landhaus wurde zu einer Schule umgestaltet und das Zuckerrohr musste Bananenfeldern weichen.

Eine einzige Zuckerrohrmühle gleich neben der Hauskapelle erinnert noch an die große Zeit der Großgrundbesitzer. Sie hat als Einzige – zumindest hier in Lombada – die Zeit überdauert. Lombada ist Ausgangspunkt für all jene, die das Hinterland von Ponta do Sol erkunden möchten. Wer Lust auf eine Levada-Wanderung hat, folgt bei der Casa do Esmeraldo der Levada do Moinho, der »Levada der Mühlen«. Anfangs wandert man noch in einer Terrassenlandschaft, bald aber wandelt sich das Bild.

Die für Madeira typischen Taleinschnitte kommen näher, und wer keinen Regenschutz hat, kann jetzt nass werden. Die Levada und der Weg sind in den Fels gehauen, ein Gebirgsbach stürzt als Wasserfall in die Tiefe, und wer hier wandert, muss darunter durch. Die Levada-Wanderung im Hinterland von Ponta do Sol ist exemplarisch für alle Wanderungen dieser Art: Gutes Schuhwerk, Regenschutz und eine Taschen-

lampe für die Tunnel – in diesem Fall etwa 200 Meter lang – sollte man immer dabei haben.

Schutt statt Schotter, ein Lost Place

Alles eitel Sonnenschein also in und rund um Ponta do Sol? Nicht ganz. Wer die Küstenstraße bis Lugar de Baixo entlangfährt, kann einen sogenannten Lost Place entdecken. Auf eigene Gefahr, das Betreten ist verboten. Es ist das Ergebnis eines verwegenen Bauvorhabens, bei dem der Mensch versuchte, die Natur zu überlisten. Und das geht bekanntlich meistens schief.

Die Ingenieure hätten auf die Fischer hören sollen, die vor dem Bau dieses Jachthafens gewarnt hatten. Nicht hier, wo die Strömungen so unberechenbar sind und die Winterstürme eine Stärke erreichen, dass eine Hafenanlage zum Spielball wird! Doch das Prestigeobjekt wurde auf Biegen und Brechen durchgezogen. Noch während der Bauzeit musste die Schutzmauer zweimal erneuert werden. Als Madeiras größter Jachthafen 2004 seiner Bestimmung übergeben wurde, dauerte es nur wenige Monate, da stand er auch schon unter Wasser.

Das Duell menschliche Sturheit gegen Naturkräfte ging noch einige Zeit weiter. Und als ob das tobende Meer nicht reichen würde, zertrümmerte ein Felssturz das Parkhaus der neuen Hafenanlage. 2013 wurde ein Schlussstrich unter dieses unrühmliche Kapitel in der Baugeschichte Madeiras gezogen.

Es wäre aber ungerecht, Lugar de Baixo nur auf das missglückte Hafenprojekt zu reduzieren. Der Ort ist hübsch. Viele kleine Häuser mit roten Ziegeldächern stehen inmitten von Blumen- und Gemüsegärten. Am oberen Ortsrand thront, weithin sichtbar, ein rosa Schlösschen aus dem Jahr 1902, das an Privatpersonen für Veranstaltungen vermietet wird. Das Naturschutzgebiet der Lagune ist ein Vogelparadies, und nicht zuletzt wachsen in Lugar de Baixo die besten Bananen Madeiras, weil die schützende Felswand für ein optimales Klima sorgt. Die Bananenplantagen prägen das Landschaftsbild der Südküste und produzieren vor allem für den Export. Vielleicht sollte man sich über die krumme Frucht etwas genauer informieren (siehe Kasten).

↑ Rund 30 Kilogramm wiegt eine Bananenstaude.
← Die alte Küstenstraße ist ein Meisterwerk der Baukunst.

INFO

ALLES RUND UM DIE KRUMME BANANE

Seit dem 16. Jahrhundert werden auf Madeira Bananen angebaut – heute liegt die jährliche Produktion bei rund 20 000 Tonnen. Viele Bananenstauden tragen eine blaue Plastikhaube. Die Früchte reifen darunter schneller. Damit sie gleichzeitig den richtigen Reifegrad erreichen, müssen die Bananen abgenommen werden, wenn sie noch grün sind. Da sie nur rund 14 Zentimeter lang sind, werden sie lediglich aufs portugiesische Festland exportiert oder auf der Insel verkauft.

Im 2022 eröffneten Bananenmuseum in Lugar de Baixo erfährt man alles rund um die Madeira-Banane und auch warum sie hier intensiver und süßer schmeckt als ihr größeres Pendant in den Tropen. Der Grund: Auf Madeira erhalten Bananen viel weniger Feuchtigkeit.

WEITERE INFORMATIONEN

BAM – Centro da Banana da Madeira
Estrada Regional 101 – VE3,
N.º 2 LUGAR DE BAIXO
9360-592 DO SOL
bam-centrodabananadamadeira.pt

Auch in Madeira kann das Gefühl von Einsamkeit aufkommen. Je weiter man nach Westen vordringt, desto stärker wird es.

WESTEN UND SÜDWESTEN

Verträumte Häfen, einsame Strände

DIE SONNENSEITE MADEIRAS »ERFAHREN«

PER SCHNELLSTRASSE UND ÜBER SERPENTINEN DURCH DEN WESTEN

Im Westen und Südwesten ist es am sonnigsten auf Madeira. Passend dazu gibt es hier auch für alle Wasser-Enthusiasten Buchten und Strände – mit ganzjährig angenehmen Temperaturen. Viele Sehenswürdigkeiten, malerische Ortschaften und schöne Naturlandschaften gibt es zu entdecken – wenn gewünscht sogar an einem Tag.

↑ Sonnenuntergang am Leuchtturm von Ponta do Pargo

Wer es eher ruhig will, ist hier genau richtig. Der Westteil der Atlantikinsel ist am wenigstens frequentiert und auch touristisch erschlossen, fast schon zu Unrecht. An der Erreichbarkeit hat sich viel getan. Waren die meisten Orte hier früher nur über die ER101, also die berühmte, aber kurvenreiche Küstenstraße erreichbar, gibt es nunmehr eine Schnellstraße. Diese geht derzeit bis Ponta do Pargo, das letzte Stück bis Achadas da Cruz legt man auf der Küstenstraße zurück. Eine Fahrt mit Belohnung: tolle Ausblicke aufs Meer.

Das Tor zum Westen ist der Badeort 20 **Calheta,** rund 30 Kilometer von Funchal entfernt. Früher als Zentrum der Zuckergewinnung bekannt, besitzt er heute zwei Strände mit feinstem Zuckersand. Sie liegen geschützt hinter Wellenbrechern, damit der extra aus Marokko und dem portugiesischen Festland angekarrte Sand vom launischen Atlantik nicht fortgerissen wird. Seit 2003 starten von hier aus verantwortungsbewusst geführte Delfin- und Walbeobachtungstouren mit Lobosando, das vom deutsch-portugiesischen Paar Claudia und Rafael Gomez gegründet wurde.
Von Calheta aus lohnt sich ein Abstecher ins hügelige Hinterland. Hier in der Gegend hatten João Gonçalves Zarco und seine Nachkommen Ländereien. In 21 **Loreto** steht die ehemalige Privatkapelle der Familie von Pedro Gonçalves da Câmara aus den Anfängen des 16. Jahrhunderts: die Capela Nossa Senhora do Loreto mit manuelinischem Südportal und einer geschnitzten Decke im Mudéjar-Stil.
Das weiter westlich gelegene 21 **Prazeres** liegt malerisch auf einem Plateau, umgeben von Bergen und Tälern, zu Füßen die Weiten des Ozeans. Wer das Auto stehenlassen und wandern will, ist hier genau richtig. Hier startet zum Beispiel die Levada dos Prazeres Richtung Calheta. Sie wird auch Eukalyptus-Levada genannt – wegen der Vegetation.

Surfparadies

Danach geht es zurück ans Meer, zu den beiden benachbarten Fischerdörfer 22 **Jardim do Mar und Paúl do Mar.** Bis es die Küstenstraße und später die Schnellstraße gab, waren sie nur per Boot erreichbar oder über riskante Fußwege. Denn sie liegen zwischen Atlantik und senkrechten Steilhängen. Heute zieht es vor allem Surfbegeisterte aus aller Welt hierher. Waren es in den 1970er-Jahren erst einige wenige, wurde dieser Fleck in den 1990er-Jahren zu einem Hotspot. Hier fanden sie Traumbedingungen mit konstant meterhohen Wellen – besonders zwischen Oktober und März. Da alle von dieser Art von Tourismus profitierten, ließ man in Jardim do Mar mit den Einnahmen eine Uferpromenade bauen und zerstörte damit die »schönste Welle der Welt«. Denn im Gegensatz zu vorher entsteht sie jetzt nur noch zu einer bestimmten Uhrzeit und ist nur halb so lang.
Zum westlichsten Punkt Madeiras geht es auch auf der Schnellstraße, und zwar nach 23 **Ponta do Pargo** mit dem höchstgelegenen Leuchtturm Portugals. Von seinem Standort aus, am Rand von 290 Meter hohen Steilklippen, bietet sich ein fantastischer Blick – bis zu den landwirtschaftlichen Flächen von 24 **Achadas da Cruz** am Atlantik, eingeklemmt zwischen Meer und Steilwand, die Fajã Quebrada Nova.

INFO

TOUR

Start: Calheta
Ziel: Achadas da Cruz
Länge: ca. 55 km
Dauer: Minimum ein Tag
Beste Reisezeit: Ganzjährig
Sehenswertes: Whale-Watching-Touren, lobosonda.com

Unterkunft: Calheta: Quinta das Vinhas, qdvmadeira.com; Hotel Quinta Alegre, quinta-alegre.de; Hotel Socalco Nature, socalconature.com; Prazeres: Casa de Chá, casa-de-cha.pt; Fajã da Ovelha: Quinta de São Lourenço, quinta-de-s-lourenco.pt; Ponta do Pargo: Casas da Levada, casasdalevada.com

WEITERE INFOS

Sowohl von Calheta als auch von Prazeres führen kurvenreiche Straßen zur Hochebene Paúl da Serra und zur ER 110 – bereits vor dem offiziellen Abzweig hinter Achadas das Cruz. Außerdem gibt es hier zahlreiche Wanderwege.

BADESPASS UND KUNSTGENUSS – CALHETA

Glückliches Calheta. Traumhafte Lage, eine von Palmen gesäumte Flaniermeile, Boote im Jachthafen, sogar ein Sandstrand ist vorhanden. Die Zuckerrohrpresse steht zwar in einem Museum, doch dort wird tatsächlich noch Schnaps produziert. Und hoch über dem Ort thront auf einer Klippe Madeiras wohl eigenwilligster Kunsttempel – das Centro des Artes residiert in einem dunkelgrauen Basaltblock.

20

Wir befinden uns immer noch an der Südküste, aber das Städtchen Calheta ist das Tor zum Westen der Insel. Der gleichnamige Bezirk umfasst acht Gemeinden und reicht bis Ponta do Pargo an der südwestlichsten Ecke Madeiras. Mit 116 Quadratkilometern ist Calheta auch der größte Bezirk auf der Insel.

Piraten in Sicht?

Die Küstenstraße von Ponta do Sol nach Madalena do Mar verführt immer wieder zu kurzen Haltepausen. Im Hinterland von Madalena do Mar liegt Arco do Calheta. Arco – »Bogen« – ist wörtlich zu verstehen. Die Häuser drängen sich schutzsuchend im Halbrund an die Felswände. Wie so viele Bergdörfer Madeiras hat auch Arco do Calheta das Meer vor der Nase, kann aber dem wilden Treiben des Atlantiks aus sicherer Höhe zusehen. Es musste weder eine Sturmflut noch Piraten fürchten.

Im Gegenteil, die Wächter von Arco do Calheta hielten Ausschau nach Piratenschiffen und waren so etwas wie das Frühwarnsystem für die Menschen Calhetas. Die Späher standen am Miradouro da Achada de Santo Antão und suchten das Meer nach feindlichen Schiffen ab. Der Aussichtspunkt ist von Arco do Calheta über einen kleinen Umweg zu erreichen. Wer sich die Zeit nimmt, wird zwar keine Piratenschiffe mehr sehen, dafür aber mit einem herrlichen Panoramablick über die Steilküste belohnt.

Das Strandbad von Calheta zeigt sich aus der Vogelperspektive als Ellipse, an die sich der Jachthafen anschließt. Der schönste Blick auf die Bucht bietet sich vom hochgelegenen Ortsteil Estrela aus. Hat man Hafen und Strand nicht schon vorher begutachtet, wird man ziemlich überrascht sein. Ist das tatsächlich ein Sandstrand, der die geschützte Badebucht an ihren Enden begrenzt? Für alles Mögliche ist die Vulkaninsel bekannt, aber goldgelber Sandstrand? Calheta schafft auch das. Die Stadtverwaltung lässt den Sand jedes Jahr aufs Neue eigens aus Marokko kommen, die Winterstürme kennen kein Mitleid. Man muss sich eben etwas einfallen lassen, wenn man familien- und kinderfreundlichen Badespaß anbieten will. Auch für viele, die dem Wassersport zugetan sind, ist Calheta ein lohnendes Ziel. Vor allem am Wochenende kann hier Rimini-Atmosphäre herrschen.

← Der Sand für den Badestrand in Calheta wird eigens aus Marokko importiert.
↗ Mit dem Kunstzentrum Mudas hat sich Madeiras Architekt Nummer eins, Paulo David, ein Denkmal gesetzt und Calheta eine Attraktion geschenkt.

Wie in alten Zeiten

Die steilen Hänge, die Calheta umgeben, werden landwirtschaftlich intensiv genutzt. Die Parzellen sind manchmal winzig, aber ein Gemüsegarten, ein paar Bananenpflanzen oder ein kleiner Weinberg haben überall Platz. Maschineneinsatz ist auf diesem Gelände nicht möglich, also ist Handarbeit gefragt. Die harte Arbeit bringt keinen Reichtum, aber doch genügend Ertrag für den Eigenbedarf oder zum Verkauf am Wochenmarkt.

Sieht man den Frauen und Männern auf den Feldern zu, scheint die Zeit ebenso stehengeblieben zu sein wie im kleinen Museum im Ortszentrum. Folgen Sie einfach dem Alkoholgeruch, er führt Sie direkt zur *engenho,* zur Zuckerrohrmühle. Hochbetrieb herrscht allerdings nur wenige Monate im Jahr, während der Erntezeit zwischen März und Mai. Dann bringen die Bauern der Umgebung das Zuckerrohr zur Mühle und hoffen, dass der Zuckergehalt die Prüfenden überzeugt. Die bestimmen nämlich den Preis.

Auf halber Höhe am Berghang steht das Zentrum des alten Calheta. Gleich hinter der Pfarrkirche beginnen die Gärten und Felder. Es sieht aus, als hätte sich die Igreja Matriz do Espírito Santo für die Lebenswelt der ihr anvertrauten Menschen entschieden und gegen das moderne, bisweilen auch mondäne Calheta weiter unten am Strand. Ende des 15. Jahrhunderts wurde die Pfarrkirche erbaut. Die Holzdecke im Mudéjarstil und Silberintarsien in einem Sakramentshäuschen, ein Geschenk König Manuels I., sind kleine Kostbarkeiten, auf die die Menschen in Calheta stolz sind.

Basaltblock mit Innenleben

Worauf das moderne Calheta stolz ist, nennt sich Mudas. Mudas steht für Museum für zeitgenössische Kunst Madeira. Der avantgardistische Bau macht schon vom Hafenbecken aus neugierig. Man erreicht das Museum über die Straße, die zum Ortsteil Estrela führt. Mit dem dunklen Block aus Vulkan-

THE EXPERIENCE OF FORM
A EXPERIÊNCIA DA FORMA

gestein hat sich der wohl bekannteste Architekt Madeiras, Paulo David, ein Denkmal gesetzt.
Der erste Blick täuscht. Wir haben es nicht mit einem riesigen Monolithen zu tun, sondern mit mehreren miteinander verbundenen Gebäuden. Dazwischen hat man immer wieder freie Sicht auf das Meer. Der Zutritt zum Mudas erfolgt über das Dachgeschoss und von dort arbeitet man sich dann nach unten. Die Ausstellungsräume erstrecken sich über drei Etagen. Das Gefühl, eingesperrt zu sein, kommt nicht auf, weil Paulo David die Südseite des Gebäudes mit einer Glasfront bestückt hat. Hier tut sich die Weite des Ozeans auf.
2004 wurde das Kunstzentrum eröffnet und ein Jahr später für den renommierten Architekturpreis »Mies van der Rohe« nominiert, 2012 erhielt es die Alvar-Aalto-Medaille. Treibende Kraft hinter dem Projekt war der aus Madeira stammende Kunstsammler Joe Berardo. Seine Sammlung umfasst mehr als tausend Werke von Künstlern aus aller Welt, von Picasso über Andy Warhol bis Henry Moore. Berardo wollte mit dem Centro das Artes einerseits eine Begegnungsstätte für Kunstschaffende und Kunstinteressierte hervorbringen, andererseits ein Museum gestalten, in dem Teile seiner Sammlung einer breiten Öffentlichkeit präsentiert werden.
Das erste Museum für zeitgenössische Kunst auf Madeira wurde 1992 im Fort São Tiago in Funchal gegründet. 2015 beschloss man, die gesamte Sammlung im neueren und größeren Bau in Calheta unterzubringen. Ziel ist es, Werke der bedeutenden zeitgenössischen Kunstschaffenden Portugals und natürlich Madeiras unter einem Dach zu vereinen, von der Kunst der 1960er-Jahre bis heute. Immer wieder werden aber auch Wechselausstellungen und Konzerte angeboten.

Für das leibliche Wohl der Gäste stehen ein Restaurant und ein Café zur Verfügung.
Neben dem neuen Gebäude steht die ursprüngliche Casa das Mudas, ein Landhaus aus dem 16. Jahrhundert mit einem weiteren Ausstellungsraum. Damit wird das Wechselspiel zwischen Topografie und Architektur um den historischen Aspekt erweitert.

↑ Die Zuckerrohrmühle in Calheta ist eine der ältesten der Insel.
↖ Wo früher Zuckerrohr angebaut wurde, wachsen heute Bananenpflanzen.
← Die Gesamtfläche des Mudas Museum beträgt 12 000 Quadratmeter.

INFO

DIE HEILIGEN UND IHRE FESTTAGE

Der Bezirk Calheta spielt im Westen der Insel eine zentrale Rolle, die auch der religiöse Festkalender widerspiegelt. Im Lauf eines Jahres werden mehrere traditionelle Kirchenfeste gefeiert: Im Januar wird Santo Antão gehuldigt. Er ist der Schutzpatron der Bauern und Nutztiere. Davon profitieren auch die Haustiere. Hunde und Katzen werden genauso gesegnet wie Schafe oder Ziegen. Um den 24. Juni steht eine Woche lang São João im Mittelpunkt eines Volksfests mit Konzerten, Sportveranstaltungen und Paraden. Beim Fest für die Madonna von Loreto am 8. September freuen sich die Schlemmer auf einheimische Spezialitäten, und beim letzten großen Fest im Jahreslauf in Ponta do Pargo auf die Äpfel. Die Gegend ist berühmt für ihre schmackhaften Äpfel, die Ende September zwei Tage lang auf der Festa do Pêro im Zentrum stehen.

WEITERE INFORMATIONEN

Mudas, Rua Simão Gonçalves da Câmara 37, 9370-139 Estreito da Calheta, Tel. 00351 291 82 09 00

21

UNTERWEGS IM HINTERLAND VON CALHETA

AUF DER ANHÖHE – VON LORETO NACH PRAZERES

Hohe Wellen, tiefe Täler, fruchtbare Küstenstreifen und urige Wälder – dieser landschaftlich reizvolle Wechsel ist für Madeira-Reisende ein ständiger Begleiter. Das Hinterland von Calheta ist eine Zwischenstufe und hat seinen eigenen Charakter. Mittelgebirge wäre etwas zu hoch gegriffen. Die Menschen Madeiras sprechen – etwas bescheidener – von einer *achada*, was so viel wie Anhöhe bedeutet.

Am Bergrücken ist man zwischen 500 und 700 Metern Höhe unterwegs und lernt mit Loreto, Estreito da Calheta und Prazeres drei Dörfer kennen, die die touristische Entwicklung der Insel nicht verschlafen, aber auch nicht in vollem Umfang mitgemacht haben.
Gut so. Es sind nur wenige Autominuten ins Landesinnere, und schon hat wieder jemand das Rad der Zeit zurückgedreht. Weniger ist manchmal mehr, hier ganz bestimmt. Die Straße, die sich den Bergrücken entlang schlängelt, ist kaum befahren. Angesichts der vielen Kurven ist das kein Nachteil.

Die Kirche von Loreto

In Loreto steht eine der interessantesten Kirchen Madeiras, die Capela do Loreto. Nachfahren von João Gonçalves Zarco besaßen um Loreto Ländereien und gaben den Bau in Auftrag. Seinen großen Tag hat das Gotteshaus jedes Jahr am 8. September zum Fest der Jungfrau von Loreto. Dann ist nicht nur das Dorf auf den Beinen, sondern es kommen Menschen aus der gesamten Umgebung.
Das ist auch der Grund, weshalb der Kirche eine Art Veranda vorgesetzt wurde, die vor Sonne oder Regen schützt. Der Vor-

bau beeinträchtigt leider den Blick auf das wunderschöne Südportal mit dem Christusritterkreuz, der praktische Aspekt hat in diesem Fall die Oberhand über ästhetische Zweifel behalten. Die Ornamente mit Motiven aus der Seefahrt weisen auf den manuelinischen Stil hin, so zum Beispiel die Pfeilerbasen in Form von Schiffswinden. Seit ihrem Bau Anfang des 16. Jahrhunderts wurde die Kirche – vom hölzernen Vorbau einmal abgesehen – kaum verändert. Wer unmittelbar vor oder nach den Gottesdiensten kommt, hat Gelegenheit, auch den Innenraum mit der wunderschönen maurischen Holzdecke zu sehen. Außerhalb dieser Zeiten ist die Kirche leider geschlossen.

↑ In der Idylle stehen die Bungalows des Hotels Atrio.
← Das Hinterland entlang der Südküste zeichnet sich durch eine abwechslungsreiche Kulturlandschaft aus. Die Terrassen ermöglichen den Anbau von Wein und Gemüse

Eukalyptus, Obst und Kräutertee

Die Fahrt von Loreto nach Estreito do Calheta und weiter nach Prazeres führt durch Eukalyptuswälder. Die Baumart wurde eingeführt, weil Eukalyptusbäume schon wenige Jahre nach ihrer Anpflanzung Holz liefern. Genau darin liegt allerdings auch eine Gefahr: Der schnelle Wuchs laugt den Boden aus, und die ursprüngliche Vegetation wird verdrängt. Außerdem genügt ein Funke, und die Eukalyptusbäume stehen in Flammen. Kurz vor Prazeres findet man sich zwischen Blumengärten und Obstbäumen wieder. Neben der Kirche steht die Quinta Pedagógica, ein soziales Projekt, das im Jahr 2000 auf Initiative der örtlichen Pfarrei ins Leben gerufen wurde. Die alten Menschen des Dorfs bauen Kräuter an, verkaufen selbstgemachte Marmelade und Bio-Tee und bessern damit ihre Renten auf. Damit sich die Kinder nicht langweilen, gibt es auf der Quinta auch einen Mini-Zoo: Hühner, Schafe, Ziegen und Esel leben im friedlichem Miteinander mit exotischen Mitbewohnern. Also nicht erschrecken, wenn plötzlich Lamas, Strauße oder vietnamesische Hängebauchschweine auftauchen. Madeiras Flora war vermutlich Vorbild: Was es auf der Insel nicht gibt, wird eben importiert. So können die Großen in aller Ruhe im Laden einkaufen, im Café eine Tasse Tee oder Apfelwein trinken und einen Blick in die kleine Kunstgalerie werfen.

Die verschiedenen Kulturlandschaften auf dem Höhenrücken erfahren oberhalb von Prazeres eine weitere Bereicherung. Terrassenfelder und Kiefernwälder bestimmen das Bild. Allerdings muss man das Auto in Prazeres abstellen und sich zu Fuß auf den Weg machen – immer entlang einer typischen Levada. Der Wasserlauf ist ein verlässlicher Begleiter auf der rund einstündigen Wanderung nach Raposeira. Entscheidet man sich für den Weg Richtung Küste, geht es 1,8 Kilometer steil bergab auf dem Caminho Real PR 19. Ziel des sogenannten Königsweges ist Paúl do Mar.

INFO

ATRIO – CHARMANTES LANDHAUSHOTEL

Am Waldrand hoch über Calheta haben sich Emmanuelle und Mickael Loret mit ihrem Hotel einen Lebenstraum erfüllt. Alles sollte das Atrio sein, nur kein Fremdkörper in der Landschaft. 2001 wurde es nach dem Vorbild der Quintas gebaut, heute umfasst es 22 Zimmer im Haupthaus und in Gartenbungalows mit Blick auf das Meer. Lokale Wirtschaftskreisläufe und der Umweltschutz stehen im Vordergrund. Die Küche verarbeitet lokale Produkte, und die Gerichte werden vor Ort frisch zubereitet. Vom Atrio aus bieten sich zahlreiche Levada-Wanderungen an. Die Gäste können sich in der hauseigenen Bibliothek einlesen und beraten lassen oder auch Wanderstöcke und Taschenlampen ausleihen. Das Gastgeber-Paar spricht Deutsch, Englisch, Französisch und Portugiesisch.

WEITERE INFORMATIONEN

Hotel Atrio, Caminho dos Moinhos 218, 9370-247 Estreito da Calheta
atrio-madeira.com

OB BLUMEN, WEIN ODER KARNEVAL – MADEIRA WEISS ZU FEIERN

Natur kann Madeira, aber auch noch was ganz anderes: Die Insel ist fast das komplette Jahr in Feierlaune. Ob Karneval à la Rio oder riesiges Silvester-Feuerwerk, die Menschen hier lassen es krachen. Damit schafften sie es sogar bis ins Guinness-Buch der Rekorde! Egal zu welcher Jahreszeit, das passende Fest ist für jeden dabei.

Carnaval do Rio – viele träumen davon, einmal dabei zu sein. Wie wäre es mit dem Carnaval na Madeira, der ist nicht ganz so weit weg wie der von Rio de Janeiro. Der Karneval auf der Atlantikinsel gehört zu den buntesten und schönsten Europas. Am Karnevalssamstag erklingen Samba-Rhythmen in der Inselhauptstadt. Etliche Samba-Gruppen in ihren farbenprächtigen Kostümen begleitet von bunt geschmückten Wagen tanzen durch die Straßen und sorgen für ausgelassene Stimmung – eben fast wie in Rio. Neben diesem Hauptumzug gibt es am Faschingsdienstag den sogenannten *trapalhão* mit ausgefallenen und gewagten Kostümen. Der wiederum ist mit den Umzügen in Deutschland

vergleichbar – außer, dass auf Madeira die Temperaturen um einiges angenehmer sind.
Wer den Karneval verpasst, hat eine weitere Chance auf bunte Kostüme. Im Mai findet die Festa da Flor statt, das Blumenfest, mit dem der Frühling gefeiert wird – passt ja zu Madeira. Alles ist mit Blumen geschmückt, sogar Blumenteppiche auf den Straßen gibt es – wahre Kunstwerke. Und überall duftet es. Der Höhepunkt ist seit 1979 die Blumenparade: Alles ist mit echten und künstlichen Blumen verziert – ob Festwagen oder die Teilnehmenden in ihren fantastischen Kostümen.
Jedes Jahr findet Anfang September das Madeira-Wein-Fest, die Festa do Vinho, statt – zu Ehren des Likörweins. Begangen wird die zweiwöchige Feier erst seit Ende der 1970er-Jahre, heute eine der wichtigsten touristischen Attraktionen. Auf der Avenida Arriaga in Funchal, die extra geschmückt wird, können die Gäste alles rund um die Herstellung des edlen Tropfens erfahren und ihn natürlich probieren, neben anderen regionalen Köstlichkeiten. Begleitet wird das Weinfest vom Folklorefestival, in den Weingütern finden Konzerte statt. Höhepunkt ist das Weinlesefest, Festa das Vindimas, im benachbarten Estreito de Câmara de Lobos, dem größten Weinanbaugebiet Madeiras. Hier kann man bei der Weinlese dabei sein und sogar die Trauben mit den Füßen zerstampfen. Auch ein Festumzug findet statt. Wenn das nicht reicht, kann man einen Abstecher nach Porto da Cruz zum dortigen Traubenfest machen, der Festa da Uva e do Agricultor, und weiterfeiern. Hier wird der *vinho americano*, ein trockener Rotwein angebaut.

↑ Der spektakuläre Karneval auf Madeira dauert zehn Tage.
← Zum Festa da Flor ist ganz Funchal mit unzähligen Blumen geschmückt.

Rekordverdächtig!

Alle Feste aber werden getoppt vom spektakulären Silvester-Feuerwerk in Funchal. Von mittlerweile fast 60 Standorten aus – sogar im Wasser und auf Porto Santo – wird es gleichzeitig abgefeuert und dauert acht Minuten lang. Zum Jahreswechsel 2006/2007 schaffte es es als »größtes pyrotechnisches Spektakel der Welt« ins Guinness-Buch der Rekorde. Das Feuerwerk zieht Jahr für Jahr Tausende von Menschen an – Einheimische und Gäste. Auf den Straßen herrscht Party mit Musik und Essensständen. Die Kreuzfahrtschiffe laufen extra dafür die Insel an und stimmen um Mitternacht mit ihren Signalhörnern ein Hupkonzert an. Es werden Bootstouren angeboten, um das Feuerwerk vom Wasser aus zu bestaunen, heiß begehrt sind Dachterrassen und Aussichtspunkte. Wenn das Feuerwerk zu Ende ist, läuten die Glocken und mit jedem Schlag muss eine Rosine gegessen werden – zwölf insgesamt. Jede steht für einen Wunsch oder einen guten Vorsatz im neuen Jahr. Die Tradition des Feuerwerks geht bis ins 17. Jahrhundert zurück, wobei es damals noch Freudenfeuer waren. Im 18. Jahrhundert dann hat die englische Gemeinde das Raketen-Feuerwerk hier eingeführt, um den Jahreswechsel zu feiern. Etwa ein Jahrhundert später belebte der Banker João José Rodrigues Leitão diese Tradition. Es wird gemunkelt, dass die reichen Familien miteinander konkurrierten, wer das beste Feuerwerk schafft.
Im Übrigen gibt es in der Bucht von Funchal im Juni im Rahmen des Atlantik-Festivals jeden Samstag ein zwanzigminütiges Feuerwerk, das mit Musik untermalt ist. Mit dem Festival wird der Sommer eingeläutet und die Feuerwerke sind Teil eines internationalen Pyrotechnik-Wettbewerbs.

UNGLEICHE BRÜDER – JARDIM UND PAÚL DO MAR

Wozu ist eine Uferpromenade gut? Zum Spazierengehen natürlich. Aber fragen Sie mal die Surfenden, die werden Ihnen etwas anderes erzählen. Für sie dient eine Uferpromenade nämlich nur dazu, den Spaß am Wellenreiten zu verderben. Deshalb sind sie auf Jardim do Mar mit seiner Flaniermeile sauer, in Paúl do Mar können sie sich jedoch noch nach Herzenslust austoben.

Bis in die 1960er-Jahre hinein gab es nur zwei Möglichkeiten, die beiden benachbarten Ortschaften Jardim do Mar und Paúl do Mar zu erreichen. Wer die bequeme Art wählte, kam auf dem Wasserweg. Ansonsten blieb nur der steile und zudem bei Regen gefährliche Fußweg. Lasten wurden auf dem Rücken von Eseln befördert. Mit dem Bau der Küstenstraße war dieses mühselige Kapitel beendet, auch wenn diese den Autofahrern einiges abverlangt, vor allem Geduld, aber dafür wird man unterwegs mit spektakulären Blicken belohnt. Inzwischen ist die Küstenstraße wiederum zur zweiten Wahl geworden, denn die Schnellstraße hat auch die Orte im Westen der Insel erreicht.

Jardim do Mar – Garten des Meers: Selbstverständlich braucht ein Ort dieses Namens eine Uferpromenade, auf der man gemütlich spazieren kann. Wie sollte man denn sonst die Blumenteppiche und die Pflanzenwelt an der Felsküste aus nächster Nähe genießen können? In der kleinen Ortschaft leben knapp 300 Menschen und merkwürdigerweise gibt es vermutlich ebenso viele Gassen. Manche sind so schmal, dass gerade einmal zwei Personen aneinander vorbeikommen. Wer sich die Zeit nimmt, wenigstens einige der Sträßchen und Passagen zu erkunden, lernt ein uriges Fischerdorf kennen, und da fast alle Gassen zur Uferpromenade führen, besteht keine Gefahr, sich zu verlaufen.

22

↙ Zwischen Jardim do Mar und Paúl do Mar können die Wellen gar nicht hoch genug sein. Hier ist das Wellenreiten Königsdisziplin, und die Profis warten auf die Big Waves. ↑ Ob sie vorher in der Ortskirche eine Kerze anzünden, ist nicht verbürgt.

Der Küstenweg für Abenteurer

Strandwanderungen sind auf Madeira eher die Ausnahme. Eine dieser Ausnahmen bietet der vier Kilometer lange Küstenweg zwischen Jardim und Paúl do Mar. Allerdings muss man die Ebbe abwarten, bevor man sich auf den Weg macht. Wer einen Fußmarsch auf grobem Kies nicht scheut und sich von großen Vulkanfelsen, die im Weg stehen, nicht aus der Ruhe bringen lässt, wird seinen Spaß an der Wanderung haben, zumal es unterwegs immer wieder Bademöglichkeiten gibt. Wem hingegen Kieselsteine und Vulkanfelsen, aber vor allem Ebbe und Flut nicht geheuer sind, wählt die schnellere Variante und steigt ins Auto. Seit dem Jahr 2000 verbindet ein 2,5 Kilometer langer Tunnel Jardim do Mar mit Paúl do Mar. Wer in der umgekehrten Richtung unterwegs ist, sollte sich wappnen: Die Abzweigung nach Jardim do Mar liegt unmittelbar an der Tunnelausfahrt und kommt völlig überraschend.

Am Ende des Caminho Real

In Paúl do Mar herrscht Aufbruchsstimmung: Hafenkneipen und Restaurants sind reichlich vorhanden, Ferienhäuser und eine Badeanlage verströmen Seebadatmosphäre. Die bunten Fischerboote im Hafen sind jedoch nicht nur Kulisse: Paúl do Mar war ein Fischerdorf und ist es geblieben. Wirtschaftliche Standbeine sind natürlich auch hier in erster Linie der Fremdenverkehr und die Landwirtschaft, aber der Fischfang blickt auf eine lange Tradition zurück. Schon 1912 wurde in Paúl do Mar in einem Industriebetrieb Thunfisch in Dosen gepackt und für den Export bereitgestellt. Der Fabrikschlot aus rotem Backstein ist ein Überbleibsel aus jenen Tagen. Heute hat der Fischfang zumindest noch lokale Bedeutung. Das Fischerdenkmal nahe des Strandbads beseitigt letzte Zweifel, auch wenn nicht ganz klar ist, ob der Bronzeriese die Boote schützen soll oder die Badegäste.
Im Hafen von Paúl do Mar endet übrigens der Wanderweg Caminho Real PR 19 – er führt in vielen Windungen von Prazeres über die Steilküste. Angeblich steigt man in seinem Verlauf 2600 Stufen hinunter oder vielleicht auch hinauf. Wer möchte, kann nachzählen. Trotz müder Beine lohnt sich der Spaziergang auf der Hafenmauer hinaus ins Meer. Beim Blick zurück auf die Felswände und die Schlucht erkennt man an manchen Stellen sogar den Caminho Real. Übrigens: Es gibt mehrere dieser sogenannten Königswege auf Madeira.

INFO

BIG WAVE SURFING – NICHTS FÜR ANFÄNGER

Paúl do Mar, Ponta Pequena, Jardim do Mar, Lugar do Baixo – bei diesen Namen geraten Surfende ins Schwärmen. Grünschnäbel haben an der felsigen Steilküste allerdings keine Chance und sind an der Nordküste bei Porto da Cruz und São Vicente besser aufgehoben. Die Saison beginnt im Oktober und geht bis April. Die sogenannten Winter-Swells sind der Kick. Immer wieder finden internationale Wettbewerbe statt, und zum Big Wave Festival kommen Surf-Begeisterte aus der ganzen Welt auf die Insel. Man kommt bei dem Spektakel immer auf seine Kosten, egal ob gerade ein Wettkampf stattfindet oder nur trainiert wird. Und angesichts der halsbrecherischen Slaloms gibt man sich gern zufrieden, vom Strand aus nur zu zuschauen. Wer mehr will, kann sich an verschiedene örtliche Surfcamps wenden. Die Wassertemperaturen betragen ganzjährig 18 bis 24 °C.

WEITERE INFORMATIONEN

visitmadeira.com/de/ausfluege/meeresliebhaber/aktivitaeten/surfen/

→ Hier ist das Wellenreiten Königsdisziplin, und die Profis warten auf die Big Waves.
↑ Jeder noch so kleine Ort hat seine Pfarrkirche, so wie hier São Pedro in Ponta do Pargo. Nicht zufällig sind die Kirchenfeste nach wie vor Höhepunkte für die Dorfgemeinschaften.
← Ein gemütliches Restaurant hilft gegen einen knurrenden Magen.

23

PORTUGALS HÖCHSTES SIGNALFEUER

EINSAMKEIT IM SÜDWESTEN – PONTA DO PARGO

Plötzlich fehlt das Vertraute: Keine Bananenplantagen mehr, keine Taleinschnitte, die Felsen der Steilküste stoßen senkrecht ins Meer und lassen keinen Platz für Siedlungen. Wir haben den äußersten Südwesten Madeiras erreicht. Auf den Feldern weiden Kühe. Flaches, weites Land, das die Bauern mit Maschinen bewirtschaften können. Eine Ausnahme auf der Insel.

Je näher man der südwestlichen Ecke und Ponta do Pargo kommt, desto stärker wird das Gefühl der Freiheit. Erst seit wenigen Jahren gibt es eine Schnellstraße hierher. Lange hat es gedauert, lange war der Ort nur über die kurvige Küstenstraße und mit sehr viel Ausdauer erreichbar. Die Frage ist jedoch: Wozu? Na ja, vielleicht haben es die Golfer, die von Funchal hierherkommen, eilig.

Für alle anderen ist der rote Leuchtturm an der Westspitze der Insel das Ziel. Die gemütliche Fahrt auf der alten Straße endet kurz davor in einer Betonrinne. Noch ehe man Zeit hat, sich Gedanken über das klotzige Bauwerk zu machen, spuckt einen der Tunnel wieder aus. Des Rätsels Lösung ist erneut der Golfplatz. Dafür musste die Straße tiefer gelegt werden.

Ein Platz für Romantiker

Vom Parkplatz sind es wenige Schritte zum Leuchtturm und hinaus auf den – ungeschützten – Rand der Klippe. Gut 300 und mehr Meter weiter unten schäumt der Atlantik. Gutes Wetter vorausgesetzt, reicht der 180-Grad-Panoramablick bis nach Achadas da Cruz. Bis zum Horizont nur Wasser und Weite und ein Gefühl der Ruhe, das die einsame Landschaft ausstrahlt.

Ponta do Pargo ist einer der vielen perfekten Orte, um den Sonnenuntergang zu genießen. Eine Steigerung dürfte diesmal kaum mehr möglich sein. Decke ausbreiten, hinsetzen, abwarten. Der Leuchtturm leistet verlässliche Gesellschaft. Seit

1922 steht er auf der Klippe von Ponta da Vigia, trotzt Wind und Wetter, schickt alle paar Sekunden drei weiße Blitze hinaus aufs Meer und darf sich stolz das höchstgelegene Signalfeuer Portugals nennen. Der Leuchtturmwärter hat sich allerdings schon vor vielen Jahren verabschiedet. Eine Fotoausstellung im Turm informiert über die Geschichte der Leuchttürme Madeiras. Alle, die zugesehen haben, wie die Sonne im Meer versunken ist, jetzt hungrig sind und diesen Ort noch nicht verlassen möchten, können den Abend im Restaurant O Farol oder im Teehaus O Fio bei typischem portugieschem Essen und tollem Ausblick ausklingen lassen.

↑ Auf der Küstenstraße dauert es von Funchal bis hierher rund zwei Stunden.
← Das Gesundheits- und Sozialzentrum von Ponta do Pargo scheint etwas zu groß geraten.

Die Muttergottes des guten Tods

Nicht nur Romantiker, auch Architekturfans kommen in Ponta do Pargo auf ihre Kosten. Der Ort, in dem tausend Menschen leben, erhielt 2006 mit dem Centro Cívico ein Gemeinde-, Gesundheits- und Sozialzentrum, das – ähnlich dem Golfplatztunnel – ebenfalls etwas zu groß geraten scheint. Ein rechteckig angelegter Arkadengang ist zugleich Aussichtsplattform zum Atlantik. Auf dem davor befindlichen Platz mit der typisch portugiesischen Mosaikpflasterung können sich vermutlich alle tausend Bewohner von Ponta do Pargo gleichzeitig einfinden, ohne dass es eng wird. Acht Millionen Euro wurden verbaut. Alles ein bisschen viel, aber faszinierend zum Ansehen. Etwas oberhalb des Centro Cívico steht – wesentlich bescheidener – die Pfarrkirche São Pedro.
Der interessantere Kirchenbau im südwestlichen Küstengebiet ist jedoch die Capela de Nossa Senhora da Boa Morte in der Ortschaft Cabo. Wer sich zur »Muttergottes des guten Tods« zu Fuß aufmacht, benötigt von Pedregal, einem Ortsteil von Ponta do Pargo, rund eine Stunde für eine Richtung. Geht man im Hinterland über das Dorf Lombada Velha zurück, wird eine dreistündige Rundwanderung daraus. Lohnend ist der Spaziergang allemal, denn kaum eine Wanderung im Westen der Insel ist derart abwechslungsreich. Die Wege sind von Adlerfarn, Agapanthus und Hortensien gesäumt, man quert mehrmals eine Levada, hat die Steilküste im Blick und entdeckt kleine Bauerndörfer weitab vom touristischen Geschehen.
Die Kapelle steht etwas abseits von Cabo auf einem Landvorsprung an der Westküste. Nur am zweiten Sonntag im Juli herrscht rund um das Kirchlein Festtagsstimmung. Dann wird daran erinnert, dass an der nahen Quelle die Muttergottes den Bäuerinnen beim Wasserholen erschienen ist. Kaum zu glauben, dass sich die Muttergottes an so einen Ort verirrt haben soll. Ist das Kirchenfest vorbei, wird die Kapelle abgeschlossen, und es kehrt wieder Ruhe ein, bis zum nächsten Jahr.

INFO

AUTOFAHREN AUF MADEIRA: EINFÄDELSPUR? FEHLANZEIGE!
Die wohl geradeste Straße Madeiras befindet sich in der südwestlichsten Ecke Madeiras und führt einmal fast quer über die Insel: die Straße ER 110 in Paúl da Serra. Hier ist entspanntes Autofahren möglich, denn man ist auf Hochflächen unterwegs. Es gibt weder enge Kurven noch einen Abgrund am Straßenrand.
Fast überall wurde bei Madeiras Straßen ganze Arbeit geleistet. Die zweispurige Autobahn um Funchal und viele Schnellstraßenabschnitte wurden ausgebaut oder neu gebaut. Aber entspanntes Fahren geht anders.
Wer mit einem Mietwagen unterwegs ist, sollte vor allem bei der Auffahrt auf die Autobahn Vorsicht walten lassen. Es gibt nämlich keine Einfädelspuren! Plötzlich ist da ein Stoppschild, und man steht an einer T-Kreuzung. Jetzt heißt es geduldig warten, und wenn wirklich kein Auto zu sehen ist, Gas geben.

ZWISCHEN HIMMEL UND ERDE – ACHADAS DA CRUZ

Sie ist eine der steilsten Seilbahnen Europas, Höhenangst sollte man hier nicht haben. Dafür beschert sie einem ein unvergessliches Reiseerlebnis und einen der besten Ausblicke. Die kleine Gondel bringt einen von der Bergstation in Achada da Cruz hinunter an den ruhigen Strand von Fajã Quebrada Nova. Beinahe senkrecht geht die Fahrt über 400 Höhenmeter ohne Stützpfeiler in die Tiefe.

Bevor wir Achadas da Cruz erreichen, kehren wir auf der R101 an der Westküste entlang noch einmal in die Eukalyptuswälder zurück. Sie sind meist die einzigen Begleiter in dieser Gegend, die wie keine andere auf Madeira das Gefühl von Einsamkeit, aber auch von Freiheit vermittelt. Die Landschaft ist archaisch, karg und menschenleer, und das Meer endet erst dort, wo Amerika beginnt.

Achadas da Cruz passt wunderbar in Madeiras wilden Westen. In dem Bauerndorf lebten schon im Jahr 2011 weniger als 200 Menschen und diese Zahl ist wohl längst überholt. Wahrscheinlich sind einige Alte mittlerweile gestorben, und die Jungen hält hier sowieso nichts. Sie suchen ihr Glück im nahen Porto Moniz oder in Funchal. Gemüse anbauen, kleine Weingärten bearbeiten, Kartoffeln aus

24

dem Boden holen, das sollen die Eltern oder Großeltern machen. International bekannt wurde der Ort durch das Sinken der Luxusjacht »Varuna« im Jahr 1909 hier vor der Küste. Sie gehörte dem New Yorker Millionär Eugene Higgins.

Über den Felsenpfad an die Küste

Von Achadas da Cruz geht die Straße zwei Kilometer steil bergab zum *teleférico*. Das Zauberwort heißt einmal mehr *miradouro* – Aussichtspunkt. Was für ein Blick auf den Küstenstreifen von Calhau! Man kann sich kaum sattsehen. Unter meinem Eisengestell baumelt eine Holzkiste. Damit befördern die Bauern alles in die Tiefe, was sie benötigen, um die Felder zu bewirtschaften. Und der Ertrag kommt auf dieselbe Weise wieder nach oben. Als es noch keinen *teleférico* gab, mussten die Menschen den Fußweg zum Küstenstreifen zurücklegen, oder sie stiegen in die Holzkiste.
Der Fußweg zur Fajã Quebrada Nova beginnt ebenfalls bei der Aussichtsplattform an der Seilbahnstation. Der Weg ist anfangs betoniert und mit einem Holzgeländer gesichert. Der Ribeira da Tristão hat einen Graben in die Felsküste gerissen, und je näher wir dem Meer kommen, desto enger wird das Tal. An einer Weggabelung weist das Schild mit der Aufschrift »Teleférico« in die richtige Richtung. Nach einem knapp einstündigen Abstieg über steile Steintreppen steht man am Strand und nach einer weiteren Viertelstunde auf einem Fußweg an der Talstation der Seilbahn.

← Ein Stückchen Land ganz weit unten. Die kleine Seilbahn kommt ohne Stützpfeiler aus. Wo hätte man sie auch hinstellen sollen? Wer der Technik nicht vertraut, muss zu Fuß nach unten.

Eine kleine Welt für sich

Die Fajã Quebrada Nova ist ein rund vier bis fünf Kilometer langer Küstenstreifen, der bewirtschaftet wird. Knapp zwei Dutzend Familien von Achadas da Cruz besitzen hier Grund. Steinmauern und lebende Zäune aus mannshohen Erikapflanzen schützen die Gärten und Weinberge vor Sturm und Salz, das der Wind und die Gischt an Land tragen. Schwarze Lavasteine und roter Klatschmohn sind ein wunderbarer Kontrast. Die Besitzer haben kleine Steinhäuser gebaut, wo sie ihre Arbeitsgeräte aufbewahren und vermutlich manchmal auch Schutz suchen. In einem der Häuschen steht eine Weinpresse. In Funchal würde sie vermutlich in einem Museum aufbewahrt, hier wird sie ihrem Zweck noch gerecht. Nach Südwesten führt ein Betonweg, den man noch eine Weile entlangspazieren kann, vor einem die raue See, im Rücken die steil aufragende Felswand, über die sich ein Wasserfall in die Tiefe stürzt.
Den Weg zurück nach oben kann man in der Seilbahngondel sitzend in fünf Minuten zurücklegen. Die Talstation kommt ohne Personal aus. Es genügt ein Druck auf den grünen Knopf, um oben zu signalisieren, dass man zurückgeholt werden möchte. Eine Minute vergeht, ohne dass etwas geschieht. Dann ertönt plötzlich ein kurzer Sirenenton, wie von Geisterhand schließen sich die Türen, und die Gondel setzt sich in Bewegung. Auch die Seilbahn hat Öffnungszeiten. Wer zu spät dran ist, muss zu Fuß den Berg hinauf.

INFO

NATURSCHUTZ UND PICKNICK

Das Küstengebiet bei Achadas da Cruz ist Teil des europäischen Naturschutzprogramms Natura 2000, das dem Erhalt der Artenvielfalt dient. An den Felshängen von Calhau haben sich – zum Teil endemische – Pflanzen eingerichtet, denen die trockene, salzhaltige Luft nichts anhaben kann. Im Frühjahr tragen die steilen Felswände ein prächtiges Blütenkleid. Auf dem ebenen Küstenstreifen wächst der Madeira-Blaustern, ein Liliengewächs, das im November und Dezember blüht und sonst nur noch in den botanischen Gärten von Funchal zu sehen ist. Trotzdem vertragen sich Naturschutz und sanfter Wandertourismus. Wer also an die Fajã Quebrada Nova kommt, kann hier auch picknicken; Getränke verkauft das Café an der Seilbahn-Bergstation. Zwischen den Feldern und entlang des Küstenwegs finden sich geschützte Plätzchen, und auch ein kühles Bad ist möglich, wenn die Wellen gerade Pause machen.

WEITERE INFORMATIONEN

portomoniz.pt/de/besuch/tourismus-nach-themen

Rau und abweisend, aber nur auf den ersten Blick. Der Norden Madeiras will erobert werden. Porto Moniz und São Vicente sind kleine Perlen; das Hinterland lockt mit einsamen Tälern und Lorbeerwäldern.

DER NORDEN

Lorbeerwälder und schwarze Felsen

WASSERFÄLLE, STEILKÜSTEN UND LORBEERWALD

Vom Wetter her eher regnerisch und kühl, dazu spektakuläre Landschaften – so präsentiert sich die Nordküste Madeiras. Neben nicht enden wollenden Steilküsten, an denen sich der Atlantik austobt, findet man hier auch den berühmten Lorbeerwald. Der sogenannte Nebelwald ist das Aushängeschild der Region.

Wer die Nordküste Madeiras gesehen und erlebt hat, weiß, warum die Insel als Hawaii Europas bezeichnet wird. Steil abfallende, grüne Klippen, Wasserfälle, Vulkangestein, dichte subtropische Wälder. Und das Ganze ist in vier statt 24 Stunden von Deutschland aus erreichbar. Durch die Schnellstraßen mit ihren Tunneln ist die Entdeckung des Nordens Madeiras zwischen Porto Moniz und Ponta Delgada heute ganz einfach möglich. Parallel zur alten Küstenstraße gibt es zudem die Schnellstraße VE2. Etwas abenteuerreicher beziehungsweise kurvenreicher ist der Streckenabschnitt bis Santana. Belohnt wird man mit wunderschönen Ausblicken.
Am nordwestlichsten Punkt der Insel liegt die Hafenstadt **25 Porto Moniz.** Früher für Fischerei, Walfang und Weinanbau bekannt, lebt sie heute vor allem vom Tourismus. Seit den frühen 1980er-Jahren ist der Walfang verboten und die Meeressäuger stehen unter Schutz. Hauptattraktion des malerischen Orts sind die Meerwasserschwimmbecken aus Lavagestein und das **26 Aquário da Madeira,** das in der restaurierten Festung São João Baptista untergebracht ist. Diese hatte man im 18. Jahrhundert zum Schutz vor Piratenangriffen errichtet. Auf dem Weg Richtung Seixal kommt man am Tal der **27 Ribeira da Janela** vorbei, des längsten Bachs Madeiras. Hier befindet sich eine der schönsten Wanderrouten der Insel: die Levada do Central da Ribeira da Janela – vorbei an Passionsblumen, Hortensien und Eukalyptusbäumen. Und wenn man schon mal in der Gegend ist, lohnt sich über die ER 209 ein Abstecher zum **29 Berg Fanal.** Hier wächst ein Teil des UNESCO-Naturerbes Laurisilva, den es schon seit Millionen von Jahren gibt. Bekannt ist der Lorbeerwald am Fanal auch als Feenwald: Wenn es neblig ist, wirken die mit Moos und Flechten bewachsenen Bäume ganz mythisch.
Zurück an der Küste geht es auf der VE2 Richtung **30 São Vicente** – wer genügend Zeit mitbringt, kann einen Stopp im idyllischen **Seixal** einlegen. Hier gibt es das Postkartenmotiv à la Hawaii: schwarzer, feiner Sandstrand (vulkanischen Ursprungs), kristallklarer Atlantik und grüne Klippen. Die Praia do Porto do Seixal wurde 2022 zum drittschönsten Strand Europas gekürt. Platz eins ging an den Goldstrand von Porto Santo.

Höllisch schön

Zwischen **São Vicente** und **Seixal** befinden sich die Überreste der **28 Estrada antiga.** Das war der spektakulärste Teil der berühmten Küstenstraße, so eng, dass nur ein Auto Platz fand. Heute ist sie gesperrt und teilweise von der Natur zurückerobert. Hier gibt es einen der schönsten Wasserfälle der Insel: der Véu da Noiva. Das heißt »Brautschleier«, denn genau so sieht der Wasserfall aus, wenn er entlang der grünen Klippen ins Meer stürzt. Den besten Blick auf das Naturschauspiel hat man vom Miradouro Véu da Noiva. Das charmante **São Vicente** liegt in einem Tal direkt am Meer, erreichbar aus dem Süden über die VE4. Wahrzeichen des Orts sind zwei Kapellen. Eine thront auf dem Pico da Cova, die Capela de Nossa Senhora de Fátima mit ihrem Uhrenturm. Die andere, die Capelinha do Calhau, wurde in einen Basaltfelsen in der Mitte einer Flussmündung gebaut. Wer mehr über die Entstehung Madeiras erfahren will, ist hier genau richtig.
Im Ort gibt es neben dem Vulkanzentrum auch Lavagrotten *(grutas),* die vor etlichen Jahrtausenden entstanden sind.
Ebenfalls ganz bequem über die VE2 erreichbar ist **31 Ponta Delgada.** Früher die Sommerresidenz der wohlhabenden Großgrundbesitzer zieht der Ort heute vor allem Familien an. Der einfache Grund: ein großzügiger Badekomplex mit zwei Salzwasserpools. Ab **Ponta Delgada** wird es sportlich. Man sollte kurventauglich sein. Doch die Belohnung wartet schon: der größte Rosengarten Portugals. Er gehört zur **32 Quinta do Arco,** die etwas versteckt liegt. Am letzten Stopp an der Nordküste wartet **33 Santana** mit den traditionellen strohbedeckten Häuschen, zu finden auf sämtlichen Postkarten Madeiras.

INFO

TOUR
Start: Porto Moniz
Ziel: Santana
Länge: ca. 47 km
Dauer: drei bis fünf Tage
Beste Reisezeit: ganzjährig
Sehenswertes: Naturschwimmbäder; Parque Temático da Madeira, parquetematicodamadeira.pt
Unterkunft: Porto Moniz: Aqua Natura Madeira, aquanaturahotels.com; São Vicente: Estalagem do Vale, estalagemdovale.com; Estalagem do Mar, estalagemdomar.com; Ponta Delgada: Monte Mar Palace Hotel, montemarpalace.com; Santana: Quinta do Furão, quintadofurao.com; Pestana Quinta Do Arco, pestana.com

WEITERE INFOS
Hier im Norden sollte Regenkleidung zur Standardausrüstung gehören. Statt malerischer Küstenstraße führt die Strecke nun vermehrt durch neugebaute Tunnel.

DIVA IM NORDEN – PORTO MONIZ

Porto Moniz gibt sich divenhaft und klotzt, wo andere kleckern – es spielt eben eine Hauptrolle an der Nordküste. Vor 20 Jahren war das noch anders. Damals benötigte man auf kurvigen, engen und mitunter gefährlichen Straßen fast einen Tag, um in die entlegene Ecke zu gelangen. Jetzt gibt es für Eilige die Schnellstraßenverbindung von Funchal nach Ribeira Brava und weiter nach São Vicente.

Selbst wenn einem auf Madeira die Zeit davonläuft, einen Abstecher in die nordwestliche Ecke nach Porto Moniz sollte man unbedingt unternehmen. Ein paar Brücken, ein paar Tunnel – und nach weniger als einer Stunde ist man am Ziel. Es geht natürlich auch anders, nicht durch, sondern über die Berge. Eine Fahrt über die Hochebene Paúl da Serra kann wunderschön sein, aber auch im Nebel verlaufen. Wer bei strahlend blauem Himmel in Funchal startet, sollte

25

sich nicht täuschen lassen. 1400 Meter weiter oben herrscht möglicherweise Nebel. Der Süden und Südwesten hat uns verwöhnt, jetzt sind wir an der Nordküste angekommen und schlagen ein neues Kapitel auf. Sonne und Wolken streiten um die Wette, und gewinnen die Wolken die Oberhand, wäre es gut, eine Windjacke oder einen Pullover zur Hand zu haben.

Wenige Kilometer nach dem Dorf Achadas da Cruz trifft die Straße auf die Route, die über die Hochebene Paúl da Serra führt. Wir fahren weiter Richtung Santa und erreichen einige Serpentinen weiter den Miradouro da Santinha. Die Namensgeberin – eine kleine Madonnenstatue – wird von den Einheimischen mit Aufmerksamkeit bedacht. Frische Blumen sind der Beweis dafür. Von hier bietet sich der schönste Blick auf Porto Moniz. Die Schwimmbecken inmitten des schwarzen Lavagesteins wecken Neugier, die großen Parkflächen, die von hier oben ebenfalls gut zu sehen sind, bereiten darauf vor, dass man nicht alleine ist. Sogar einen Hubschrauber-Landeplatz gibt es, den einzigen auf Madeira. Die Einsamkeit der Westküste hat sich verabschiedet. Wer die schnelle Anfahrtsroute gewählt hat, fährt auf der R101 Richtung Santa weiter, um zum Miradouro zu gelangen.

Hochburg der Walfänger

Porto Moniz hat eine lange Geschichte, die eng mit der Entdeckung der Insel verknüpft ist. Der Name der im äußersten Nordwesten gelegenen Landzunge, der Ponta do Tristão, erinnert daran. Die Region um das heutige Porto Moniz gehörte zum Hoheitsgebiet von Tristão Vaz Texeira, dem gemeinsam mit João Gonçalves Zarco die Entdeckung und Besitznahme der unbewohnten Atlantikinsel zugeschrieben wird. Beide erhielten um 1420 von Heinrich dem Seefahrer Ländereien, sogenannte Legate, und das Recht auf die Einnahmen »aus Zuckerrohr, Backöfen und Salz«. Selbstverständlich gab der Kapitän auch der von ihm gegründeten Siedlung seinen Namen: Ponta do Tristão.

1533 wurde die Verwaltung dem Adeligen Francisco Moniz übertragen, dessen Namen der inzwischen befestigte und stark gewachsene Stützpunkt 1577 schließlich erhielt. Die nach Johannes dem Täufer benannte Festung aus dem Jahr 1730 sollte Porto Moniz vor Piratenüberfällen schützen, wurde aber zerstört. 1998 kaufte die Gemeinde die Ruine und baute Fort São João Baptista originalgetreu wieder auf. Seit 2005 ist hier das Aquário da Madeira untergebracht – mit mehr als 90 einheimischen Arten in zwölf Wasserbecken.

Seine Bedeutung und auch seinen Wohlstand verdankte Porto Moniz ab dem 20. Jahrhundert dem Walfang. War Caniçal für den Osten und Süden Madeiras die wichtigste Walfangstation, so konnte Porto Moniz diese Rolle für den Norden und Westen für sich beanspruchen. Die riesigen Meeressäuger beschäftigten den Ort im wahrsten Sinn des Wortes rund um die Uhr. Von Ausguckposten an Land hielten die Männer Ausschau nach den Pottwalen. Sobald der Ruf *»baleia!«* ertönte, wurden die Boote ins Wasser geschoben und von einem Mutterschiff hinaus auf das offene Meer gezogen. Harpunenkanonen, wie sie etwa in Norwegen oder Japan eingesetzt wurden, waren auf Madeira verpönt. Die Walfänger in Porto Moniz warfen die Harpunen mit der Hand. Rund vier Jahrzehnte war der Walfang für die Menschen von Porto Moniz eine wichtige Einnahmequelle, die zuerst vom Weinbau und dann vom Tourismus abgelöst wurde.

← Wo früher die Boote der Walfänger ankerten, dürfen heute Urlaubsgäste baden.
↗ Vom Miradouro da Santinha, dem Aussichtspunkt der kleinen Madonna, hat man den besten Blick auf Porto Moniz.

Schwimmen zwischen Lavasteinen

Für Porto Moniz aber hatten sich längst andere Möglichkeiten aufgetan: die Landwirtschaft, vor allem der Weinbau, und der Fremdenverkehr, zu dem die Lavabecken, die Uferpromenade und Ankerplätze für Jachten beitragen. Viele Hafenplätze im Süden blicken neidvoll auf Porto Moniz, denn die

weit ins Meer ragende Felszunge und der Leuchtturm auf der vorgelagerten Ilhéu Mole machen den Ort zu einem sicheren Hafen. Knapp 2000 Menschen leben in Porto Moniz, der Ort muss jedoch ein Vielfaches an Gästen verkraften. Das Hotel- und Restaurantangebot hat sich auf steigende Gästezahlen seit Langem eingestellt.
Es wird Zeit, sich ins Meer zu stürzen. Zugegeben, der Atlantik ist hier im Norden nicht unbedingt wärmer als an der Südküste. Aber die in den Lavastein gebauten Schwimmbecken, die *piscinas naturais,* sind trotzdem verlockend. Wo früher Fische gefangen wurden, tummeln sich heute Badegäste. Das Schwimmbad hat ganzjährig geöffnet, lediglich die Öffnungszeiten variieren. Der Fernsehsender CNN kürte die Anlage im Jahr 2019 zu einem der zwölf besten natürlichen Pools der Welt. Bei Ebbe kann man auch außerhalb der Becken, zwischen den Lavafelsen von Cachalote, von Pool zu Pool schwimmen. »Heiß« bedeutet in diesem Fall 30 Grad Celsius, diese Marke wird nur ganz selten überschritten. Dafür wird es im Winter nie kälter als zwölf Grad – behaupten die Einheimischen. Wie auch immer, dort in der Sonne zu liegen und zu schwimmen, wo sich vor Millionen von Jahren glühende Lavaströme ins Meer ergossen, ist ein faszinierender Gedanke.
Die Wellen klatschen unentwegt gegen den Schutzwall der Meeresbäder, und mit jeder Welle schwappt ein Wasserschwall über den Beckenrand und einige Fische landen gegen ihren Willen im Schwimmbad.

↑ Das Badeparadies erschließt sich erst aus der Nähe.
→ Nirgendwo auf Madeira haben die Lavaströme die Küstenlandschaft so nachhaltig geprägt wie in Porto Moniz.

Spielerisch lernen und entdecken

Wenn das Wetter in Porto Moniz gerade einmal nicht so sein sollte, wie es ist, und sämtliche Ausflugs- oder Badepläne zunichte gemacht hat, dann hat die Diva an der Nordküste sofort Alternativen parat. Abgesehen vom Aquarium lockt das ebenfalls unmittelbar an der Uferpromenade sehr modern gebaute Centro Ciência Viva. Die interaktive Wissens- und Spielwelt beantwortet Fragen rund um die Entstehungsgeschichte, die Flora und Fauna Madeiras. Vor allem Kinder und Jugendliche werden hier ihren Spaß haben.

INFO

AQUA NATURA – WOHNEN AM MEER
Man hört nichts als das Rauschen des Meers und sitzt beinahe direkt über den Lavafelsen der Brandungspools von Porto Moniz. Alle 22 Doppelzimmer und zwei von drei Suiten des Hotels Aqua Natura sind zum Meer ausgerichtet. Das gilt übrigens auch für das Restaurant – Meerblick ist dort jederzeit garantiert. Das Aqua Natura befindet sich etwas versteckt am westlichen Ende der Uferpromenade. Das gewährleistet Ruhe, und trotzdem ist man mitten im mondänen Porto Moniz. Glücklich, wer hier bleiben kann und nicht am späten Nachmittag wieder zurückfahren muss. Wer bleibt, auf den warten Wellness mit Whirlpool, Solarium, Sauna und Massagen oder auch Outdoor-Aktivitäten wie Canyoning oder ein Tauchgang.

WEITERE INFORMATIONEN
portomoniz.pt
aquanaturamadeira.com
visitmadeira.com

26

FISCHE IN DER FESTUNG

UNTERTAUCHEN – AQUÁRIO DA MADEIRA

Was auf Madeira wächst und blüht, sieht man an jeder Ecke. Wälder und Schluchten kann man erkunden, die Gipfel besteigen und sich noch einmal alles von oben anschauen. Aber was sich in den Tiefen des Meers abspielt und verbirgt, entdecken nur erfahrene Tauchende. Zum Glück gibt es jedoch in Porto Moniz die wunderbare Unterwasserwelt des Aquário da Madeira.

Als die Stadtverwaltung 1998 die Festung São João Baptista übernahm und mit dem Wiederaufbau begann, stellte sich unter anderem die Frage der künftigen Nutzung. Schließlich entschied man sich für eine doch etwas verwegene Idee: Die Innenräume der Burganlage sollten zu einem Aquarium ausgebaut werden. In sechsjähriger Arbeit wurde das Vorhaben verwirklicht und 2005 das Aquário da Madeira eröffnet.

Wie sieht ein Rochen von unten aus?

Die Gäste betreten die Festung durch eine Seitentür. So unspektakulär der Eingangsbereich ist, umso größer ist die Überraschung, die folgt. In einem Dutzend Aquarien werden die Lebensräume der Meerestiere gezeigt, die im Atlantik rund um Madeira beheimatet sind. Felsige Gezeitenpools in Küstennähe sind zu sehen, aber auch die Unterwasserwelt der Hafenanlagen. Der Blick geht an die Decke, wo gerade ein Stachelrochen vorübergleitet. Wann sieht man schon einen Rochen von unten? Ein Tunnelgang macht es möglich. Die Aquarien sind vor und hinter und über einem. Spätestens jetzt müssen auch Skeptiker anerkennen, dass die Idee mit dem Aquarium in der alten Festung keine schlechte war. Lavaboden ist fruchtbar an Land, aber nicht so sehr unter Wasser. Wer auf einen Tauchgang geht und üppigen Korallenbewuchs oder farbenprächtige Meerespflanzen erwartet, wird enttäuscht sein. Dafür entschädigt das überreiche Angebot an exotischen Fischen, aber auch die von den Lavaströmen geformte Unterwasserlandschaft. Für all jene, denen die Meerestiefen nicht ganz geheuer sind, die aber trotzdem einen neugierigen Blick in die Unterwasserwelt Madeiras werfen möchten, ist das Aquário da Madeira genau der richtige Ort.

Für Wale und Delfine sind die Becken nicht gemacht, aber sonst tummelt sich hier so ziemlich alles, was im Atlantik rund um die Insel beheimatet ist.
Der Rundgang beginnt an einem offenen Becken, wo sich allerlei kleinere Fische tummeln und sich ihren Platz mit Seesternen, Goldschwämmen und Seegurken teilen. Das größte Aquarium fasst 500 000 Liter Salzwasser. Staunend beobachtet man Bastard- und Gelbflossen-Makrelen, Achselfleck- und Dickkopfbrassen, braune und schwarze Muränen. Den nachhaltigsten Eindruck hinterlassen aber ohne Zweifel die Rochen mit ihren bis zu 50 Zentimeter langen Stacheln.

↑ Für alle, die wissen wollen, welche Meeresbewohner rund um Madeira zuhause sind, ist der Besuch ein Muss.
← Die Festung São João Baptista sollte vor Piraten schützen, was nicht ganz gelang. Nun ist dort das Aquário da Madeira untergebracht

Drachenkopf und Katzenhai

An einem Steinhaufen verharrt regungslos ein Großer Drachenkopf. Er wartet auf Beute. Sein breiter Kopf und die Rückenflosse sind mit Stacheln bewehrt, deren Gift für den Menschen tödlich sein kann – zweifellos ein unangenehmer Zeitgenosse. Gäbe es eine Liste der hässlichsten Fische, der Drachenkopf, auch Meersau genannt, hätte einen Spitzenplatz sicher. In den Tiefen des Meers nützen dem Drachenkopf auch seine Giftstacheln nichts, wenn ihn der Eidechsenfisch von hinten angreift und mit seinem dehnbaren Maul verschlingt. Dagegen nehmen sich die Haie elegant und wunderschön aus. Zwei Arten kommen rund um Madeira vor, Glatthaie und Katzenhaie. Beide sind im Aquarium zu sehen. Glatthaie können immerhin eine Länge von anderthalb Metern und mehr erreichen. Katzenhaie erkennt man an ihrer gefleckten Haut. Schwärme von Papageienfischen und Barrakudas, Tintenfische und Korallengewächse bevölkern die verschiedenen Becken.
Wer das Aquário da Madeira besucht hat, kann sich vorstellen, was Tauchende erwartet, die vor der Küste der Atlantikinsel die Unterwasserwelt erforschen. Verständlich, wenn man jetzt überlegt, ob man irgendwann so ein Experiment wagen soll oder nicht. Wie wär's mit einem versuchsweisen und sicheren Tauchgang im Aquarium, um sich mit dem Tiefseetauchen anzufreunden? Im großen 500 000-Liter-Tank des Aquariums in Porto Moniz ist das möglich. Gerade noch hat man den Fischen hinter der Glasscheibe zugesehen, und plötzlich ist man mitten unter ihnen und wird selbst zur Attraktion. Nun heißt es freundlich zu lächeln und zu winken, wenn Familienangehörige oder Freunde fotografieren.

INFO

EIN TAUCHGANG IM AQUARIUM

Tauchen im Aquarium, Auge in Auge mit Haien, Muränen und Rochen. Das Abenteuer dauert rund zweieinhalb Stunden. Zuerst bekommt man eine kleine Führung durch das Aquarium, gefolgt von einer theoretischen Einweisung. Anschließend wird gemeinsam mit dem Profi die Ausrüstung überprüft, und dann geht es zuerst nach draußen in die Lavapools von Cachalote zum Probetauchen. Ob ein Tauchgang im Aquarium auch für geübte Tauchende interessant ist, muss jeder für sich entscheiden. Sicher ist, dass man viele Tiefseefische, die im Aquarium gehalten werden, bei Tauchgängen im Meer nicht zu Gesicht bekommt. Irgendwann vergisst man dann sowieso, dass man im Aquarium ist und nicht im Ozean vor der Küste Madeiras. Und: Tauchen ist im Aquarium auch bei schlechtem Wetter möglich. Damit einem zuhause auch alle glauben, was man erzählt, bekommt man vom Tauch Instructor des Aquário da Madeira ein Diplom in die Hand gedrückt.

WEITERE INFORMATIONEN

Aquário da Madeira, Rua Forte S. João Batista 7 A, 9270-095 Porto Moniz
portomoniz.pt

Wer sagt denn, dass an der Nordküste immer Nebelschwaden die Sicht nehmen. Im Sonnenlicht entfalten die Terrassenlandschaften an den steilen Hängen ihre ganze Anmut.

27

NATURERLEBNIS AN DER LEVADA DA CENTRAL

DAS EINSAME TAL – RIBEIRA DA JANELA

Dichtes, üppiges Grün entlang der Levada, Obstplantagen, am Wegrand Hortensien und Agapanthus, in der Ferne das Meer mit vorgelagerten Felszacken. Einer davon hat ein fensterähnliches Loch und gab dem Tal und dem Ort an der Flussmündung den Namen: Im Portugiesischen bedeutet *janela* »Fenster«.

Wir verlassen das lebendige, mitunter hektische Porto Moniz auf der Straße nach Santana und tauschen es ein gegen viel Ruhe und Natur. Die von Steinmauern gestützten Terrassen verraten intensive Bewirtschaftung, aber je weiter wir ins Tal vordringen, desto ursprünglicher wird die Umgebung und rechtfertigt den Beinamen »einsames Tal«. Die Ribeira da Janela legt auf ihrem Weg von der Hochebene Paúl da Serra bis zur Mündung knappe 15 Kilometer zurück. Damit formt der Wildbach Madeiras längstes Tal.

Beim Parkplatz in Lamaceiros gibt es einen Picknickplatz, der an den Wochenenden von Einheimischen, die Ausflüge machen, gestürmt wird. Kurz hinter Lamaceiros beginnt der Weg am Wasserlauf und führt anfangs durch einen Eukalyptuswald. Unterwegs sieht man Bananen-Passionsblumen, deren längliche gelbe Früchte tatsächlich Bananen sein könnten. Die südamerikanische Pflanze mit den rosa Blüten ist auf Madeira verwildert.

Die Wanderung entlang der Levada da Central gehört zu den schönsten Naturerlebnissen an der Nordküste. Sie weist keinen Höhenunterschied auf und ist leicht zu gehen. Ein bisschen abenteuerlich wird es, wenn die Tunnel in Sicht kommen, also Taschenlampen nicht vergessen. Jetzt heißt es: »Kopf einziehen«. Der erste Tunnel spuckt uns nach sechs Minuten aus, der zweite ist halb so lang. Beim Wasserhaus ist die Hochebene Paúl da Serra zu sehen und der Umkehrpunkt erreicht. Zurück in Porto Moniz sind alle Zweifel beseitigt: Man war in einem einsamen Tal.

Manchmal wundert man sich, dass diese Straße überhaupt gebaut werden konnte. Heute ist die *Estrada antiga* gesperrt und kann lediglich zu Fuß hautnah entdeckt werden.

28

16 KILOMETER IN DEN FELS GEHAUEN

DIE ESTRADA ANTIGA – MADEIRAS SCHÖNSTE STRASSE

Einst galt sie als schönste, aber auch gefährlichste Straße der Insel. Die alte Küstenstraße zwischen São Vicente und Porto Moniz führte direkt an der Küste entlang. Sie ist so schmal, dass sie nur in eine Richtung befahrbar war. Heute ist sie nicht mehr mit dem Auto zugänglich, sondern nur zu Fuß.

Als ab den 1950er-Jahren an der Nordküste der Straßenbau begann, wurde zwischen Porto Moniz und São Vicente eine 16 Kilometer lange Strecke buchstäblich in den Fels gehauen.
Die Straße bestand aus vielen Kurven, nur unterbrochen von unbeleuchteten Tunneln. Und dazwischen klatschten die Wellen des Ozeans auf die Fahrbahn oder ein Wasserfall platschte auf die Straße. Sie war so schmal, dass die Fahrt beschwerlich und gefährlich war. Erst als die alte Küstenstraße nur noch in Ost-West-Richtung, also von São Vicente nach Porto Moniz, befahren werden durfte, wurde die Fahrt zu einem Vergnügen. Als eine neue, sichere Schnellstraße gebaut wurde, überließ man die Estrada antiga sich selbst und schloss sie schließlich. Lediglich zu Fuß kann man sie heute noch erkunden. Hier befindet sich auch der Miradouro do Véu da Noiva. Von dort man den besten Blick auf den wunderschönen Brautschleier-Wasserfall, die 30 Meter hohe Cascata do Véu da Noiva. Das Wasser ergießt sich über einenFelsen direkt ins Meer und sieht dabei aus wie ein Brautschleier.

Ganz in der Nähe liegt das kleine Weindorf Seixal. Von der über dem Meer angelegten Promenade entdeckt man eine Landzunge und mehrere natürliche Brandungspools, fast wie Porto Moniz, nur etwas ursprünglicher und weniger überlaufen.

EINMAL BITTE ALLES! – DIE KULINARISCHE VIELFALT MADEIRAS

Was könnte köstlicher sein als ein guter Madeira-Wein? Als Aperitif, denn das Atlantikarchipel hat noch viele andere Gaumenschätze zu bieten – sowohl im Glas als auch auf dem Teller. Vor allem die drei großen Fs stehen ganz oben auf der Speisekarte: Fisch, Fleisch und Früchte. Na dann: Bom apetite!

Neben Madeira-Wein gibt es auf der Insel noch viele andere Getränke, beispielsweise den Rum, und dessen Geschichte ist so alt wie die aller Inselschätze. Bereits 1425 wurden aus Sizilien Zuckerrohrsetzlinge eingeführt und angepflanzt. Bis Ende des 16. Jahrhunderts war Zucker eines der wichtigsten Exportgüter Madeiras. Aber es wurde auch Zuckerrohrschnaps hergestellt, *aguardente de cana*. Er ist ein *rum agrícola,* dieser wird nicht aus Melasse hergestellt, sondern aus Zuckerrohrsaft, der in Mühlen herausgepresst wird. Der zuckerhaltige Saft wird in Brennereien, die es erst seit Ende des 19. Jahrhunderts auf Madeira gibt, vergoren und dann destilliert. Madeira-Rum hat einen Alkoholgehalt von mindestens 37,5 Volumenprozent. Der braune Rum kommt zur Reifung noch in Eichenfässer, die ihm die

bräunliche Farbe verleihen. Der weiße Rum landet schnell in Bars und im typischen Getränk Madeiras, Poncha. Seit ein paar Jahren ist der Rum da Madeira übrigens durch ein Gütesiegel geschützt.

Süße Früchte

Apropos Zuckerrohr: Das wohl bekannteste und älteste Dessert Madeiras ist *bolo de mel.* Der würzige Kuchen wurde bereits im 15. Jahrhundert von Nonnen in Funchal entwickelt. Obwohl er übersetzt Honigkuchen heißt, ist neben Mandeln und Walnüssen kein Honig drin, sondern Zuckerrohrsirup; dieser verleiht dem *bolo de mel* auch die dunkle Farbe. Geschmacklich erinnert er an Lebkuchen, weil ähnliche Gewürze verwendet werden – passt dann ja auch zu Weihnachten, wo er bevorzugt gegessen wird. *Bolo de mel* sollte übrigens nicht mit einem Messer aus Metall angeschnitten, sondern per Hand gebrochen werden.
Mit dem subtropischen Klima wächst auf Madeira alles, was der Magen an Früchten begehrt – neben der kleinen und süßen Madeira-Banane auch *maracujá* (im Portugiesischen der Oberbegriff für Maracuja und Passionsfrucht), in sämtlichen Sorten und Geschmacksrichtungen. Einfach mal ausprobieren und sich durch das Sortiment kosten. Zu empfehlen sind auch *semifrio de maracujá,* ein gekühlter Kuchen mit Maracuja-Soße, *pudim de maracujá* und das Erfrischungsgetränk *brisa maracujá.* Es war 1970 das erste der Welt, das auf reinem Passionsfruchtsaft basierte, die Menschen hier lieben es.

Fisch, frischer Fisch!

Eine Insel ohne Meeresfrüchte auf der Speisekarte? Gibt es natürlich nicht. Beliebte Vorspeise sind die lapas, Napfschnecken, die auf den ersten Blick wie Muscheln aussehen. Sie leben an den Felsenküsten und werden von den Einheimischen oft in waghalsigen Kletteraktionen gepflückt. In einer gusseisernen Pfanne werden sie gedämpft oder gegrillt – mit Knoblauchbutter und Kräutern. Gegessen oder ausgeschlürft werden sie dann mit etwas Zitronensaft. Die Konsistenz ist ein bisschen zäh.
Ein weiterer Meeresbewohner ist ebenfalls eine Delikatesse hier: der schwarze Degenfisch, Espada. Das ist ein schmaler, langer Fisch, der in mehr als 1000 Meter Tiefe lebt und dort noch kupferfarben ist. Erst beim Herausziehen mit einer sehr langen, speziellen Angel verfärbt sich durch die Druckveränderung seine Haut. Serviert wird nur das weiße, zarte Fleisch des Fischs, es ist fast grätenfrei. Dazu gibt es hier oft Banane und Maracuja-Soße.
Auch Thunfische schwimmen in den Gewässern herum. Auf den Tisch kommen sie dann als *bife de atum a Madeirense,* Thunfischsteak á la Madeira – also mit *milho frito,* eine Art frittierter Polenta-Würfel, und Madeira-Sauce.
Menschen, die gerne Fleisch essen, kommen hier ebenfalls nicht zur kurz. Inselspezialität sind *espetadas,* die leckeren auf Lorbeerstöcken gegrillten Rindfleischstücke. Oft gibt es dazu *bolo de caco,* das landestypische Fladenbrot aus Süßkartoffeln und Weizenmehl, mit Knoblauchbutter. Ein weiteres typisches Gericht, eher für die Weihnachtszeit, ist *carne de vinho e alhos.* Bevor das Schweinefleisch gekocht wird, wird es in Wein und Knoblauch mariniert.
Und zum Abschluss darf es vielleicht noch ein Madeira-Wein sein. Saúde!

↑ *Bolo de mel* ist ein Jahr haltbar und passt zu einem Gläschen Madeira-Wein.
↖ Etwas gummiartig ist die Konsistenz der *lapas.*
← Das It-Getränk Madeiras: Poncha.

RELIKTE AUS EINER ANDEREN ZEIT – AM BERG FANAL

Die Lorbeerwälder, die an den Nordhängen Madeiras wachsen, sind ein Überbleibsel aus der Eiszeit. Je weiter man auf der Insel nach Osten kommt, desto dichter und häufiger sind sie anzutreffen. Rund um den Berg Fanal am Ende des Tals der Ribeira da Janela stehen die ältesten Exemplare dieser Baumart. Jedes einzelne dieser Gewächse ist ein Wunder der Natur.

Als die Entdecker Madeiras die Insel erkundeten, war das gesamte Inselinnere von Wald bedeckt. Vor allem der Lorbeerwald war auf ganz Madeira verbreitet. Die Siedler sahen keinen Grund, auf etwas zu verzichten, was im Überfluss vorhanden war, und so begann der große Kahlschlag. An der Südküste mussten die Wälder dem Ackerbau weichen, das Holz wurde für den Schiffs- und Hausbau und zur Herstellung der Zuckerkisten verwendet. Auch in vielen Gebieten im Landesinneren wurde der Wald dezimiert, aus den Lorbeerstämmen wurde Brennholz. Am Fanal ist vor allem der Stinklorbeer beheimatet. Seinen despektierlichen Namen verdankt er dem unangenehmen Geruch, der entsteht, wenn sein Holz zersägt oder seine Blätter zerrieben werden. Die Einstellung zum Lorbeerwald hat sich

29

zum Glück grundlegend geändert. Heute stehen die Bäume unter Naturschutz. Die Bergregion am 1236 Meter hohen Fanal ist zudem eines von sieben ausgewiesenen Schutzgebieten, die im 1982 gegründeten Naturpark Madeira zusammengefasst sind. Der Viehbestand in den Schutzgebieten wird verringert und Aufforstungsmaßnahmen sind im Gange. Die Bäume, die dem Kahlschlag entgangen sind, erzählen jahrhundertealte Geschichten. Es sind knorrige, moosbewachsene Gestalten, die ihre gekrümmten Äste in alle Windrichtungen strecken. Ziehen zur Abwechslung wieder einmal Nebelschwaden auf, dann werden die beeindruckenden Baumriesen zu gespensterhaften Erscheinungen.
Die Straße nach Fanal zweigt an der Nordküste bei Ribeira da Janela ab. Ab dem Parkplatz am Forsthaus Fanal sind Streifzüge durch diese urzeitliche Landschaft möglich. Wie vielerorts auf Madeira gibt es auch hier Grillstellen in Parkplatznähe. So ganz lassen sich Freizeitvergnügen und Naturschutz eben nicht voneinander trennen. Man braucht nicht weit zu gehen, um die ersten dieser uralten Lorbeerbäume zu sehen. Einige Exemplare tragen Namensschilder mit den portugiesischen und lateinischen Bezeichnungen.

Allein gegen Wind und Wetter

Eine Weidefläche kommt in Sicht und ruft die Geschichte des Landes und dieser Landschaft wieder in Erinnerung. Wo sich vor einem halben Jahrtausend dichter Wald erstreckte, stehen einzelne Bäume gekrümmt, zerzaust und trotzdem Respekt einflößend wie Mahner in der Wüste. Wer weiß, wie lange sie schon allein Wind und Wetter trotzen mussten. Zwei von ihnen haben sich zu einem Torbogen vereint, unter dem man mühelos hindurchspazieren kann. Solche Bilder machen die die Faszination des Naturparks aus.
Es geht leicht bergab. In einer Mulde liegt Madeiras letzter Kratersee. Andere wurden zugeschüttet oder zweckentfremdet, als Speicherbecken zum Beispiel. Die Bezeichnung »See« ist für die *lagoa* am Fanal ein wenig übertrieben. Im Sommer findet man nur eine ausgetrocknete Fläche vor. Nicht weit davon ziehen sich Grashänge zur 100 Meter höher gelegenen Gipfelkuppe Pedreira hinauf. Der Gipfel des Fanal ist von hier aus noch eine Viertelstunde entfernt.
Mit etwas Glück wird man Zeuge eines außergewöhnlichen Naturschauspiels, wenn sich die Wolken über eine Bergkuppe schieben und gleich einem Wasserfall ins Tal gleiten. Der Wolkenwasserfall ist ein Phänomen, für das auch die Kanareninsel La Palma berühmt ist. Ist der Himmel wolkenfrei, reicht der Panoramablick bis zum nördlichen Küstenstreifen und man sieht tief unten im Tal das Städtchen São Vicente. Beeinträchtigt Nebel die Sicht, sollte man sich mit dem Streifzug im flachen Gelände zufriedengeben. Leider ist das schöne Wetter im Hochland von Madeira – und in dieser Gegend ganz besonders – kein verlässlicher Begleiter. Wie gut, dass die urige Welt unter dem Fanal sich unabhängig davon als beeindruckendes Naturerlebnis präsentiert.

← Soll man einem Feriengast schlechtes Wetter wünschen? Wenn überhaupt und irgendwo, dann auf der Wanderung zum Berg Fanal.

INFO

WAS MAN BEIM WANDERN BEACHTEN SOLLTE

Viele Madeira-Gäste sind erfahren im Wandern, andere wollen eigentlich »nur die schönen Gärten sehen« und entdecken dann den Reiz der Levadas, die Täler, das Hinterland und die Bergregion mit den unzähligen Wanderangeboten. Einige Dinge sollte man beim Wandern auf der Insel stets dabeihaben. Hierzu zählen Regenschutz, auch wenn die Sonne scheint, und Sonnenschutz, auch wenn es regnet. Gute Schuhe mit Profil sind auch entlang der Levadas ein Muss. Rutschgefahr! Da es unterwegs kaum Einkehrmöglichkeiten gibt, ist es wichtig, Proviant mitzuführen. Zur Ausrüstung gehören auch eine Taschenlampe und ein Erste-Hilfe-Set. Wanderstöcke können Sicherheit geben, aber auf den engen Wegen, auf denen man immer wieder im Gänsemarsch unterwegs ist, hinderlich sein. Auch Levada-Wanderungen können im ausgesetzten Gelände verlaufen. Bergwanderungen erfordern zudem Trittsicherheit und Schwindelfreiheit.

WEITERE INFORMATIONEN

visitmadeira.com

30

WOHLSTAND DURCH WEIN

BERGDORF AM MEER – SÃO VICENTE

Wer den schnellsten Weg von der Süd- an die Nordküste wählt, kommt um São Vicente nicht herum. Das Städtchen ist eine Miniaturausgabe von Funchal, zumindest was das Zentrum angeht. Es wurde in den 1980er- und 1990er-Jahren mit viel Liebe und Behutsamkeit renoviert. Das Ergebnis war dermaßen überzeugend, dass die Arbeiten mit einem Denkmalschutzpreis belohnt wurden.

Eine Besonderheit ist schon die Lage des Orts. Madeira hat entweder Bergdörfer oder Küstenstädtchen. São Vicente ist beides: Ein Bergdorf, das am Meer gelegen ist. Gerade war man noch in den verwinkelten Dorfgassen unterwegs und hat das Meer irgendwo in der Ferne vermutet, steht man plötzlich auf der Strandpromenade. 600 Meter lang ist der Uferweg, der die Ortsteile Varadouro und Baia dos Juncos verbindet.

Weißgetünchte Häuser mit grünen Fensterläden bestimmen das Ortsbild. Man hat sich die Mühe gemacht, das alte Kopfsteinpflaster in den Gassen zu erhalten. Der Blumenschmuck im Überfluss bringt Farbe ins Spiel. Die zentrale Rua Fonte Velha ist autofrei. Ein großer Parkplatz am Ortsanfang fängt sämtliche Mietwagen der Feriengäste auf. Die Herrenhäuser rund um die barocke Pfarrkirche stammen aus dem 18. Jahrhundert: zweistöckige Gebäude mit eleganten Außentreppen. Das waren keine armen Leute, die hier wohnten. Und in der Tat, erlebte der Ort im 18. Jahrhundert einen wirtschaftlichen Höhenflug.

Über allem der heilige Vinzenz

Es genügt, einen Blick auf die Weinberge der Umgebung zu werfen, und man weiß, worauf sich der plötzliche Wohlstand gründete. Das Erdgeschoss der Stadthäuser war meistens auch der Weinkeller, wo die Trauben gekeltert und die Fässer gelagert wurden. Der Wein und die Verkehrslage ließen São Vicente wachsen. Heute zählt es rund 3400 Menschen, für Madeira groß genug, um ein wichtiges Zentrum zu sein, und außerdem ist die Igreja de São Vicente religiöser Mittelpunkt der Region. Die Kirche im manieristischen Stil stammt aus dem späten 17. Jahrhundert und hat die Herrenhäuser um sich versammelt. Die Zahl 1943 auf dem schwarzweißen Pflastermosaik des Kirchhofs erinnert an das Jahr, in dem die Renovierung durchgeführt wurde. Das Mosaik zeigt auch ein Segelschiff und zwei Raben, Attribute des Kirchenheiligen Vinzenz von Valencia, den der römische Kaiser Diokletian zu Tode foltern ließ. Die Leiche des Märtyrers wurde der Legende nach auf einem Feld den Tieren zum Fraß vorgeworfen, aber zwei Raben bewachten den Toten und verhinderten dies. So wurden die sterblichen Überreste auf ein Segelschiff gebracht und dem Meer übergeben.

Auch ein deutscher Künstler hatte Anteil an der Kirchenrenovierung, der Maler Max Römer. Unter seiner Anleitung wurde das Kircheninnere ausgemalt. Römer lebte fast vier Jahrzehnte auf der Insel und starb 1960 in Funchal. Ein Deckenfresko zeigt den Stadtheiligen bei der Segnung von São Vicente.

Auch ein zweiter Kirchenbau ist dem heiligen Vinzenz geweiht. In einem Basaltfelsen inmitten der Flussmündung am Meer – wenig romantisch eingerahmt von zwei Straßenbrücken – steht eine winzige Kapelle, die Capelinha do Calhau. Der Überlieferung nach soll der Leichnam des Märtyrers an der Flussmündung an Land getrieben und begraben worden sein.

Reise ins Innere der Erde

Ein Rundgang durch das beschauliche Städtchen nimmt kaum mehr als eine Stunde in Anspruch. Mehr Zeit muss man einplanen, wenn man der Sehenswürdigkeit Nummer 1 von São Vicente einen Besuch abstatten will, den Lavahöhlen samt dem Vulkanzentrum. Wer die Jahrmillionen alte Entwicklungsgeschichte der Atlantikinsel samt Vulkanausbruch hautnah miterleben will, sollte sich die Zeit nehmen.

Beides – Grotten und Vulkanzentrum – befinden sich nicht weit vom Ortskern auf der anderen Flussseite. Mitte des 19. Jahrhunderts entdeckten Einheimische das Höhlensystem. Später wurde es von englischen Geologen erforscht. Erst 1996 wurden die *grutas* für Besucher zugänglich gemacht, zehn Jahre später, 2006, wurde das Centro do Vulcanismo eröffnet. Rund ein Kilometer lang ist der Rundgang durch die Lavaröhren, die vor etwa 900 000 Jahren entstanden und an manchen Stellen bis zu sechs Meter hoch sind.

Brennendes Meer im 3D-Format

Die Führerin erzählt – auf Portugiesisch und Englisch – wie sich eine riesige Feuerwalze von der Hochebene Paúl da Serra Richtung Küste schob. Die Lava drang durch das poröse Ge-

↖ Souvenirs aus dem Inneren der Erde gibt es auch in diesem Andenkenladen nicht, dafür aber sonst alles, was Madeira an Handwerks- und Kunsthandwerksprodukten zu bieten hat.
↗ Das Vulkanzentrum vermittelt konkrete Information, anschaulich dargestellt.

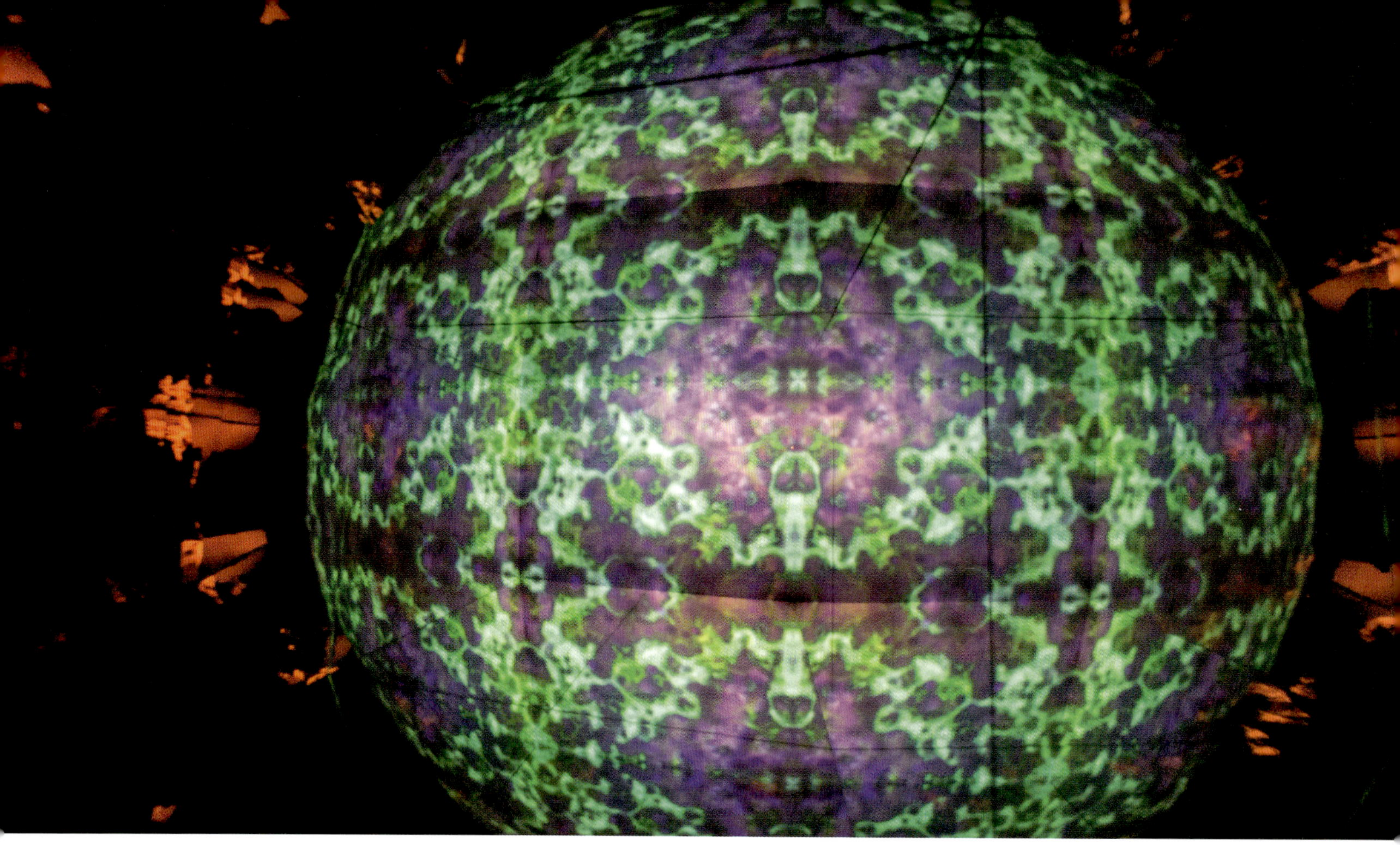

stein in die Tiefe und formte die Höhlengänge, in denen eine stete Temperatur von 16 Grad herrscht. Es sind keine Tropfsteinhöhlen, weil der Kalk im Gestein fehlt. Von der Decke hängen vulkanische Stalaktiten, erstarrte Lavabrocken. Das zarte Grün am Boden ist Frauenhaarfarn. Luftzug und Wasser tragen die Samen in die Höhlen. Ein Holzsteg führt über ein großes Wasserbecken. In solchen Becken wird das Grundwasser gesammelt. Eine knappe halbe Stunde später sind wir zurück. Niemand hat sich den Kopf angeschlagen.

Jetzt folgt der Besuch des Vulkanzentrums. In der Mitte eines Raums steht das Modell eines Vulkans. Ein bisschen Geduld, gleicht bricht er aus. Den Rest erlebt man im 3D-Kino. Ein brennendes Meer schiebt unvorstellbare Landmassen an die Oberfläche und türmt diese zu einem Gebirge auf. Die höchsten Punkte werden später einmal als Pico Ruivo und Pico do Arieiro auf den Landkarten verzeichnet. Die Hochebene ist ein einziges Lavafeld, von dem die ersten Siedler glaubten, Neptun, der Gott des Meeres, habe es geschaffen. Die Rückkehr aus der Urzeit erfolgt im Lift. Plötzlich wieder im Freien. Rund um das Vulkanzentrum ist ein kleiner Park angelegt, die Wassergärten. Hier lässt es sich angenehm spazieren gehen. Ein Blick auf die Terrassen und Weinberge, die Palmen und die dicht bewaldeten Berghänge genügt, um sich zu vergewissern, dass man den Zeitsprung geschafft hat. Noch deutlicher wird das an der Uferpromenade, wo der Zeitgeist seit einigen Jahren die angespült hat, die sich für Wassersport begeistern. São Vicente ist ein guter Platz zum Surfen und Wellenreiten, wenn man sich für die Höllenritte an der Südküste noch nicht ganz fit fühlt. Ganz müssen aber auch Wasserratten nicht auf das erhoffte Vergnügen eines Bads im Meer verzichten. Dafür eignet sich der geschützte Kiesstrand Fajã da Areia an der Straße nach Ponta Delgada am besten. Entlang der Uferpromenade und an dem Meeresschwimmbad gibt es Hotels, Cafés und Restaurants, wo sich die Surf-Szene trifft. Wer es beschaulicher haben möchte, muss noch einmal zurück ins historische São Vicente.

↑ Das Wahrzeichen des Tals ist der weiße Uhrenturm der Capela de Nossa Senhora de Fátima auf dem Pico da Cova.
← Die Wanderung durch die Lavakanäle führt in eine Welt der Formen, Lichter und Farben.

INFO

ZUM PICO DA COVA

São Vicente liegt in einer engen Talmündung, einen herrlichen Blick über den Talkessel hat man vom Pico da Cova. Am Gipfel steht die nur aus einem Glockenturm bestehende Capela de Nossa Senhora de Fátima. Die 14 Meter hohe Kapelle mit den auffälligen Ziffernblättern wurde 1942 errichtet. Auf allen vier Turmseiten prangt eine Uhr. Im Erdgeschoss steht eine Figur der heiligen Madonna von Fátima. Die Zeiten, in denen man vom Tal aus einen anstrengenden Fußmarsch zurücklegen musste, sind lange vorbei. Wer Richtung Encumeada-Pass fährt und dem Hinweis Pico da Cova folgt, kommt dem Gipfel ziemlich nah. Ganz ohne Mühe aber gibt es den Blick auf São Vicente und das Tal nicht. Die letzten Meter müssen auf einem Treppenweg zurückgelegt werden. Man kann allerdings auch ab dem Landhaushotel Casa da Piedade dem Pilgerweg (Caminho do Laranjal) folgen. In knapp 30 Gehminuten ist der Aufstieg zum Pico da Cova zu schaffen.

→ Die besten und schönsten Wanderwege führen entlang der Levadas.
↑ Die Pfarrkirche von São Jorge beherrscht das Ortsbild mehr als anderswo. Kein Wunder, war das Dorf doch viele Jahre der Sommersitz der Bischöfe von Funchal.
← Natürlich gibt es auch Souvenirs, wie etwa die Carapuca, eine traditionelle Mütze für Frauen und Männer.

WALLFAHRTSORT UND BADEPLATZ – PONTA DELGADA

Am ersten Wochenende im September wird Ponta Delgada alljährlich zum Mittelpunkt der Insel, wenn Tausende Gläubige zur Wallfahrt Senhor Bom Jesús kommen. Viele legen nach alter Tradition einen Teil des Wegs zu Fuß zurück. Aber die überwiegende Mehrheit macht es sich bequemer und kommt mit dem Auto.

Wie viele Menschen Ponta Delgada an diesem Wochenende zählt, lässt sich schwer abschätzen. Im Normalzustand – also an den sonstigen Wochenenden – sind es kaum mehr als 1400. Die Zeit, als das Dorf noch die stolze Bezeichnung Corte do Norte trug, ist längst vorbei. »Hof des Nordens« deshalb, weil hier viele Großgrundbesitzer ihre Sommerhäuser hatten. Auch die herrschaftlichen Villen haben die Zeit nicht überlebt, stehen leer und verfallen meist in der Landschaft.

Der Ort ist terrassenförmig an der Steilküste angelegt und zieht vor allem wegen seiner weitläufigen Badeanlage Gäste an. Der Badekomplex mit zwei Salzwasserpools macht Ponte Delgada zu einem Familienziel. Wer länger bleiben will, findet im etwas höher an der Steilküste gelegenen Monte Mar Palace mit seinen 111 Zimmern vermutlich immer eine Übernachtungsmöglichkeit.

Die Festa do Bom Jesús

Auf der Fahrt an der Nordküste entlang kommt man an Ponta Delgada schon deshalb nicht vorbei, weil es verkehrstechnisch keine andere Möglichkeit gibt. Man kann sich also

vorstellen, was los ist, wenn das erste Septemberwochenende naht. Schon Tage vorher beginnen die Menschen hier damit, ihr Dorf in ein farbenfroh schillerndes Gesamtkunstwerk zu verwandeln. Blumenschmuck und Girlanden schmücken die Straßen und vor allem die Wallfahrtskirche. Kirchenfeste haben im Süden Europas Volksfestcharakter. Madeira macht da keine Ausnahme, und die Arraial do Bom Jesus schon gar nicht.

Die Ursprünge des Kirchenfests, das zu den bedeutendsten auf Madeira zählt, gehen auf das 15./16. Jahrhundert zurück. Der Überlieferung nach wurde eine Kiste an den Strand gespült, in dem sich ein Holzkreuz befand. Natürlich wurde das als ein Zeichen des Himmels gedeutet, und so errichteten die Dorfbewohner zu Ehren des Herrn eine Kapelle.

Diese wurde im Jahr 1908 von einem Feuer fast völlig zerstört. Vom Holzkreuz blieb nur ein verkohlter Rest übrig, der in der neuen, im Barockstil erbauten Kirche hinter Glas aufbewahrt wird.

Das verkohlte Holzstück ist das Ziel der frommen Pilgernden, andere Gäste sehen sich zuallererst das Deckengemälde der Kirche an. Dargestellt werden Tiere und Pflanzen der Erde, thematisiert werden auch die Seefahrt und der Alltag der Walfänger. Der zentrale Teil des Freskos zeigt Engel mit Schmetterlings- und Libellenflügeln. Da das Gemälde erst in den 1990er-Jahren geschaffen wurde, sind die Farben ungewohnt frisch und knallbunt, was auf den einen oder anderen ein bisschen kitschig wirken mag.

← **Übersetzt bedeutet Ponta Delagda übrigens »schmale Landzunge« und auf so einer erstreckt sich der Ort auch. Vom Atlantik bis in die Berghänge.**

Abenteuerstraße Boaventura

Kurz nach Ponta Delgada macht die Küstenstraße einen scharfen Rechtsknick in die Berge. Das Meer ist mit einem Schlag verschwunden, ins Blickfeld gerät das Hochtal von Boaventura. Die Häuser des Bergdorfs kleben weit verstreut an den Hängen. Der kleine Ortskern versucht, zwischen sich und dem Abgrund einigermaßen den Abstand zu wahren. Zum Glück für das Dorf und zum Leidwesen der, die Auto fahren, ist dieser Abstand die Straße, immerhin breit genug, damit zwei Fahrzeuge aneinander vorbeikommen. Boaventura ist eine der ältesten Siedlungsgemeinschaften der Insel. Ein Platz zwischen Himmel und Erde, den die ersten Menschen, die hier siedelten, wohl gewählt haben, weil er für Piraten so gut wie unerreichbar war. Wer noch einmal einen Blick auf die Felsküste werfen will, folgt dem Wegweiser »Miradouro« und fährt über eine schmale Straße zum Aussichtspunkt São Cristóvão.

Kurz nach Boaventura erlebt man alles, was das Bergland Madeiras ausmacht. Das Asphaltband windet sich um Felsvorsprünge herum, von denen Wasserfontänen herabstürzen, und durchquert das Flusstal des Ribeira do Porco. Irgendwann hört man auf, die Serpentinen zu zählen, und hält nach einem Halteplatz Ausschau, um in Ruhe die Landschaft zu betrachten. Dann wird die Straße tatsächlich wieder weniger steil, die Fahrbahn etwas breiter, und plötzlich ist auch das Meer wieder zurück. Untrügliche Anzeichen, dass es nicht mehr weit ist bis Arco de São Jorge.

INFO

WOHNEN MIT FLAIR – IN EINEM LANDHAUS ODER BAUERNHOF

In vielen Orten wurden aus Gutshäusern, den Quintas, stilvolle, kleine Hotels, die teilweise an unerwarteten Orten stehen. Zum Beispiel an der Nordküste: Die Casa da Piedade und die Estalagem do Vale in São Vicente sind beides Herrenhäuser aus dem 18. Jahrhundert. Beide können mit einem Pool punkten. In der Quinta do Arco in Arco do São Jorge wurden die ehemaligen Unterkünfte der Hausangestellten zu Urlauberapartments umgestaltet. Auch im Süden findet man solche Urlaubsquartiere eher in abgeschiedenen Gegenden, wie etwa die Quinta Sao Lourenço in Fajã da Ovelha (Calheta). Ob Landhaus oder restaurierter Bauernhof, alle Quartiere haben Charme, man genießt absolute Ruhe, und oft betreuen die, denen die Quinta gehört, ihre Gäste persönlich. Einen Überblick über das Angebot bietet Madeira Rural, eine Non-Profit-Organisation, die den sanften, ländlichen Tourismus fördern will.

WEITERE INFORMATIONEN

www.madeirarural.com

32

VON ARCO DE SÃO JORGE NACH SÃO JORGE

ALLE ROSEN DIESER WELT – QUINTA DO ARCO

Madeiras Nordküste hat Abschnitte, die allzu leicht übersehen werden. Das Teilstück von Arco de São Jorge bis São Jorge gehört dazu. Ein Fehler. Arco de São Jorge besteht nur aus einer Handvoll Häuser, aber für mehr hätte der Platz in diesem Felsenkessel an der Nordküste auch nicht gereicht. Die Quinta do Arco aber braucht Platz und hat sich deshalb etwas außerhalb des Orts entfaltet.

Vermutlich sind schon so manche Reisende an der Quinta do Arco vorbeigefahren, denn wer vermutet hinter der mannshohen ockergelben Mauer schon den mit 17 000 Sträuchern und mehr als 1500 Arten größten Rosengarten Portugals. Das Landhaus war einige Generationen im Besitz der Familie Albuquerque aus Funchal. Der ehemalige Eigentümer, Miguel Albuquerque, ein begeisterter Rosenzüchter und Politiker, machte ihn 2004 der Öffentlichkeit zugänglich. Heute gehören die Quinta und der Rosengarten zu den Pestana Hotels. Die World Federation of Rose Societies stufte ihn als »Garden of Excellence« ein.

Im April, wenn die Rosen zu blühen beginnen, öffnet der Roseiral da Quinta do Arco seine Tore. Doch bevor man ihn erreicht, spazieren die Gäste durch einen subtropischen Obstgarten. Wasserläufe kreuzen den Weg, die von Zäunen aus Erikaholz gesichert sind. Der Rosengarten ziert sich ein wenig, bis er sich zeigt – doch dann steht man mitten in einer Sinfonie aus den Farben und Düften verschiedener Rosensorten aus aller Welt.

Rosen tragen klingende Namen wie »Gloire de Dijon«, »Marechal Niel«, »Sympathie« oder »L'Abundance«. Die »Queen Elizabeth-Climber« ist eine Hommage an ihre Namensgeberin. In Vergessenheit geratene Sorten wie die Boursault-Rose und neue Hybrid-Züchtungen haben ebenso ihren Platz wie Rosen aus fremden Ländern: Die Damaskus-Rose gab es schon im 16. Jahrhundert, die Wichuraiana-Rose kam aus Asien

nach Europa. Mit der Rose Mandonii ist auch eine einheimische Sorte vertreten. Ihr natürliches Umfeld ist der Lorbeerwald auf mehr als 600 Metern Höhe.
Wer Rosen mag, wird sich an nur einem Tag kaum sattsehen können. Da kommt es gelegen, dass die Häuschen, in denen früher die Landarbeiter der Gutsbesitzerfamilie wohnten, zu komfortablen Bungalows für Selbstversorgende umgewandelt wurden. Wer sich hier einmietet, genießt absolute Ruhe, denn die Häuschen stehen einzeln und in großem Abstand zueinander zwischen Avocado-, Orangen- und Feigenbäumen, Bananenstauden und anderen subtropischen Pflanzen. Angrenzend an den Rosengarten erzählt das Weinmuseum Museo da Vinha e do Vinho die Geschichte des Weinbaus auf Madeira und lädt zu einer Weinprobe ein. Nach so viel Rosenrot ein wenig Weinrot, zum Ausgleich sozusagen.

↑ Den größten Rosengarten Portugals findet man an der Nordküste Madeiras.
← Irgendjemand muss gezählt haben, denn angeblich sind im Garten der Quinta do Arco mehr als 1500 verschiedene Sorten gepflanzt.

Der Sommersitz der Bischöfe

Lässt man Arco de São Jorge, die Quinta do Arco und ihren wunderschönen Rosengarten hinter sich, kommt bald darauf São Jorge in Sicht. Am Miradouro Cabanas direkt an der Steilkante reicht der Blick über weite Teile der Nordküste. Bei guter Fernsicht ist sogar die Insel Porto Santo zu erkennen.
Wäre man beinah schon am Rosengarten vorbeigefahren, so macht auch São Jorge auf den ersten Blick nicht neugierig. Das Dorf liegt auf einem Bergrücken und seine Häuser halten respektvoll Abstand zur Igreja de São Jorge. Die dem heiligen Georg geweihte Kirche ist die Attraktion des Orts, gilt sie doch als kunsthistorisch bedeutendster Sakralbau der Insel. Die Bauzeit Mitte des 18. Jahrhunderts ist einer der Gründe, weshalb das abgelegene Bergdorf zu einer so stattlichen Kirche kam. Die Zeit von König João V. (1689–1750), der viele Orte seines Reichs mit nicht gerade bescheidenen Gotteshäusern beglückt hatte, wirkte noch nach. Zudem war São Jorge lange Zeit die Sommerresidenz der Bischöfe von Funchal.
Die Barockkirche und der mächtige Turm leuchten in strahlendem Weiß und sind von dunklen Basaltsteinen eingefasst. Auch das Hauptportal hat eine schwarze Umrandung. Der Anblick macht ehrfürchtig und neugierig. Die Altäre der Kirche sind mit Blattgold verziert, die Wände mit Azulejos in den Farben Blau und Weiß verkleidet. Der imposante Hauptaltar trägt die Figur des heiligen Georgs.

INFO

DER KÜSTENERLEBNISWEG ZUR PONTA DE SÃO JORGE

Bei einem einstündigen Spaziergang vom alten Hafen Calhau hinaus zum Leuchtturm der Ponta de São Jorge kann man die einsame Küste des Nordens intensiv erleben. Calhau war lange Zeit einer der wichtigsten Häfen an der Nordküste. Von den heute meist verfallenen Häusern sollte man sich nicht abschrecken lassen. Wer sich den steilen Anstieg auf dem Rückweg ersparen will, folgt der Stichstraße von São Jorge hinunter zum Meeresschwimmbad, wo man parken kann. Der erste Teil des Wegs geht am Wasser entlang, dann bis zur Felsnase Pontinha leicht aufwärts und weiter bis zur Ponta de São Jorge. Eine nicht sehr vertrauenswürdige Betonkonstruktion führt von der Ponta hinaus aufs offene Meer zu einem Bootsanleger, wo sich die Angler treffen. Von hier lässt sich beinahe die ganze Nordküste überblicken. Auf dem Rückweg lockt hinter der Kirche die Dorfwirtschaft Casa de Palha mit guter regionaler Küche.

WEITERE INFORMATIONEN

Quinta do Arco, Sítio da Lagoa, 9230–018 Arco de S. Jorge, Tel. 0035 12 91 57 02 50, pestana.com

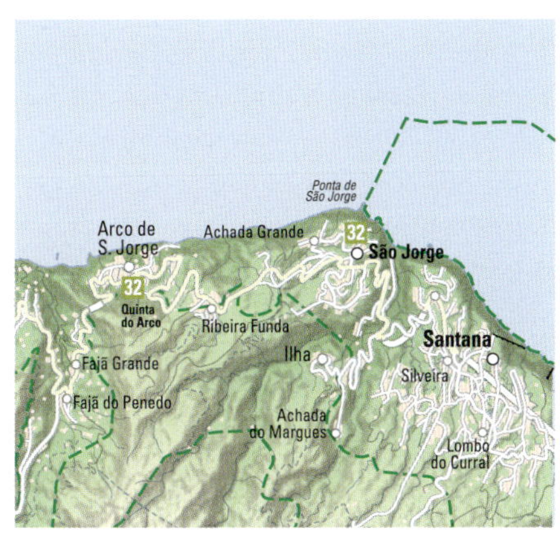

FREILUFTMUSEUM UND ABENTEUERSPIELPLATZ – SANTANA

Kein Bild von Santana ohne die berühmten bunten Casas de Colmo mit ihren Strohdächern. Doch es gibt durchaus weitere Gründe, das Städtchen zu besuchen. Es ist nicht nur ein einziger großer Blumengarten, sondern auch Ausgangspunkt für Wanderungen in die Naturparks Queimadas und Pico das Pedras. Und in seinem Themenpark hat es ein Freiluftmuseum und einen Abenteuerspielplatz miteinander vereint.

Natürlich gibt es die strohgedeckten Bauernhäuser auch andernorts auf der Insel, aber eben nur vereinzelt. Santana besitzt siebzig oder achtzig, vielleicht auch hundert Casas de Colmo und hat sie zum Wahrzeichen erhoben. Die Häuschen stehen unter Denkmalschutz. Wer darin wohnen bleibt und das bis fast an den Boden reichende Reetdach immer wieder erneuert, erhält Zuschüsse, weil er zum Erhalt eines für Madeira typischen Kulturguts beiträgt. Ein bisschen Fortschritt darf allerdings sein: Die Feuerstelle befand sich früher wegen der Brandgefahr außerhalb der Häuser, und heute sind Küche und Bad meistens in einem gemauerten Anbau untergebracht.

Aus Santa Ana wurde Santana

Benannt ist Santana nach der Kapelle, die im 16. Jahrhundert zu Ehren der heiligen Anna errichtet wurde. Aus Santa Ana wurde Santana. Wo einst die Kapelle stand, befindet sich heute

die Pfarrkirche und gleich daneben das Rathaus. Der weitläufige Rathausplatz empfängt die Gäste. Die besonders bunten, strohgedeckten Häuschen entpuppen sich schnell als verkappte Souvenirläden und – in einem Fall – als das örtliche Tourismusbüro. Wie viele Menschen jeden Tag von Santana nur den Rathausplatz mit den zweckentfremdeten Casas de Colmo sehen, ist unbekannt. Bestimmt nicht wenige.
Man muss sich schon die Mühe machen, die Seitengassen zu durchstreifen und einen Blick hinter die Zäune zu werfen, dann erst entdeckt man Casas de Colmo, die weniger bunt und nicht ganz so herausgeputzt, aber eben bewohnt sind. Mit etwas Glück darf man auch einen Blick hinter die Haustür werfen. Wenn nicht, begnügt man sich mit dem kleinen Garten, der das Häuschen umschließt. Irgendetwas blüht immer: Hortensien, Callas, Begonien, Strelitzien oder Agapanthus.
Wie schon erwähnt, bietet Santana nicht nur Casas de Colmo.

Parque Temático da Madeira

Die zweite Attraktion in Santana ist der Parque Temático da Madeira. Gut möglich, dass der Vergnügungspark die kleinen Bauernhäuser irgendwann als Besuchermagnet Nummer 1 ablöst. Dort kann man notfalls auch eine – nachgebaute – Casa de Colmo besuchen. Der Themenpark ist ein willkommener Familienspaß, ein bisschen Freiluftmuseum, Rummelplatz, Abenteuerspielplatz und kulturhistorisches Museum.

← Eine Hütte mit spitz zulaufendem Strohdach, das bis zum Erdboden reicht: Die Casas de Colmo sind das Markenzeichen Santanas.

Das riesige Gelände außerhalb des Orts versammelt vier Multimedia-Pavillons und andere Stationen, die auf ganz unterschiedliche Art die Geschichte und Kultur der Insel näherbringen – zu den Themen »Entdeckung der Inseln«, »Zukunft der Erde«, »Fantastische Reise auf Madeira« und »Eine Welt der Inseln, die Inseln der Welt«. Während die Eltern in den Casas da Colmo Frauen beim Weben zusehen, fahren die Kinder mit der Geisterbahn. Die »fantastische Reise« »Viagem Fantastica na Madeira« begeistert Große und Kleine. Auf eine Landeanflug-Simulation folgt ein virtueller Gleitschirmflug über die Berge, Täler und Steilküsten Madeiras. Die Besucher sitzen auf Bankreihen in einem Kinosaal. Das Sicherungsgeländer wird hochgeklappt, und schon schwebt man hoch über Funchal und saust an den Klippen von Cabo Girão vorüber. Mit jeder Richtungsänderung ruckeln die Kinobänke, aber die Haltestange auf Bauchhöhe setzt der Fantasie eine realistische Grenze.
Wenn an den Wochenenden die einheimischen Familien kommen, herrscht Betrieb im Parque Temático. Auf dem künstlichen See kommen sich die Ruderboote schon mal gegenseitig ins Gehege, und der »Monte Train«, eine Bimmelbahn, die an die alte Zahnradbahn von Monte erinnern soll, ist fast pausenlos unterwegs.
So mancher genießt dann den doch ruhigeren Spaziergang durch Santana, das mit knapp 3500 Menschen, die hier leben, Kleinstadflair verströmt. Die Küste liegt 300 Meter tiefer. Eine Seilbahn verbindet Santana mit dem unter Naturschutz stehenden Küstenstreifen Rocha da Navio. Weingärten ziehen sich bis ans Meer hinunter.

INFO

LEINENSTICKEREI
»Os tormentos do linho« – »Die Qual der Leinenstickerei« – hieß 2016 eine Ausstellung über die mühsame Arbeit der Leinenherstellung und der Stickerinnen im Themenpark von Santana. Dieses Kunsthandwerk blickt auf Madeira auf eine 150-jährige Geschichte zurück. Noch heute zählen Stickereien auf Leinen neben Korbwaren, Wein und Bananen zu den wichtigsten Exportartikeln Madeiras. Viele Frauen arbeiten in Heimarbeit mit Nadel und Garn, ihr Lohn steht in keinem Verhältnis zum Aufwand. An einer Tischdecke arbeitet eine Stickerin sechs bis zwölf Monate. Glücklich sind die Frauen, die eigene Kunden haben und ihre kostbaren Stücke privat verkaufen können. Santana ist ein Zentrum dieses traditionellen Kunsthandwerks, entsprechend groß ist die Auswahl an Produkten. Echte Handarbeit garantiert das Gütesiegel des Instituts für Kunsthandwerk (Instituto do Vinho, do Bordado e Artesanato da Madeira IVBAM).

WEITERE INFORMATIONEN
parquetematicodamadeira.pt
bordadomadeira.com

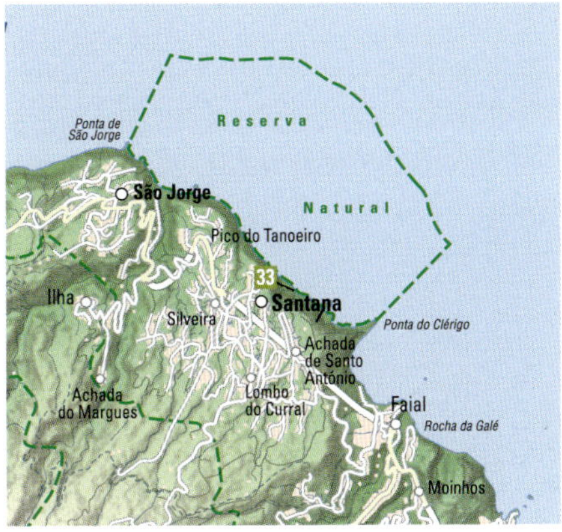

Schwindelfrei sollte sein, wer im zentralen Hochland rund um die Berggipfel und entlang der Levadas unterwegs ist.

ZENTRAL-MADEIRA

Levadas, Lorbeer und Wetterkapriolen

ÜBER DEN WOLKEN MADEIRAS

TANZ AUF DEN GIPFELN DER VULKANE

Das Zentrum der Atlantikinsel teilt sich in zwei Hälften: im Westen die Hochebene Paúl da Serra und im Osten die Bergriesen, erloschene Vulkane. Auf den dritthöchsten Berg, den Pico Arieiro mit 1818 Metern, gelangt man sogar mit dem Auto. Um die Inselmitte zu entdecken, sollte man etwas Zeit und gutes Schuhwerk mitbringen.

Eine ganz andere Welt erwartet einen im Inselinneren, das von »Normalreisenden« oftmals außer Acht gelassen wird. Dabei bietet das Zentrum Madeiras mit dem Gebirgsmassiv ein Kontrastprogramm zur Küstenregion, wo sich die meisten Orte wiederfinden. Von hier aus hat man einen fantastischen Ausblick auf die komplette Insel. Genau in der Mitte liegt die **36 Boca da Encumeada.** Der Pass bildet nicht nur den Übergang und damit die Wettergrenze zwischen der feuchten, kühlen Nord- und der wärmeren, sonnigen Südhälfte, sondern teilt auch die zentrale Bergkette. Im westlichen Teil erstreckt sich das Plateau **35 Paúl da Serra,** das einmal von der ER110 durchquert wird, der einzigen schnurgeraden Straße Madeiras. Die Berge und Täler des zerklüfteten Ostteils sind über die kurvenreiche ER103 »erfahrbar«. Man sollte für das Zentrum Madeiras also höhentauglich und reisefest sein.
Wie im Norden kann es auch hier etwas wetterunbeständig sein – angefangen von Niederschlägen über Nebel bis hin zu kühleren Temperaturen. Am besten kleidet man sich im Zwiebellook, hat eine Regenjacke und ausreichend Trinkwasser dabei.

Hoch in den grünen Bergen

Ziemlich zentral, nämlich 30 bis 40 Fahrminuten von Funchal oder São Vicente entfernt, liegt die einzige Hochebene Madeiras **35 Paúl da Serra.** 24 Quadratkilometer ist sie groß und liegt durchschnittlich auf einer Höhe von 1500 Metern. Als Ausgangspunkt für ihre Entdeckung bietet sich das Naturschutzgebiet Rabaçal an, das über die ER 110 erreichbar ist. Ganze fünf Levadas und somit fünf Wanderwege kann man hier begehen. Als absolutes Highlight gilt die **34 Levada das 25 Fontes,** eine mittelschwere Tour. Sie führt durch das UNESCO-Weltnaturerbe Laurisilva, den immergrünen Lorbeerwald. Ziel ist ein Felskessel mit einem smaragdgrünen See, in den sich kleine Wasserfälle ergießen, dem Namen nach aus 25 Quellen. Danach geht es weiter durch **35 Paúl da Serra** Richtung Osten – vorbei an Schafen, Ziegen und Kühen sowie Windrädern und Solarpanelen. Die Landschaft erinnert an die schottischen Highlands. Am **36 Encumeada-Pass** endet die ER110, die im letzten Abschnitt manchmal wegen Steinschlägen geschlossen ist, und trifft auf die Schnellstraße VE4, die den Süden mit dem Norden verbindet; **37 Serra de Água** ist hier der einzige Ort. Früher ging der Verkehr mitten durch das Bergdorf, heute benutzen die meisten den Encumeada-Tunnel.

Das Dreigestirn

Die drei höchsten Berge Madeiras liegen östlich des Encumeada-Passes. Um sie zu erreichen, muss man über die VE4 Richtung Ribeira Brava und dort auf die VR1, die erste Autobahn Madeiras, bis nach Funchal. Ab dort wird es sportlich und kurvig, denn nun geht es weiter auf der ER103 Richtung Norden. Dafür kann man bis auf den Gipfel des dritthöchsten Bergs, den 1818 Meter hohen **38 Pico do Arieiro** fahren – bekannt für wunderschöne Sonnenaufgänge. Von hier aus gelangt man über steile Treppen und schmale Grate sowie einige Tunnel zum **38 Pico Ruivo,** dem höchsten Berg Madeiras. Die Wanderung ist zwar spektakulär, aber nicht zu unterschätzen. Auch die letzten beiden Ziele sind über Serpentinen der ER103 erreichbar: **40 Ribeiro Frio** und der **39 Naturpark Queimadas.** Beide gehören ebenfalls zum östlichen Teil des Gebirgs. Der Naturpark Ribeiro Frio lockt mit einem Spaziergang durch den immergrünen Lorbeerwald, der hier die Berge und Täler bedeckt, und einer fantastischen Aussicht vom Balcões. Ein weiterer Teil des Laurissilva im Naturpark Queimadas, südwestlich von Santana, ist über eine steile, schmale Straße erreichbar. Entlang einer Levada gelangt man hier zum Caldeirão Verde, einem grünen Kessel, mit kleinem See und Wasserfall.

INFO

TOUR
Start: Rabaçal
Ziel: Naturpark Queimadas
Länge: ca. 85 km nur Auto + Wanderungen
Dauer: Minimum drei Tage
Beste Reisezeit: ganzjährig
Sehenswertes: Wander- und Canyoning-Touren, epicmadeira.com

Unterkunft: Paúl da Serra: Campingplatz Ribeira do Alecrim; Serra de Água: Hotel Estalagem Encumeada, hotel-estalagem-encumeada-ribeira-brava.vivehotels.com; Pico do Arieiro: Campingplatz Poiso & Pico Ruivo: Campingplatz, www.madeira-camping.com; Ribeiro Frio: Casa do Ribeiro Frio, www.casadoribeirofrio.com

WEITERE INFOS
Auf Madeira ist auch campen möglich. Dafür braucht man allerdings eine Genehmigung. Sie ist kostenfrei und kann beim Amt für Wald- und Naturschutz beantragt werden: simplifica.madeira.gov.pt/services/7-22-101.

LEBENSSPENDER – DIE LEVADA DAS 25 FONTES

Ein Geheimtipp sind die 25 Quellen nicht, schließlich rühmt jeder Reiseführer die wilde Schönheit der Landschaft von Rabaçal. Wer diese Levada-Wanderung alleine genießen möchte, muss sich bei schlechtem Wetter aufmachen. Doch auch an solchen Tagen trifft man vermutlich noch Gleichgesinnte. Die Wanderung deshalb auslassen? Auf gar keinen Fall. Am besten wartet man, bis sich nach 15 Uhr das Gedränge lichtet.

Rabaçal bedeutet »unberührt«, »jungfräulich«, und tatsächlich wirkt das Gebiet unberührt. Hier gibt es nur einige Ferienhäuser, ein Gebäude der Forstverwaltung und Picknickplätze. Dass es Rabaçal überhaupt auf die Landkarte geschafft hat, verdankt es seinen insgesamt fünf Levadas. 1824 wurde mit dem Bau des ersten dieser Bewässerungskanäle begonnen. Die Arbeiten zogen sich über Jahrzehnte hin und wurden erst Ende der 1960er-Jahre abgeschlossen. Und irgendwo mussten Ingenieure und Arbeiter ja wohnen. Also errichtete man – mitten im Wald – einige Unterkünfte.

Naturschutzgebiet Natura 2000

Von der Straße ER 110, die über die Hochebene Paúl da Serra führt, zweigt ein Fahrweg nach Rabaçal ab. Ein Blick auf das tiefer liegende Waldgebiet genügt, um zu wissen, dass die Zivilisation sich noch nicht bis hierher vorgearbeitet hat. Und dabei soll es auch bleiben: Die Lorbeerwälder Zentralmadeiras sind nämlich Teil des Naturschutzgebiets Natura 2000. Die Idee, das Tal der Ribeira da Janela mit einer Seilbahn zu erschließen, stand zwar lange Zeit im Raum,

doch wer am Ende des Levada-Pfads den Felskessel sehen will, in den sich 25 Bäche stürzen, muss weiterhin zu Fuß gehen.
Am Parkplatz an der ER 110 wartet allerdings ein Shuttlebus auf die Wandernden und bringt diese bis zum Forsthaus von Rabaçal. Auf diese Weise spart man sich 200 Höhenmeter, aber vor allem zwei Kilometer staubige Schotterstraße. Anschließend weist die Wanderung kaum mehr einen Höhenunterschied auf: Rabaçal liegt auf 1065 Meter Höhe, der Felskessel etwas tiefer auf 1000 Meter. Das spannende Abenteuer beginnt ohnehin erst jetzt, beim Forsthaus, dem Posto Florestal. Die Forstwache hat in Portugal einen hohen Stellenwert. Auf dem Festland müssen die Korkeichenwälder geschützt werden, auf Madeira sind es die Lorbeerwälder.

Ein Felskessel und 25 Sturzbäche

Ab nun folgen wir dem Holztäfelchen mit der Aufschrift »25 Fontes«. Ist der Wanderweg anfangs noch breit genug, dass man zu zweit oder dritt nebeneinander gehen kann, ist damit aber bald Schluss. Der Pfad ist so schmal, dass gerade noch eine Person Platz hat. Wir gehen gegen die Fließrichtung des Wasserlaufs, und falls Gegenverkehr kommt, muss auf den schmalen Mauerrand des Kanals ausgewichen werden.

← Das Ziel ist erreicht: Nach einer mehrstündigen Wanderung durch die Hochebene bei Rabaçal öffnet sich der Felskessel mit den 25 Quellen. Wer möchte, kann nachzählen.

Die Levada das 25 Fontes enttäuscht die Erwartungen nicht und bietet alles, was eine solche Wanderung ausmacht: Das Holz der Erikasträucher steht zu beiden Seiten mannshoch, und die Krümmung hat an einigen Stellen regelrechte Holztunnel geformt. Die richtigen Tunnel, die man mit gezückter Taschenlampe begeht, kommen später. Dann verschwindet die kleine Levada plötzlich in einer Felsengalerie – und wir mit ihr, weil nur die Levada den Weg vorgibt, nichts sonst. Aber wenigstens fällt immer wieder Tageslicht in die Galerie. In den Fels gehauene Treppen führen hinunter, dann wieder hinauf. Über eine Steinbrücke queren wir die Schlucht der Ribeira da Janela. Der Weg wird wieder schmaler. An der Talseite wächst dichte Baumheide und lässt den Abhang weniger gefährlich erscheinen. Vorsicht beim Gehen ist immer angebracht. Immer wieder kommen einem Levada-Wandernde entgegen und nicht selten größere Gruppen. Das Warten und Ausweichen ist manchmal mühsam. Aber wenn das Wetter passt, dann ist Rabaçal eben der Favorit. Dann tut sich der Felskessel vor uns auf, und es wird klar, warum man diesen Ort nie oder fast nie für sich allein haben kann. Die Wände moosbehangen, Riesenfarne allerorts, die Luft angenehm kühl. Wer will, kann nachzählen, ob tatsächlich 25 Sturzbäche von der Felswand rauschen. Aber egal, das Naturschauspiel, das sich hier bietet, ist auf jeden Fall großartig. In der Mitte des Kessels hat sich ein kleiner See gebildet, der an einem heißen Tag durchaus zum Baden einlädt. Eine Stunde Gehzeit liegt hinter uns, der Rückweg vor uns. In Gegenrichtung zeigt sich der Wanderweg von einer anderen Seite. Unterwegs sieht man vieles anders und manches zum ersten Mal.

INFO

LEVADA DO RISCO

Eine kürzere und unproblematische Variante im Gebiet von Rabaçal ist die Wanderung entlang der Levada do Risco. Ausgangspunkt ist – wie bei der Levada das 25 Fontes – der Parkplatz an der Straße ER 110 bzw. das Forsthaus in Rabaçal. Der Weg führt durch einen urigen Baumheidewald. Zwischendurch erlauben Lichtungen einen Blick auf die Levada das 25 Fontes, die sich unten im Tal ihren Weg bahnt. Endpunkt der Wanderung sind die zwei Kaskaden des Risco-Wasserfalls auf 1260 Meter Höhe. Aus gut hundert Metern stürzt das Wasser über die Felswand herunter. Ein Pfad führt noch ein Stückchen weiter, zwischen Felsen und durch einen Tunnel unter dem Wasserfall hindurch. Dann gibt es aber kein Weiterkommen mehr. Auf dem demselben Weg zurück erreicht man nach einer knappen Stunde wieder das Forsthaus von Rabaçal.

WEITERE INFORMATIONEN

visitmadeira.com
cmcalheta.pt

35

AUF NEBEL FOLGT SONNE, IMMER WIEDER

SCHOTTLAND IM SÜDEN – PAÚL DA SERRA

Nebelschwaden, Hochmoor, Einsamkeit. Der Wind bläst unaufhörlich. Wenn jetzt noch eine trutzige Wehrburg zum Vorschein kommt, würde man ernsthaft zweifeln, ob einen eine höhere Macht nicht etwas zu weit nach Norden getragen hat. Aber wir sind nicht in Schottland, sondern immer noch mitten im Atlantik, auf der Höhe von Casablanca. Madeira hat sich neu eingekleidet.

Die Übersetzung für Paúl da Serra lautet »sumpfiges Gebirge«. Ganz so schlimm, wie der Name vermuten lässt, ist die Hochebene nicht. Die steilen Hänge sind verschwunden und haben einer weiten Ebene und sanften Kuppen Platz gemacht. Das 24 Quadratkilometer große Hochplateau ist die einzige zusammenhängende, ebene Fläche auf der Insel. Und auch die einzige schnurgerade Straße Madeiras verläuft hier oben. Highway-Gefühle kommen auf, und Radfahrende, die auf Madeira wirklich nicht zu beneiden sind, können ausnahmsweise einmal locker in die Pedale treten.
Es gab einmal Pläne, den Flughafen hier anzusiedeln, doch die Wetterverhältnisse verhinderten dies. Zum Glück. Die einmalige Landschaft in Madeiras Mitte wäre unwiederbringlich verloren gegangen. Je früher man unterwegs ist, desto größer die Chance, die Hochebene unter einem noch wolkenlosen Himmel zu erleben. Wir befinden uns zumeist auf 1200 bis 1500 Metern Meereshöhe, und vor allem im Frühjahr und Herbst wechselt das Wetter oft und schnell. Wo eben noch blauer Himmel war, ziehen schon wieder Wolken auf. Erneut tut sich ein vielversprechendes Sonnenfenster auf, Minuten später ist die Hochfläche im Nebel verschwunden. Schottland eben.
Taucht im Nebel ein Verkehrsschild mit dem Kuhsymbol auf, kann man sicher sein, dass die Kuh nicht lange auf sich war-

ten lässt. Plötzlich steht sie da, mitten auf der Straße und schaut, wie Kühe eben schauen, gelangweilt in Richtung Auto. Wenn sie den Zeitpunkt für gekommen hält, trollt sie sich, wenn nicht, muss man sich eben noch gedulden. Vielleicht bricht gerade wieder die Sonne durch, dann ist es Zeit, das herrliche Panorama zu genießen.

Zwei Wege führen ans Ziel

Die Hochebene kann man von Süden kommend durch das Tal der Ribeira Brava über Serra de Água erreichen und von Norden mit Start in São Vicente. Dann ist der Encumeada-Pass der Startpunkt für eine Fahrt über die Hochebene. Die Nord-Süd-Strecke ist im letzten Abschnitt eine für Madeira typische Gebirgsstraße: steil und kurvig. Sehr viel gemütlicher ist die Anfahrt aus nordwestlicher Richtung mit Start in Porto Moniz. Auch da kann der Nebel manchmal seltsame Spielchen treiben. War die Sicht am Meer noch gut, umgibt einen nur wenig später ein feuchtgrauer, zäher Schleier. Am liebsten würde man umkehren. Es dauert nicht lange, und wieder ist alles anders. Auf 1000 und mehr Metern strahlt die Sonne unter einem blauen Himmel, nur der Blick ins Tal wird von einem dichten Wolkenband verdeckt.
Mit diesen Verhältnissen muss sich abfinden, wer die Hochfläche und die Berge Zentralmadeiras erkunden will. Es nicht zu tun, wäre eine Sünde. Und wenn sich das Wetter von seiner guten Seite zeigt, was ja sehr oft auch der Fall ist, dann ist eine Fahrt über die Paúl da Serra ein großartiges Erlebnis. Und es wird noch großartiger, wenn man das Auto für einen ausgedehnten Spaziergang stehen lässt. Sogar eine Gipfelwanderung bietet sich an.

Wandern zum Pico Ruivo do Paúl

Der Pico Ruivo do Paúl ist mit rund 1640 Metern die höchste Erhebung auf der Hochebene. Ein drei Meter hohes, gemauertes Vermessungszeichen markiert den Gipfel, wobei die Bezeichnung »Gipfel« für den rundlichen Hügel eine kleine Übertreibung darstellt. Der Parkplatz an der Straße bei der Abzweigung zum Forsthaus Estanquinhos liegt auf 1500 Meter Höhe, sodass nur noch etwas mehr als 100 Höhenmeter zu überwinden sind. Es ist mehr ein Spaziergang, als eine Wanderung. Hin- und Rückweg sind in anderthalb Stunden leicht zu schaffen, »Gipfelpause« inklusive.

Eine Levada, so klein, dass man es nicht einmal für nötig befunden hat, ihr einen Namen zu geben, führt zu einer einsam in der Landschaft stehenden Pappel, der man ansieht, dass sie seit Jahr und Tag mit dem Wind zu kämpfen hat. Wir wandern durch gelben Stechginster, dann durch einen jungen Fichtenwald. Dieser Jungwald, das Ergebnis von Aufforstungsmaßnahmen seitens der Regionalverwaltung, wird irgendwann von dichtem Farn abgelöst. Schließlich wird in der Ferne die nackte Kuppe des Pico Ruivo do Paúl sichtbar. Im Osten schauen wir auf die Berge Zentralmadeiras, und im Norden und Süden entweder weit hinaus auf den Atlantik oder – ach ja, das Wetter – auf ein weißes Wolkenband, was durchaus auch seinen Reiz haben kann.

Etwas Besonderes: der Heidewald

Trotz Wetterkapriolen und kühlen Temperaturen lassen sich die Einheimischen nicht von Ausflügen und Picknicks auf der Hochebene abhalten. Die Grillstellen entlang der Wanderwege sind am Wochenende besetzt. Dann ist es auf der Hochfläche nicht mehr ganz so einsam, wie man sich das vorgestellt hat. Das gilt auch für einen zweiten, sehr schönen Aussichtspunkt in der Nähe. Der Bica da Cana ist mit seinen 1580 Metern wie der Pico Ruivo do Paúl ebenfalls nur geringfügig höher als die Umgebung. Der kurze Weg von der Straße überrascht mit einer botanischen Besonderheit, dem sehr selten gewordenen Heidewald. Die Macchia-Pflanze, die den größten Teil der Hochfläche bedeckt, entstand in Jahrhunderten durch die Kahlschläge. Der Heidewald von Bica da Cana hat überlebt.
Ähnlich ist die Landschaft auch entlang der Levada do Paúl, die unterhalb der Straße entlangführt. Hier weiden Schafe, Ziegen und Kühe. An der Straße, unweit des Parkplatzes zu den 25 Quellen von Rabaçal, steht die Fátima-Kapelle. Das Kirchlein ist noch immer Ziel von Wallfahrten, die ein Stück weiter östlich an der Straße nach Ribeira Brava beginnen.

↖ Nur der schmale Wasserlauf verrät, wo man gerade ist.
↗ Sturzbäche, wohin man schaut.

Der Ausgangspunkt wird von einer Christusstatue beherrscht, die auf einem Natursteinsockel thront und die Gläubigen empfängt, die scharenweise mit Autobussen hier heraufgebracht werden.

Zukunft erneuerbare Energie

Auf der Weiterfahrt Richtung Encumeada-Pass stehen die Windräder des Parque Eólico, sichtbarer Versuch der regionalen Behörden, die Insel mit klimafreundlichem Strom zu versorgen. Eine Million Feriengäste im Jahr haben Wasser- und Stromverbrauch in ungeahnte Höhen getrieben. Die Trinkwasserversorgung hat man dank großer Speicher in den Bergen einigermaßen im Griff, die erneuerbare Stromerzeugung hinkt noch etwas hinterher. Die Windkraft steuert aktuell 33 Prozent der benötigten Elektrizität bei. Wind herrscht auf der Insel zwar im Überfluss, das Problem ist jedoch, ihn einzufangen. Und deswegen soll der Windpark auf der Hochfläche Paúl do Serra weiter wachsen. Nur hier lässt die Inseltopografie den Bau von Windrädern zu.

Die Kanareninsel El Hierro dient mit ihrem System aus Pumpspeicherwerken und Windgeneratoren übrigens als Vorbild. Und so soll die Wasser-, Wind- und Solarenergie in den kommenden Jahren weiter ausgebaut werden. Ziel ist, dass künftig dann mehr als die Hälfte des benötigten Stroms aus erneuerbarer Energie erzeugt wird. Die Vorfahren bauten die Levadas und leiteten damit das Wasser aus dem Norden in die trockenen Gebiete des Südens – gerade die regenreiche Hochfläche Paúl do Serra spielte dabei eine wichtige Rolle. Jetzt steht man vor einer neuen Herausforderung, aber Erfindungsreichtum und Unternehmergeist wurden auf Madeira schon immer großgeschrieben.

Der Windpark und die damit verbundenen Zukunftspläne rauben dem »schottischen« Hochplateau etwas von seinem archaischen Charme. Aber nur für kurze Zeit, denn bald bestimmt wieder die einsame Landschaft das Bild. Ein Bild, das eine wunderbare Fernsicht bietet oder Nebelschwaden und Wolkenbänder. Wie gesagt, beides kann sich innerhalb von Minuten ändern. Wer auf Nummer sicher gehen will, muss früh aufstehen. In den Morgenstunden sind die Chancen, einen wolkenfreien Himmel zu erleben, am größten.

↑ Flaches Land in Madeiras Mitte. Die Landschaft erinnert an eine Mischung aus Norwegen und Schottland. Der Süden ist weit weg.

→ Wenn sich die Nebel lichten und den Blick freigeben, entdeckt man die Insel neu. Die trockenen Felder des Südens und die Wälder der Nordküste haben einer karstigen Steppenlandschaft Platz gemacht.

INFO

EINE NACHT IN DEN BERGEN

Vielleicht hat man sich in die Einsamkeit der Paúl da Serra verliebt und verspürt wenig Lust, sofort wieder ins Tal zu brausen – mit etwas Glück ist am nächsten Tag keine Wolke am Himmel, und man erlebt einen fantastischen Sonnenaufgang. Oder man möchte noch eine Levada-Wanderung in aller Ruhe unternehmen. In solchen und anderen Fällen kann man im Hotel Pico da Urze übernachten, das unübersehbar an der Straße steht. Ein Schild mit der Aufschrift »Jungle Rain Café« gibt Anlass für allerlei Vermutungen. Und tatsächlich ist das Jungle Rain Café eine Dschungelwelt aus Kunststoff mit Gorillas und Elefanten. Geschmäcker sind bekanntlich verschieden, aber Hauptsache, der saftige Fleischspieß schmeckt, und im Pico da Urze ist ein Zimmer frei. Da darf ein Restaurant auch ein bisschen schräg sein.

WEITERE INFORMATIONEN

Jungle Rain Café, Estreito da Calheta, Tel. 00351 291 82 01 50

→ Vom Portela-Pass mit dem Aussichtspunkt Miradouro da Portela hat man den schönsten Blick auf den Atlantik und den berühmten Adlerfelsen.
↑ Hoffentlich kommt niemand entgegen! Viele Levadas – Madeiras Wasserkanäle – wurden in den Fels gehauen, so wie hier die Levada zu den 25 Quellen bei Rabaçal.
← Hochebene bei Rabaçal

Nur 1000 Meter hoch, aber Kurven ohne Ende: Die Fahrt über den Encumeada-Pass ist ein Erlebnis. Zahlreiche Miradouros am Straßenrand fordern zu Haltepausen auf.

36

AUSBLICK NACH SÜDEN UND NORDEN

AM MITTELPUNKT – DER ENCUMEADA-PASS

Natürlich lässt sich der Encumeada-Pass vermeiden, indem man zum Beispiel nicht über die Berge fährt, sondern unten durch. Aber warum sollte man? Im Gegenteil: Es gibt viele gute Gründe, die für den Übergang in der Mitte Madeiras sprechen.

Mit einer Höhe von knapp über 1000 Metern ist der Encuemeada der niedrigste Gebirgspass der Insel. Und trotzdem ist er der einzige, von dem aus man – gute Sicht vorausgesetzt – sowohl auf die Süd- als auch auf die Nordküste schauen kann. Darüber hinaus ist der Encumeada-Pass der Ausgangspunkt oder Zielort mehrerer Wanderungen, die zu den schönsten Madeiras zählen.

Der drei Kilometer lange Straßentunnel unter dem Sattel verkürzt die Strecke von Ribeira Brava nach São Vicente erheblich. Auf diese Weise verpasst man jedoch die Aussicht von der Passhöhe genau auf diese Orte: das Tal der Ribeira Brava im Süden und São Vicente im Norden. Man kann den Encumeada-Pass auch von Westen über die Hochebene Paúl da Serra anfahren und dabei schon im Vorfeld jede Menge Ausblicke genießen.

Bereits entlang der Straße hat man das Gefühl, dem Urwald zumindest sehr nahe zu sein. Die Wanderung an der Levada do Norte zum Folhadal-Wald bestätigt diese Vermutung. Sind anfangs Agapanthus, eine Schmucklilie, und der – im Frühjahr blau blühende – Natternkopf die Begleiter, ändert sich die Landschaft zusehends. Die Levada verschwindet in einem Tunnel, in dem man beinahe zehn Minuten unterwegs ist (Taschenlampe!). Sieht man dann endlich das sprichwörtliche Licht am anderen Ende des Tunnels, ist die Blumen- und Blütenpracht verschwunden, und der Weg führt durch unberührten Urwald mit Hortensien, Farnen und Lorbeerbäumen. Knurrt nach der Wanderung der Magen, gibt es am Pass die Bar Encumeada. Die Empanadas, mit Thunfisch oder Fleisch gefüllte Teigtaschen, genießen einen hervorragenden Ruf.

Wenn die Straßen von Blumen übersät sind, dann wird in Serra de Água das Fest des Herrn gefeiert. Die Prozession ist für das ganze Dorf der Höhepunkt im Jahr.

37

DIE ZÄHMUNG DES WILDEN FLUSSES

KIRCHE UND KIRMES – SERRA DE ÁGUA

Das kleine Bergdorf im Hinterland von Ribeira Brava platzt nach Mariä Himmelfahrt aus allen Nähten. Wie kaum ein anderes Kirchenfest auf Madeira verbindet die Festa do Senhor Santíssimo Sacramento Glaube und Volksfest, Tradition und Lebensfreude.

Serra de Água ist 30 Kilometer von Funchal entfernt und der einzige Ort entlang der Süd-Nord-Verbindung von Ribeira Brava nach São Vicente. Seitdem im Jahr 2000 der Encumeada-Tunnel für den Verkehr freigegeben wurde, ist das Dorf vom Durchgangsverkehr, der bis dahin über den Pass führte, nicht mehr ganz so geplagt.

Im Zuge der Straßenbauarbeiten wurde auch der Ribeira Brava verbaut. Mag ja sein, dass der »wilde Fluss« seinem Namen ab und zu alle Ehre gemacht hat, aber so viel Unheil kann kein Wildbach anrichten, um eine derartige Verbauung zu rechtfertigen. Das Betonkorsett sprengt alle Dimensionen.

Den Blick in die Höhe gerichtet, darf man durchaus von einer Idylle sprechen. Das Hochtal, in dem die Streusiedlung liegt, ist dicht bewaldet, und die Berge haben sich wie ein Schutzschild um den Ort gelegt. Wäre da nicht die Blumenpracht, die Serra de Água im Übermaß beschenkt, man möchte meinen, im Hochgebirge zu sein. Dabei liegt das Dorf lediglich 600 Meter über dem Meer.

Die Blumen spielen am Festtag einige Tage nach Mariä Himmelfahrt eine Hauptrolle. Rund um die Kirche werden Teppiche aus Blumen auf der Straße gezaubert und weisen den Weg für die Prozession am Nachmittag. Die Musikkapelle ist schon seit den Morgenstunden im Einsatz, als eine Art Weckruf für die Menschen im gesamten Talkessel. Die Prozession endet in der Ortskirche, die an diesem Tag mehr als sonst ihrer Mittelpunktfunktion nachkommt.

Die Gläubigen sind Zuschauer gewohnt. Und ist die religiöse Zeremonie zu Ende, macht es sowieso keinen Unterschied mehr, woher man kommt und welche Sprache man spricht.

DER EXPORTSCHLAGER MADEIRAS

EIN DESSERTWEIN EROBERT DIE WELT – SAÚDE!

Neben Fußballstar Cristiano Ronaldo und der Vielfalt an Pflanzen ist das wohlbekannteste Wahrzeichen Madeiras der gleichnamige Likörwein. Den gibt es schon fast so lange, wie die Insel besiedelt ist – also seit dem 15. Jahrhundert. Und von hier aus fand der Madeira-Wein seinen Weg fast in alle Welt und in aller Munde.

Wir schreiben den 4. Juli 1776, als die 13 britischen Kolonien in Nordamerika ihre Unabhängigkeit von der englischen Krone erklärten und darauf anstießen – angeblich mit Madeira. An der Ostküste Nordamerikas war der Dessertwein damals besonders beliebt; ein Viertel der Weltproduktion wurde hier konsumiert. So sollen George Washington und Thomas Jefferson Madeira gern und regelmäßig genossen haben. Aber auch in England und den Niederlanden hatte man etwas für den feinen Tropfen übrig. Durch die strategische Lage Madeiras mitten im Atlantik als

Zwischenstation für den Schiffsverkehr zwischen der Alten und der Neuen Welt gelangte der Likörwein überall hin. Der Transport auf den Schiffen hatte dessen unverwechselbaren Geschmack überhaupt erst möglich gemacht.
Bereits kurz nachdem Madeira im 15. Jahrhundert besiedelt wurde, begann man mit dem Anbau von Wein. Das milde, fast schon subtropische Klima und der nährstoffreiche Boden vulkanischen Ursprungs boten ideale Bedingungen. Angebaut wurde zum Beispiel die Malvasia-Traube, aus der Malmsey wurde. In einem Fass dieses Madeira-Weins soll Georg Plantagenet Herzog von Clarence und jüngerer Bruder des englischen Königs Edward IV. 1478 hingerichtet worden sein – auf eigenen Wunsch. Die kommerzielle Produktion von Wein ist erst seit Ende des 16. Jahrhunderts dokumentiert. Damit der Wein auf den langen Seereisen nicht so schnell verdarb, wurde ihm 96 prozentiger Branntwein (aus Zuckerrohr) zugesetzt. Das stoppte die Gärung, bevor der gesamte Zucker zu Alkohol umgewandelt werden konnte. Deswegen sind Madeira-Weine oft süß und enthalten 17 bis 20 Volumenprozent Alkohol. Gleiches passiert übrigens auch beim Portwein und Sherry. Was den Madeira-Wein (fast) einzigartig macht, ist dem Zufall geschuldet. Im 17. Jahrhundert entdeckten die Seeleute: Je länger die Reise dauerte, und je heißer es war, desto besser wurde der Wein. Denn durch die Hitze wurde der enthaltene Zucker teilweise karamellisiert, wodurch das besondere Aroma und die Farbe entstanden.

Der ewige Wein

Die Zugabe von Hitze wurde im 18. Jahrhundert zum Standard. Früher nutzte man einfach die langen Seereisen nach Südamerika oder Afrika und wieder zurück – und nannte die Methode *torna viagem* (»eine Reise machen«) und den Wein *vinho da roda* (von drehen, rotieren). Es gibt noch einige dieser Exemplare, unbezahlbare Raritäten. Denn später wurde dieses traditionelle Verfahren ersetzt. Zum einen kann der Madeira über einen langen Zeitraum natürlich erhitzt werden – in Fässern unterm Dach oder speziellen Reifehäusern. Das Ganze nennt sich *canteiro*. Der Reifungsprozess lässt sich um einiges beschleunigen – künstlich mit der *Estufagem*-Methode. In riesigen Behältern wird der Wein mindestens drei bis sechs Monate auf 45 bis 50 Grad Celsius erhitzt und anschließend vorsichtig abgekühlt, und dann in Holzfässern gelagert, wo er reift. Erst ab dem Zeitpunkt erfolgt die Einstufung des Alters. Nach drei Jahren gibt es den nicht so hochwertigen »Finest« oder »3-year-old«, gefolgt vom *Seleccionado*. Die edleren Tropfen brauchen mindestens fünf bis 15 Jahre und heißen dann *Reserve, Special Reserve* und *Extra Reserve*. Der *Vintage*-Madeira reift erst mindestens 20 bis 50 Jahre im Fass und dann noch mal zwei in der Flasche.
Angebaut werden die Rebsorten des Madeira heute auf einer Fläche von 400 bis 500 Hektar rund um die Orte Câmara de Lobos, São Vicente und Santana. Der Wein wächst auf kleinen Parzellen, sogenannten *poios*, die sich terrassenförmig an die steilen Berghänge schmiegen, auf niedrigen Pergolen. Hier kommen Maschinen nicht hin. Zu den vier häufigsten Rebsorten zählen die trockene Sercial, die halbtrockene Verdelho, die halbsüße Bual und die süße Malvasia. Seltener und edler ist Terrantez. Für einfacheren Madeira wird die rote Tinta Negra angebaut.

↑ Madeira wird auf Terrassenfeldern angebaut und per Hand geerntet.
↑ Bunte Kostüme sind Teil des Weinfests, auf dem der Madeira im Mittelpunkt steht.
← Madeira soll stehend gelagert werden, damit ein schlechter Korken nicht den teuren Wein verdirbt.

38

ÜBER DEN WOLKEN WANDERN

GIPFELGLÜCK – PICO DO ARIEIRO UND RUIVO

Der Wanderführer verspricht einen traumhaften Sonnenaufgang, der Reiseführer einen fantastischen Sonnenuntergang. Und was sieht man? Nebelschwaden. Dicke Wolken. Ausgerechnet heute. Zum Glück gibt es António, den bergerfahrenen Hauswirt. Schon am Vortag hämmerte er uns ein: »Macht euch früh auf den Weg, ab dem späten Vormittag scheint die Sonne.« Und tatsächlich: António hatte Recht.

Die Paradebergtour auf Madeira ist ein großartiges Abenteuer, das allerdings nur geübten, schwindelfreien und konditionsstarken Wandernden vorbehalten bleibt. Der Pfad führt vom dritthöchsten Berg Madeiras, dem Pico do Arieiro (1818 m), zum höchsten Gipfel, dem Pico Ruivo (1862 m). Dabei wird die Nummer 2 des Dreigestirns, der Pico das Torres (1851 m), umgangen. Alle drei Gipfel liegen auf einer Nord-Süd-Linie. Mit Ausnahme des markanten Pico Grande (1655 m), der das Zentralmassiv im Westen begrenzt, laden Madeiras schönste Gipfel auf engstem Raum zu einer Begehung ein.

In Funchal scheint die Sonne, die Berge sind durch Wolken verhüllt. Am Informationszentrum des Pico do Arieiro angekommen, hat man beides, nämlich blauen Himmel und Wolkenwatte. Es ist wie im Flugzeug: freier Blick auf die Bergspitzen, Täler und Meer unter einer geschlossenen Wolkendecke versteckt. Der Tag beginnt – wie so viele im Zentralmassiv der Vulkaninsel – über den Wolken, also sonnig und trocken, während es weiter unten neblig und regnerisch sein kann. Die feuchten Passatwinde und die Höhenlage sind wetterbestimmend. Zwischen 1000 und 1500 Meter halten sich die regenschwangeren Passatwolken oft hartnäckig, während darüber die Sonne scheint.

Die Kräfte der Natur und ihre Farben

Die Gipfeltour führt einmal mehr die Entstehungsgeschichte Madeiras vor Augen. Über Tausende von Jahren kam es immer wieder zu Eruptionen. Die Insel hat keinen zentralen Krater, sondern die Lava drang aus vielen Öffnungen und gestaltete eine bizarre Landschaft. Wo die Naturkräfte am stärksten wirkten, bildete sich das Zentralmassiv. Hartes Vulkangestein glänzt schwarz oder schimmert gelbbraun und kupferrot. Der rötlichen Farbe des Gesteins hat der Pico Ruivo seinen Namen zu verdanken. Felsnadeln kämpfen an schwindelerregenden Abbrüchen um ihre Existenz. Immer wieder stehen Felsblöcke am und im Weg. Sie sehen wie unfertige Skulpturen aus, als ob ein Künstler die Geduld verloren und die begonnene Arbeit abrupt beendet hätte.

Von Funchal führt die Straße über Monte und den Poiso-Pass zum Parkplatz beim Pico do Arieiro. Ein erster, etwas irritierender Blickfang ist die Radarstation der Nato mit Observatorium, eine futuristisch anmutende, einem überdimensionalen Golfball ähnliche Kugel. Im Informationszentrum können die »Lerchen« unter den Bergsteigenden noch einen Café trinken. In der Gipfelbar wird auch eine ausgezeichnete Poncha serviert. Die sollte man sich aber besser für die Rückkehr aufsparen. Hier in den Felsnischen des Pico do Arieiro nistet eine der seltensten Vogelarten der Welt: der Madeira-Sturmvogel. Der Bestand war lange Zeit gefährdet, hat sich aber in den vergangenen Jahren etwas erholt und ist auf mehr als 80 Brutpaare angewachsen. Hinsichtlich Schutz der Vögel und Natur wird die Radarstation auf dem Gipfelplateau kritisch betrachtet. Mehr über den Madeira-Sturmvogel erfährt man in der Dokumentationsstelle im Informationszentrum Centro Freira da Madeira. Je nach Jahreszeit werden auch Führungen angeboten.

↖ Zwei Gipfel, eine Gratwanderung.
↗ In den Bergen Zentralmadeiras sind die Steige immer wieder von Drahtseilen gesichert. Wer Bergtouren unternimmt, sollte wetterfeste Kleidung und genügend Trinkwasser dabei haben.

Gute Vorarbeit im Fels

Zwei Aussichtspunkte locken auch Gäste auf Stippvisite. Etwa zehn Minuten vom »Golfball« entfernt befindet sich der Miradouro do Juncal, eine Aussichtsterrasse, von der aus man das Tal von Fäja da Nogueira und die Nordküste überblickt oder eben nur auf eine Wolkendecke schaut. Um den etwas weiter entfernten Miradouro Ninho da Manta zu erreichen, folgt man dem Wegweiser am Informationszentrum zum Pico Ruivo. Nach etwa 20 Minuten steht man direkt über dem Abgrund und sieht … entweder oder.

Damit ist die Sightseeing-Tour beendet, und das eigentliche Bergerlebnis beginnt. Wer jetzt weitergeht, gehört zur Gruppe der Konditionsstarken und Schwindelfreien und hat eine knapp dreistündige Bergtour vor sich, die nur möglich ist, weil vorausschauende Menschen zuvor Tunnel und Stufen in den Fels gehauen und besonders ausgesetzte Stellen mit Drahtseilen gesichert haben.

Bereits das erste Teilstück hält, was einem vorhergesagt wird: Ein – gut gesicherter – Weg führt fast senkrecht durch eine Felswand, dann folgt ein 100 Meter langer Tunnel und sofort eine ziemlich steile Steintreppe. Wer hier gearbeitet hat, durfte hoffentlich früher in den Ruhestand gehen. Ab einem bestimmten Punkt teilt sich der Weg, aber beide Varianten führen ans Ziel. Der linke Weg ist kürzer und weniger anstrengend, aber manchmal wegen Erdrutschen gesperrt. Vor dem Start sollte man sich im Informationszentrum deshalb eingehend informieren. Der letzte Teil der Wegstrecke ist verhältnismäßig leicht. Er führt durch Wald, und anstelle von Drahtseilen genügt ein Zaun aus Baumheideästen, um den Pfad zu sichern.

Auch der Mann aus Stein geht zu Fuß

Machen wir einen Sprung ans andere Ende der Gipfeltour. Von Santana führt eine Straße ins knapp 1600 Meter hoch gelegene Achada do Teixeira. Von hier aus erreicht man in einer Stunde den Pico Ruivo. Der Weg ist zum Großteil gepflastert und leicht begehbar. Nicht weit entfernt erstreckt sich eine Landschaft mit bizarren Felsformationen. Der berühmteste Stein ist der Homem em Pé, der »stehende Mensch«. Mit etwas Fantasie ist der auch tatsächlich zu erkennen. Die Menschen der umliegenden Orte erzählen sich die Sage vom einsamen Riesen im Gebirge. Besagtes Felsgebilde dürfte bei dieser Geschichte Pate gestanden haben. Jetzt muss man zurück zum Parkplatz von Achada do Teixeira, wo der Pfad zum Pico Ruivo ausgeschildert ist. Der Aufstieg beginnt auf Steinstufen, führt an Weideflächen vorbei, und schon nach kurzer Zeit kommt der unspektakulär rundliche Gipfel des Pico Ruivo in Sicht. Man erkennt zwei Steinsäulen, die den höchsten Punkt Madeiras markieren und vor denen alle, die es geschafft haben, ihr Erinnerungsfoto schießen. Unterhalb des Gipfels passiert man vorher die Schutzhütte Pico Ruivo, die während der Hochsaison bewirtschaftet ist, und kreuzt den Weg, der zum Pico do Arieiro führt. Die Sonne scheint noch immer, also kann man das Panorama genießen, das ein Rundblick von der Hochebene Paúl do Serra im Westen bis zur langgezogenen Halbinsel Ponta de São Lourenço im Osten bietet.

↑ Ein schmaler Steig verbindet die beiden höchsten Berge der Insel.
↖ Der Weg vom Pico do Arieiro zum Pico Ruivo verlangt den Bergsteigenden einiges ab, und manchmal möchte man gern mit den ← Bergziegen tauschen.

INFO

GIPFELTOUR FÜR EILIGE

Auch Untrainierte müssen nicht auf die höchsten Gipfel der Insel verzichten. Sowohl der Pico do Arieiro als auch der Pico Ruivo sind schnell und bequem zu erreichen. Anfahrtsziel für alle ist ohnehin der Parkplatz beim Informationszentrum am Pico do Arieiro. Den Pico Ruivo hingegen gibt es nicht ohne Fußmarsch. Allerdings ist der Steinplattenweg von Achada do Teixeira zum Gipfel weder anstrengend noch gefährlich. Eine knappe Stunde dauert die gemütliche Wanderung. All jene, die den Pfad vom Pico do Arieiro zum Pico Ruivo hinter sich haben und auf den Rückweg gern verzichten würden, müssen sich organisieren. Die Rettung ist ein zuverlässiges Taxiunternehmen, das einen frühmorgens zum Startpunkt fährt und am Nachmittag auf dem Parkplatz in Achada do Teixeira wieder abholt.

WEITERE INFORMATIONEN

visitmadeira.com

AN DER LEVADA DO CALDEIRÃO VERDE

ZUM GRÜNEN KESSEL – NATURPARK QUEIMADAS

Es gibt unzählige Levada-Wanderungen zwischen Funchal und São Vicente, Porto Moniz im Nordwesten und der Ponta da São Lourenço im Südosten der Insel. Zu den schönsten zählt die Wanderung zum Caldeirão Verde im Parque Florestal das Queimadas. Die größte Schwierigkeit wartet am Startort in Queimadas. Hat man dort eine Parklücke gefunden, schafft man auch den Rest des Unternehmens.

Zwischen vier und fünf Stunden ist man im Urwald von Queimadas unterwegs. Ein öffentliches Verkehrsmittel fährt nicht in den 860 Meter hoch gelegenen, winzigen Ort, den man nur mit einem Mietwagen oder Taxi erreicht. Die Straße in den Naturpark wird immer schmaler und holpriger. Die Bäume und Sträucher und das meterhohe Farnkraut zu beiden Seiten geben einen kleinen Vorgeschmack auf das Kommende. Zuerst aber kommt eine Handvoll Häuser. Darunter finden sich zwei mit typischen steilen Strohdächern, die allerdings wesentlich größer sind als jene in Santana. In einem der Gebäude ist die Forstbehörde untergebracht. Im Gegensatz zum tiefer gelegenen Santana ist es

hier oben feucht und kühl. Nicht zufällig wachsen und sprießen sämtliche Pflanzen um die Wette.

Tierisch vergnügt

Queimadas wirkt wie ausgestorben. Nur aus einem eingezäunten Freigehege hört man aufgekratztes Grunzen und lautes Quieken. Die Schweine oder besser gesagt, die Schweinchen, sind Eigentum der Fortverwaltung. Die Tiere gehören einer ebenso kleinen wie zähen Rasse an, die angeblich schon von den ersten Siedelnden auf der Insel eingeführt wurde. Demnach müssten die Vorfahren der Schweinchen schon im 15. Jahrhundert hier im Dreck gewühlt haben. Dem Zustand des Bodens im Schweinestall nach zu urteilen, ist dies eine durchaus plausible Theorie.

Wenn der Rhododendron blüht

Am besten besucht man den Naturpark Queimadas im Frühling, wenn in der Zeit um Ostern der Rhododendron blüht. Sprechen wir in den Gärten und Parks auf dem europäischen Festland von Rhododendronbüschen, haben wir es auf Madeira mit Bäumen zu tun. In Queimadas blühen sie in einer kleinen Parkanlage, die man in dieser Wildnis nicht erwartet hätte.
Auf breiten Spazierwegen, die an Brunnen und einem Teich vorbeiführen, lässt sich der Park erkunden. Die armdicken Äste des Heidekrauts liefern das Baumaterial für Zäune und Geländer. Je nach Jahreszeit zeigen Hortensien, Agapanthus, Natternkopf und Azaleen ihre bunten Blüten. Aber keine Sorge: Irgendetwas blüht fast immer. Nicht zu übersehen sind jedoch die Rhododendronbäume, die hier zu gigantischen Höhenflügen ansetzen. In Queimadas empfängt einen ein regelrechter Rhododendronwald, der die Fahrt ins Hinterland von Santana auf jeden Fall lohnt. Aber das eigentliche Ziel bleibt natürlich der »grüne Kessel« Caldeirão Verde.

Eintauchen in den Ur-Wald

Die beeindruckende Levada wurde vor rund 250 Jahren in unwegsamem, felsigem Gelände angelegt. Der Wasserlauf führt in westlicher Richtung ins Tal der Ribeira do São Jorge. Hier hat der Fluss eine tiefe Schlucht in das weiche Vulkangestein gegraben. Immer wieder wird man entlang der Levada an die Entstehungsgeschichte der Insel erinnert: hier eine Felsnadel, dort ein Taleinschnitt, Sturzbäche donnern in die Tiefe. Sehr schnell umgibt die Wandernden eine völlig neue Welt. Der blühende Rhododendronpark ist verschwunden und hat Rotbuchen, Sicheltannen, Kanaren-Wacholder und Heidekrautbüschen Platz gemacht. Bald kommen die ersten Lorbeerbäume in Sicht. Die uralten Bäume stehen inmitten von meterhohem Farnkraut. Flechten hängen von den Ästen, die Stämme sind moosbewachsen. Ein Blick in den Wald ist ein Blick in eine uralte Geschichte dieser Insel.
Der Pfad entlang der Levada ist anfangs noch sehr breit. Man kann die Aufmerksamkeit noch auf die Pflanzenwelt richten, ohne besonders darauf zu achten, wohin man seine Füße setzt. Auch die heimische Vogelwelt ist im Naturpark mehr als in anderen Inselregionen zuhause, im üppigen Dickicht aber nicht leicht zu entdecken. Bald wird der Pfad entlang der Levada schmaler und gewinnt an Höhe.

Unterm Wasserfall und in düsteren Tunneln

Höhepunkt dieses ersten Abschnitts ist ein Wasserfall, den es zu unterqueren gilt. Ein kleiner Umweg ist dabei in Kauf zu nehmen, dafür bleibt man trocken. Über eine Steinbrücke geht es weiter talauswärts. Kurz rückt die Nordküste mit São Jorge ins Blickfeld. Das Augenmerk aber gilt dem Pfad, der stellenweise so schmal ist, dass man auf das Begrenzungsmäuerchen steigen und dort weitergehen muss. Drahtgeländer sichern diese Abschnitte.

← Verwunschene Gegend. Ein Rhododendronpark ist das Eingangstor in den Naturpark Queimadas.
↗ Von Queimadas führt die Levada in den Caldeirão Verde.

Schon wartet das nächste Abenteuer. Die Levada verschwindet in einem Tunnel, und wir müssen ihr wohl oder übel in den düsteren Gang folgen. Mit eingezogenem Kopf gehen wir weiter – und mit gezückter Taschenlampe, denn eine Biegung in der Mitte des Stollens verhindert, dass wir das sprichwörtliche Licht am Ende des Tunnels sehen. Plötzlich stellen wir überrascht fest, dass der Gang keine 20 Meter lang ist.

↑ Die Bäume mit ihren zotteligen Flechten begleiten einen lange Zeit auf dem Weg zum grünen Kessel.
↗ Sturzbäche speisen die Kanäle, die das Wasser zu den trockenen Küstenregionen an der Südseite der Insel transportieren.
→ Der Ort besteht aus einigen wenigen »Hexenhäuschen«.

Tunnel Nummer 2 ist mit 150 Metern wesentlich länger, aber schnurgerade und so hoch, dass man ihn aufrecht passieren kann. An der Weggabelung vor dem Eingang steht ein Wegweiser zum Caldeirão Verde. Noch zweimal fließt die Levada unterirdisch und muss man sich durch Tunnel mühen.

Im grünen Kessel

Schließlich ist auch dieser Teil der Wanderung und damit mehr als die Hälfte der Strecke geschafft. Später werden wir für unsere Anstrengung und Ausdauer reich belohnt: Vor uns öffnet sich der Caldeirão Verde. Der kreisförmige Felskessel umschließt einen kleinen See und bietet ein ähnliches Bild wie die 25 Fontes in Rabaçal. Auch dort trifft man diese für die Vulkaninsel Madeira so typische Landschaftsform an. Von den hohen Felswänden ergießen sich Sturzbäche in den See, an manchen Stellen gleiten Rinnsale sanft über den Stein. Im Frühjahr führen die Bäche am meisten Wasser. Im Sommer ist es schwülwarm, aber dafür kann man den knapp zweieinhalbstündigen Marsch von Queimadas hierher mit einem Bad im See des Felsenkessels abschließen.

Es gäbe noch eine Steigerungsform, nämlich bis zum Caldeirão do Inferno weiterzugehen. Ab und zu ist der vier Kilometer lange Weg zu diesem Wasserfall jedoch gesperrt. Wer diesen anstrengenderen Teil auslassen will, kehrt einfach zurück nach Queimadas. Vier Tunnel und eine Wasserfallunterquerung warten auf uns, der Lorbeerwald und viele Eindrücke, die – weil aus der Gegenrichtung kommend – völlig neu erscheinen.

INFO

ACHADA DO MARQUES UND RANCHO MADEIRENSE

Rund um Queimadas gibt es mehrere Möglichkeiten, die faszinierende Landschaft zu erkunden. Von São Jorge aus führt eine Straße nach Achada do Marques. Der kleine Ort liegt in einer sehr hübschen Terrassenlandschaft, in der man noch die traditionellen, mit Stroh gedeckten Häuschen sieht; viele Menschen wohnen hier nicht mehr. Eine halbstündige Wanderung führt vom Parkplatz Pico das Pedras zum Rhododendronpark nach Queimadas. Ebenfalls nur 30 Minuten ist man vom Parkplatz des ehemaligen Restaurants und Reitstalls Rancho Madeirense nach Queimadas unterwegs. Der heutige Lost Place liegt an der Straße, die von Santana zum Pico Ruivo führt. Früher konnte man hier auch inmitten der Wildnis in einfachen, im Stil der Casas de Colmo gebauten Ferienhäusern, übernachten.

WEITERE INFORMATIONEN

Estalagem Rancho Madeirense
9230-108 Pico das Pedras

40

DER LORBEERWALD HAT ÜBERLEBT

NATURWUNDER AM KALTEN FLUSS – RIBEIRO FRIO

Lorbeerwald war bis zum Beginn der Eiszeit auch in Südeuropa heimisch. Auf Madeira hat er bis heute überlebt, obwohl sich die Inselbevölkerung große Mühe gab, ihn auszurotten. Die Kehrtwende kam gerade noch rechtzeitig mit der Einrichtung von Naturparks in den 1980er-Jahren. Doch auch der wunderbare Lorbeerwald von Ribeiro Frio kann nicht darüber hinwegtäuschen, dass dieses einzigartige botanische Erbe gefährdet ist.

Den Ritterschlag erhielt Madeiras Lorbeerwald 1999, als ihn die UNESCO zum Weltnaturerbe erklärte. Der Bestand bedeckt mit 150 Quadratkilometern knapp 20 Prozent der Inseloberfläche. Angesichts der Tatsache, dass Lorbeerwälder sich einst über die ganze Insel ausbreiteten, erscheint das wenig. Wenn man aber die jahrhundertelange wirtschaftliche Ausbeutung der Wälder berücksichtigt, ist das ein beachtlicher Anteil. Zum Verhängnis wurde dem Lorbeerbaum sein qualitativ hochwertiges und vielseitig verwendbares Holz: Schiffe, Häuser, Möbel, Zuckerkisten, alles wurde aus dem Holz der Lorbeerbäume gefertigt, und was übrig blieb, landete als Brennholz in den Öfen. Der Lorbeerbaum hatte für die Inselwirtschaft nur einen großen Nachteil: Er wuchs zu langsam nach. Also setzte man ihm im wahrsten Sinn des Wortes schnell wachsende Konkurrenz vor die Nase. Aus Australien wurden Akazien und Eukalyptus eingeführt. Besonders der Eukalyptusbaum hatte kein Problem, sich in der neuen Umgebung zurechtzufinden. Und wo sich Eukalyptuswälder ausbreiten, wächst keine andere Pflanze mehr. Die Lorbeerwälder blieben in den unzugänglichen Tälern im Norden Madeiras erhalten, wo Vieh- und Waldwirtschaft nur schwer oder überhaupt nicht möglich waren.

Laurissilva – der Stolz der Insel

Der Gürtel der noch existierenden Lorbeerwälder zieht sich von Fanal im Nordwesten über Rabaçal und Queimadas bis nach Ribeiro Frio und erstreckt sich auf Höhen zwischen 300 und 1300 Metern. In den landwirtschaftlich intensiv genutzten Gebieten im Süden fiel der Wald Kahlschlag und Brandrodungen zum Opfer. Es gibt noch Restbestände zwischen 700 und 1200 Meter Höhe. Wenn Madeira Wasserprobleme hat, dann nicht zuletzt deshalb, weil der für den Wasserhaushalt so wichtige Lorbeerwald derart dezimiert wurde.
Heute sind die Menschen Madeiras stolz auf ihren *laurissilva,* wie der Lorbeerwald auf Portugiesisch heißt. *Laurus* ist der Lorbeer, *silva* der Wald. Vier verschiedene Arten treffen wir auf Madeira an: Kanaren-Lorbeer, Wachsmyrthe, Madeira-Mahagoni, der wegen seiner rötlichen Farbe vor allem für die Möbelherstellung verwendet wurde, und Stinklorbeer, dessen Holz besonders hart ist – allerdings verbreitet er einen ziemlich unangenehmen Geruch, wenn man sein Holz zersägt oder seine Blätter zwischen den Fingern zerreibt.

Rätselraten für Pflanzenfreunde

Einer der schönsten Lorbeerwälder Madeiras erstreckt sich oberhalb von Ribeiro Frio. Das Bergdorf liegt auf 860 Meter Höhe zwischen Monte und Santana. Die Fahrt über den Paso do Poiso ist angenehm und problemlos auf der wahrscheinlich einzigen Bergstraße Madeiras, auf der man während der Fahrt auch noch das Panorama genießen kann. Wer an der Nordküste unterwegs ist, muss bei Faial die Küstenstraße verlassen und ins Tal der Ribeira da Metade fahren. Auf der Fahrt ins Hinterland herrscht wie üblich kein Mangel an engen Kurven. Umgeben von steilen, dicht bewaldeten Hängen kommen einige Häuser in Sicht. Es sind die Häuser von Ribeiro Frio. Wer sich mehr erwartet hat, ist zuerst einmal enttäuscht. Ein Parkplatz neben der Straße, zwei Gaststätten und eine Forellenfischzucht, recht viel mehr ist da nicht. Wer nun fragt, wie die Forelle auf die Atlantikinsel gekommen ist, bekommt eine ganz einfache Antwort: Sie wurde in den 1960er-Jahren importiert.
Der Wanderweg lässt einem zwei Einstiege zur Auswahl. Am Ortsanfang führt eine Steintreppe in den Wald, oberhalb des Orts beginnt der Weg flach an der Levada da Serra do Faial. In beiden Fällen folgt man dem Hinweisschild »Balcões«. Der Weg führt flach und breit einen bewaldeten Hang entlang.
Wer sich für Botanik interessiert, wird seine helle Freude an dieser grünen Welt haben, aber manchmal auch rätseln. Die Region um Ribeiro Frio ist Lebensraum vieler endemischer Pflanzen, also sieht man so manchen Strauch oder Baum zum ersten Mal. Von der Familie der Lorbeerbäume sind der Kanaren-Lorbeer und der Madeira-Mahagoni hier heimisch. Im Überfluss zeigt sich das Madeira-Knabenkraut, das im Juni und Juli in Blüte steht. Aber auch Exoten wie die Stieleiche oder ahornblättrige Platane sind anzutreffen.

↖ Der Lorbeerwald von Ribeiro Frio ist ein Wunder der Natur. Auf dem Weg zum Aussichtspunkt Balcões kann man sich diesem urzeitlichen Relikt in aller Ruhe widmen.
↗ Zahlreiche Vogelarten sind im Lorbeerwald von Ribeiro Frio zu Hause.

Der Blick vom Aussichtsbalkon

Wenn die Nachmittagswandernden durchgezogen sind und im Wald wieder Ruhe eingekehrt ist, trauen sich auch die Vögel wieder aus ihren Schlupflöchern. Buchfink, Mäusebussard, Silberhalstaube und Goldhähnchen sind in den Lorbeerwäldern von Ribeiro Frio zuhause. Verlässlich sind allerdings nur die Buchfinken, die auf Brotkrümel warten. Einziges Hindernis auf dem anderthalb Kilometer langen Weg zum Aussichtspunkt ist eine Felsspalte, durch die man sich zwängen muss. Kurz darauf steht man am Miradouro dos Balcões. Bei guter Sicht hat man die höchsten Berge Madeiras vor Augen, den Pico do Arieiro (1818 m) und den Pico Ruivo (1862 m). Das Panoramabild vervollständigen außerdem der Pico do Gato, der Pico das Torres und die Felsformation Penha d'Águia an der Küste von Porto da Cruz.

Die tiefgrünen Täler sind Teil des Schutzgebiets Natura 2000. Wenn sich ausgerechnet jetzt der Nebel über den Lorbeerwäldern festsetzt, nicht ärgern! Das Wasser aus dem Nebel kondensiert auf den Blättern der Pflanzen, gelangt von dort in den Boden und speist auf diese Weise die Quellen. Nicht von ungefähr ist der einzige Eingriff, den der Mensch hier vorgenommen hat, ein Wasserkraftwerk, das den Bezirk Santana mit Trinkwasser versorgt. Vom Aussichtsbalkon ist es gut zu sehen.

Wem die einstündige Wanderung zum Miradouro dos Balcões nicht genügt, der kann anschließend in die Gegenrichtung marschieren. Bei der Forellenzucht startet der Weg zum gut zehn Kilometer entfernten Paso da Portela. Der Pfad führt an einem Wasserlauf entlang, der Levada do Furado, und durch dichten Lorbeerwald. Alle »Zutaten« einer Levada-Wanderung sind vorhanden: Wasserfälle, Felsabschnitte, Tunnel und Galerien. Ausblicke erfordern Schwindelfreiheit, aber ein bisschen Abenteuer soll ja auch sein. Ziel der Wanderung ist die 670 Meter hoch gelegene Passhöhe, von der aus man die Nordküste bei Porto da Cruz mit dem unverkennbaren Adlerfelsen sieht.

↑ Die Fische in den Becken und Teichen dienen der Aufzucht.
← Bei freier Sicht ohne lästige Nebelschwaden hat man die höchsten Gipfel Madeiras im Blick.

INFO

FORELLEN FÜR MADEIRAS FLÜSSE

Die Fischzucht von Ribeiro Frio versorgt nicht die Restaurants, sondern die Wildbäche der Insel. Die hier gezüchteten Regenbogenforellen sind Besatzfische. Trotzdem führt das Ribeiro Frio Restaurant Forelle auf der Speisekarte und bietet somit eine erfreuliche kulinarische Abwechslung. Die Spezialität des Hauses kann man im Freien oder in der Dorfgaststätte am offenen Kaminfeuer genießen. Ob die Forelle auf dem Teller kurz vorher noch im Becken vor der Haustür geschwommen ist, ist eine Streitfrage. Die Restaurantangestellten werden die Frage bejahen, anderen Quellen zufolge liefert die Fischzucht von Seixal die Forellen. Die Becken und Fischteiche liegen in einem gepflegten Park, und bei einem Spaziergang kann man noch einmal über die Herkunft der soeben verspeisten Forelle nachdenken.

WEITERE INFORMATIONEN

Ribeiro Frio Restaurant
Tel. 00351 291 57 58 98

Ein süßlicher Durft liegt im Frühjahr über Porto da Cruz, wenn das Zuckerrohr zur Verarbeitung angeliefert wird.

DER
OSTEN
Sommerfrische und
Wüstenträume

DIE HISTORISCHE OSTKÜSTE

KLEINE STÄDTE UND NATUR PUR ERLEBEN

Hier an der Ostküste betraten die portugiesischen Seefahrer Gonçalves Zarco und Tristão Vaz Teixeira 1419 das erste Mal die Insel Madeira. Heute erwartet die Gäste eine Mischung aus allem, charmanten Städtchen und großartigen Landschaften. Entweder wandert man im Gebirge oder auf dem Ostzipfel Madeiras oder springt ins kühle Nass.

Den Osten kann man entweder knackig bei einer Tagestour entdecken oder sich ein bisschen Zeit mehr lassen, um in die Vergangenheit und die Schönheit der Natur abzutauchen. Außerdem gibt es hier verschiedene Badestellen, die es auszuprobieren gilt. Das Klima ist ganzjährig mild und überwiegend sonnig.
Rund 14 Kilometer nordöstlich von Funchal liegt 41 **Camacha,** ein guter Ausgangspunkt für eine Tour durch den Osten Madeiras. Der malerische Ort befindet sich auf einer Höhe von 700 Metern und ist über die Schnellstraße VE5 erreichbar. Bekannt wurde er vor allem wegen der Korbflechterei; lange Zeit waren die handgefertigten Korbwaren der Exportartikel der Insel. Folklore wird hier großgeschrieben: Die Tanzgruppen in typischer Tracht treten oft an Festtagen auf. Das Kostüm der Frauen ist zum Großteil in Rot gehalten, das der Männer in Weiß. Die traditionelle *carapuça,* eine Mütze mit einer zopfartigen Spitze, tragen sie alle. Von Camacha aus starten zudem viele Wandertouren. Weiter geht es auf der kurvenreichen ER102 Richtung Norden nach 43 **Santo António da Serra,** dem früheren Sommersitz der englischen Bevölkerung. Besser bekannt unter der Kurzform Santo da Serra. Heute kommt man vor allem her, um eine Runde zu golfen. Ein Platz mit Wow-Faktor, denn der Ort liegt auf einem Hochplateau und der Ausblick von hier ist einmalig.

Fisch und Ru(h)m

Dort, wo die ER102 auf die 108 trifft, sollte man einen kurzen Halt einlegen. Vom Miradouro de Portela aus kann man bereits 42 **Porto da Cruz** und auch den sogenannten Adlerfelsen erblicken. Der fast 600 Meter hohe Penha d'Águia gilt als eines der Wahrzeichen Madeiras. Über einen Wanderweg gelangt man bis auf den Gipfel des Felsens. Bei Porto da Cruz hört der Norden auf und fängt der Ostteil der Insel an. Bekannt ist der Ort vor allem für Zuckerrohr bzw. seinen Schnaps, den Rum Agrícola da Madeira. Eine von drei übriggebliebenen Zuckermühlen der Insel steht hier. Heute wird zudem Wein angebaut.
Der nächste Fahrtabschnitt geht etwas schneller, über die VE1 geht es bis nach 44 **Caniçal,** den östlichsten Ort Madeiras. Von der Vergangenheit als Walfangdorf erzählt heute nur noch das Museum. Gejagt werden Thunfische, die es hier in den Gewässern Madeiras reichlich gibt. Ganz in der Nähe von Caniçal lockt ein kleiner Strand mit schwarzem Sand, die Prainha; erreichbar über die ER109. Und noch ein Stückchen weiter östlich gibt es die Landzunge 45 **Ponta de São Lourenço** – eine eigene kleine Welt. Hier auf den schroffen Klippen ist es weniger üppig und grün als meist sonst auf der Insel – ein Kontrast. Um diese karge Landschaft des geschützten Ostzipfels zu erkunden, kann man Wander- oder Kajaktouren unternehmen. Besonders schön sind die verschiedenen Farbschichten in den Felsen. Entlang der Küste gibt es versteckte Höhlen und vor der Landzunge zwei kleinere Inseln, die Ilhéu da Cevada und do Farol.

Zurück zu den Anfängen

Der nächste Stopp ist gar nicht weit entfernt: 46 **Machico.** Hier, in der geschützten Bucht, gingen Zarco und Teixeira 1419 an Land. Noch vor Funchal wurde Machico die erste Hauptstadt Madeiras. Wenn man genug davon hat, durch die engen Gassen des Städtchens zu flanieren, lässt man sich am Wasser nieder. Im idealen Fall am aufgeschütteten Sandstrand.
Ein Stopp fehlt noch auf der Ostroute: 47 **Santa Cruz.** Die beschauliche Stadt ist eine der ältesten Madeiras und hier befindet sich der internationale Flughafen. Zarco höchstpersönlich soll diesen Ort benannt haben. Heute kommen die Gäste vor allem wegen des Strands Palmeiras, des Aquaparks und der hübschen weißen Altstadt hierher. Bis nach Funchal sind es über die Autobahn VR1 weniger als 20 Kilometer.

INFO

TOUR
Start: Camacha
Ziel: Santa Cruz
Länge: ca. 61 km
Dauer: zwei bis fünf Tage
Beste Reisezeit: ganzjährig
Sehenswertes: Paragliding bei Porto da Cruz, verschiedene Anbieter

Unterkunft: Camacha: Quinta da Moscadinha, quintadamoscadinha.com; Santo António da Serra: Hotel PortoBay Serra Golf, portobay.com; Porto Santo: Quinta da Capela, quinta-da-capela.madeira-islandshotels.com; Santa Cruz: Albatroz Beach & Yacht Club, albatrozhotel.com; Quinta dos Artistas, quintadosartistas.com

WEITERE INFOS
Touren, um die Insel zu entdecken, kann man ganz in Ruhe auf eigene Faust unternehmen oder aber einen Touren-Anbieter buchen. Es kommt auf die Bedürfnisse des einzelnen an und auch darauf, wie viel Zeit man mitbringt und wie viel man von der Insel sehen will.

BIG BEN IM KLEINFORMAT – CAMACHA

Körbe! Einkaufskörbe, Blumenkörbe, Korbmöbel, Korblampen, Korbtaschen und -flaschen, Dekorationsgegenstände, kleine Kunstwerke und viel Kitsch. Mit Einführung der maschinellen Verarbeitung der Weidenruten begann um 1850 die Korbschwemme in Camacha. Weltweit wurde der Ort für dieses Kunsthandwerk bekannt. Heute gehen nur noch wenige der Korbflechterei nach.

Camacha ist der Ort, wo in Portugal zum ersten Mal Fußball gespielt wurde – auf dem Largo da Achada im Jahr 1875. Initiiert wurde das von der englischen Gemeinde, die in Funchal lebte und hier ihre Sommerhäuser besaß. Sie sorgte auch für die Industrialisierung der Korbflechterei ab Mitte des 19. Jahrhunderts. Im Jahr 1896 eröffente hier die größte Exportfirma für Korbwaren Madeiras und die Korbmöbel gingen auf Reisen. In der Schauwerkstatt des Café Relógio konnte man jahrelang beim Flechten zusehen und anschließend kaufen. Die Billigkonkurrenz und der ausbleibende Nachwuchs führte zur Schließung der Fabrik und des Café Relogio.
Dieses wurde von Dr. Michael Grabham in Auftrag gegeben, und heute ist es das Wahrzeichen Camachas. Ein Uhrturm, der namensgebende *relógio,* ist das prägende Element seiner Architektur, ein Blickfang. Ob die englischen Erbauer den Big Ben kopieren und sich damit ein Stück Heimat nach Madeira holen wollten, ist eine Streitfrage. Es sei jedem selbst überlassen, Ähnlichkeiten mit dem Londoner Wahrzeichen festzustellen. Das Uhrwerk und die Glocke im Turm des Cafés stammen übrigens aus einer Kirche in Liverpool.

Kühle Brise, gute Luft

Warum die Engländer nach Camacha gekommen sind, ist hingegen einwandfrei belegt. Nur wenige Kilometer östlich von Funchal liegt es im bewaldeten Hinterland auf 700 Metern Höhe. Neben Santo da Serra war Camacha schon im

↑ Der Uhrturm am Hauptplatz soll an den Big Ben erinnern.
↙ Korbflechten ist Männerarbeit und eine ziemlich harte dazu.

18. Jahrhundert die beliebteste Sommerfrische der englischen Kaufmannsfamilien und Weinhändler. Die Villen mit den großzügigen Eichen- und Kastanienwäldern sind ein Relikt jener Zeit.

Von der Aussichtsterrasse auf der Rückseite des Café Relógio hat man einen schönen Blick auf die Südküste und das Porto-Novo-Tal und erkennt, welch fantastische Lage Camacha auszeichnet. Eine frische Brise weht, und der Blick auf Eukalyptuswälder, Terrassenlagen, über das Meer und über die Wälder macht Lust, die Umgebung des Städtchens zu erkunden. Doch zuvor könnte man noch die neue Pfarrkirche besichtigen, die dem heiligen Laurentius geweiht ist. Sie wurde erst 1997 fertiggestellt und ist ein gelungenes Beispiel zeitgenössischer Architektur. Die Zeltform erinnert ein wenig an Oscar Niemeyers Casinobau in Funchal. Im hellen und freundlichen Innenraum stehen die sieben Säulen in der Altarmitte für die sieben Sakramente.

Blumen und Folklore

Beim Bummel durch den Ort kommt man auch an der alten Kirche vorbei, die aber für den aufstrebenden Ort mit heute rund 8000 Einwohnern viel zu wenig Platz bot. Am dritten Augustwochenende, wenn Camacha seinen Schutzpatron São Lourenço feiert, stehen nicht nur beide Kirchen im Mittelpunkt, sondern auch Blumenschmuck und bunte Folklore. Beides hat Tradition in Camacha, aber in der öffentlichen Wahrnehmung angesichts des Überangebots an Korbwaren seit Jahren einen schweren Stand.

Womit wir wieder beim Thema wären. Geflochtene Körbe waren und sind zum Teil selbst heute noch für die Feldarbeit auf den Terrassenhängen unentbehrlich. Die großen Körbe kommen auch zum Einsatz, wenn die Bäuerinnen Obst, Gemüse oder Blumen auf den Markt nach Funchal bringen. Der dazu erforderliche Rohstoff wächst gleichsam vor ihrer Haustür. Weidensträucher, die das feuchte Klima und viel Wasser lieben, liefern die Weidenruten, die in den ersten Monaten des Jahres geschnitten werden. Anschließend werden sie in Wasser gelegt, geschält, getrocknet und erhitzt, falls eine rotbraune Färbung erzielt werden soll. Obwohl es Maschinen gab, wurden viele Korbwaren in Handarbeit hergestellt. In Santana sticken sich die Frauen die Finger wund, das Korbflechten ist hingegen vor allem Männerarbeit und nicht weniger mühsam. Vielleicht ist das der Grund für fehlenden Nachwuchs.

INFO

DAS PORTO-NOVO-TAL

In rund 2,5 Stunden geht man von Camacha (700 m) nach Assomada (225 m). Achtung: Zeitweise kann dieser Weg gesperrt sein und man sollte schwindelfrei sein. Die Wanderung führt durch eine abwechslungsreiche Landschaft mit Obst- und Gemüsegärten und Terrassenfeldern, die vor allem der Selbstversorgung dienen. Kohl, Bohnen und Kartoffeln werden angebaut. Nach einer knappen Stunde hat man den steilen Abstieg hinter sich und wandert entlang der Levada do Caniço. Der Weg führt nun längere Zeit durch die unberührte Landschaft des Porto-Novo-Tals. Ein Tunnel kündigt den Weiler Assomada an. Zuvor führt noch ein Abstecher zu einem Aussichtsplatz, der einen eindrucksvollen Blick auf das Porto-Novo-Tal bietet. An klaren Tagen reicht der Blick bis zu den Desertas-Inseln. Assomada ist ein Ortsteil von Caniço, von hier fahren öffentliche Busse in den Hauptort.

WEITERE INFORMATIONEN

visitmadeira.com

42

DAS »WEISSE GOLD« KEHRT ZURÜCK

HOCHBURG DES ZUCKERROHRS – PORTO DA CRUZ

Von April bis Juni wird das Zuckerrohr geerntet. Dann ruckelt und schnaubt in Porto da Cruz die letzte dampfbetriebene Zuckermühle Europas. Am Parkplatz vor dem Ort stehen schwer beladene Kleinlaster. Überall steigt einem der süßliche Duft des Zuckerrohrs in die Nase. Das »weiße Gold« erlebt für wenige Wochen eine Renaissance und Porto da Cruz spielt die Hauptrolle in dieser Geschichte.

Wenn die Anbauenden aus Calheta oder Ponta do Sol ihre Fracht liefern, fahren sie Porto da Cruz über Funchal und Santa Cruz an, also aus südöstlicher Richtung. Ihr Ziel liegt dort, wo die Nordküste endet und der Osten Madeiras beginnt. Die Gründer des Orts stellten im Hafen ein Kreuz auf; so entstand der Name Porto da Cruz. An diesem über lange Zeit wichtigsten Anbaugebiet für Zuckerrohr gibt sich das Meer etwas weniger wild als weiter nördlich, und ein geschützter Hafen bot Sicherheit.
Porto da Cruz hat die Blütezeit des Zuckerrohranbaus erlebt, als im 15. Jahrhundert Tausende von Sklaven auf den Feldern schufteten. Dann wurde Brasilien portugiesische Kolonie und der Anbau auf Madeira unbedeutend. Erst im vergangenen Jahrhundert gelang wieder ein bescheidener Aufschwung. Mehr als lokale Bedeutung aber kommt dem Wirtschaftszweig Zuckerrohr nicht mehr zu.

Die Fabrik des Nordens

Der Schlot aus rotem Backstein verrät den Standort der alten Fabrik ungefähr in der Mitte der Landzunge, die Porto da Cruz in zwei Teile trennt. Hier befindet sich die Fabrik En-

genhos do Norte. Sie wurde 1927 erbaut, die historische Zuckerrohrmühle soll bereits Ende des 19. Jahrhunderts ihren Dienst verrichtet haben.

Die Fabrikhalle hat ihre Tore weit geöffnet, und jeder Gast ist willkommen. Da stehen wir nun und warten, bis das Ungetüm loslegt. Doch noch ist es nicht soweit, denn die Maschine streikt. Mehrere Angestellte hämmern, schleifen und schweißen, was das Zeug hält. Sie versuchen, die Mühle wieder in Gang zu bringen, ihren Mienen nach zu schließen keine leichte Arbeit. Im Hof fährt der nächste Lkw vor. Zuckerrohrprüfende greifen sich Stangen und ermitteln den Zuckergehalt. 22 bis 23 Prozent garantieren den Anbauenden einen guten Preis.

In der Casa do Rum neben der Fabrikhalle steht Claudia Figueroa hinter der Ladentheke und organisiert routiniert und freundlich den Detailverkauf. Die junge Frau wohnt im 30 Kilometer entfernten Funchal. Das Pendeln zum Arbeitsplatz nimmt sie gern in Kauf: »Funchal ist gut für uns Jüngere.« Mit dieser Meinung ist sie nicht allein. Claudia schaut auf die Uhr und meint, wir sollten in die Halle gehen, weil dort gleich die Zuckermühle angeworfen wird. Sie weiß, weshalb Reisende in die Fabrik kommen.

Aguardente, Rum und Poncha

Viermal werden die Zuckerrohrstangen gepresst, vorausgesetzt, die Maschine macht mit. Das ist aber noch nicht der Fall, denn die Angestellten sind immer noch mit Reparaturarbeiten beschäftigt. Ist der Pressvorgang beendet, transportiert ein Förderband die Schalen direkt auf die Ladefläche des Lastwagens. Die Anbauenden verwenden die Schalen als Futter oder mischen sie dem Dünger bei. Der ausgepresste Saft wird einige Tage in einem Tank gelagert und dann beginnt der Destilliervorgang. In der Halle stehen Kupferkessel und Stahltanks, aber auch Eichenfässer, in denen der Rum reifen muss. Das Ergebnis wird am Madeira Wine Institute in Funchal einer Qualitätskontrolle unterzogen. »Die haben unsere Produkte noch immer bestanden«, lacht Claudia.

Produziert wird jedoch nur mehr für den Inselbedarf. Als Exportartikel spielen Zuckerrohr und Zuckerrohrerzeugnisse keine Rolle mehr. In den Regalen der Casa do Rum finden sich der hochprozentige Aguardente, Rum und Poncha in den Geschmacksrichtungen Limette, Maracuja und Mandarine. Claudia bietet uns eine Kostprobe an, die wir aber auf später verschieben müssen, denn aus der Fabrikhalle ertönt ohrenbetäubender Lärm.

Die Angestellten haben es tatsächlich geschafft, das historische Stück noch einmal in Gang zu bringen. Die ersten Zuckerrohrstangen landen in der Mühle, werden ausgepresst und zerquetscht. Man kann sich gar nicht vorstellen, dass diese Arbeit einmal von Hand gemacht wurde. Sklavenarbeit eben. Während die alte Lady ihr Vernichtungswerk fortsetzt, bringt sich draußen schon der nächste Lkw in Stellung.

Den Adlerfelsen im Blick

Außerhalb der Erntemonate ist es rund um die Zuckerrohrfabrik zwar um einiges ruhiger, aber Porto da Cruz ist unabhängig davon wegen seiner schönen Lage und der Bade- und Wandermöglichkeiten ein vielbesuchter Ort. Der große Parkplatz am Ortsanfang macht ihn beinahe autofrei, sieht man einmal von den mit Zuckerrohr beladenen Kleinlastern ab, die notgedrungen bis zur Fabrik fahren müssen.

Auffälligstes Gebäude im Ortszentrum ist neben dem Fabrikschlot die moderne Kirche, die 1957 anstelle der früheren Igreja de Nossa Senhora de Guadalupe gebaut wurde. Mehr als Kunstinteressierte kommen in Porto da Cruz die auf ihre Kosten, die die Natur und Wassersport mögen. Die Landzunge lässt sich entlang der Uferpromenade auf einem gemütlichen Spaziergang umrunden oder über den kleinen Hügel queren. Letzteres ist ein bisschen anstrengender, aber dafür hat man den Ort zu Füßen und das Wahrzeichen des Nordens im Blick, den Adlerfelsen. Früher sollen dort Fischadler gebrütet haben, deshalb der Name Penha d'Águia. Wer ihn bezwingen will, sollte sich auf einen schweißtreibenden, rund anderthalbstündigen Aufstieg einstellen.

Start und Ziel ist Penha d'Águia de Baixo, ein Dorf zwischen Porto da Cruz und Faial. In der Bar Galé gibt es eine letzte Möglichkeit, sich mit Wasser für den Aufstieg einzudecken. Dieser beginnt recht harmlos auf einem betonierten Pfad,

↖ Claudia Figueroa kennt sich aus mit hochprozentigem Aguardente, Rum und dem Nationalgetränk Poncha. Jeden Tag pendelt sie von Funchal nach Porto da Cruz zu ihrem Arbeitsplatz.
↗ Von überallher wird die Zuckerrohrernte in die Fabrik geliefert.

führt durch – meist aufgelassene – Weingärten, bevor die ersten Felspassagen für eine höhere Pulsfrequenz sorgen. Der Weg führt abwechselnd durch freies Gelände und Wald, der immer dichter wird, je näher wir dem Gipfel kommen.
Wer einen Rundblick erwartet hat, wird enttäuscht sein. Der 580 Meter hohe Gipfel ist nämlich keine Felsspitze, sondern eine Lichtung, von der aus man freie Sicht auf die Berge hat, nicht aber auf die Küste. Dafür muss man noch ein kleines Stück nach Südosten gehen, dann kommt die Halbinsel São Lourenço in Sicht. 440 Höhenmeter vom Startpunkt auf den Gipfel sind nicht viel, aber der steile und mitunter schwer begehbare Pfad macht die Wanderung zu einer anspruchsvollen Tour, die nicht unterschätzt werden sollte.

↑ Von März bis Mai herrscht Hochbetrieb, und da gibt die altersschwache Zuckerrohrpresse schon mal ihren Geist auf.
→ Casa do Rum, Fabrik und Museum in Einem.

Abflugrampe für Adrenalin-Junkies

Es gibt allerdings noch eine Möglichkeit, den Nervenkitzel zu steigern: Paragliding und Drachenfliegen. So kann man sich den Adlerfelsen aus der Vogelperspektive anschauen. Eine der spektakulärsten Abflugrampen Madeiras liegt am 620 Meter hohen Paso da Portela im Hinterland von Porto da Cruz. Schon an der Startrampe hat man den Adlerfelsen im Blick. Die Steilküsten Madeiras sind für diesen Sport ohnehin wie geschaffen: Auch Arco da Calheta und Cabo Girão sind beliebte Startplätze. Clubs bieten professionelle Betreuung und auch Tandemflüge an. Erfahrung und Ortskenntnisse können sehr nützlich sein, vor allem dann, wenn die Zeit zur Landung gekommen, aber wieder einmal weit und breit keine grüne Wiese in Sicht ist.
Die übergroße Mehrheit der Gäste von Porto da Cruz wollen den Felsklotz aber weder besteigen und schon gar nicht überfliegen, sondern begnügen sich damit, ihn aus der Ferne zu betrachten. Schließlich lässt es sich ja auch ganz gemütlich am schwarzen Kieselstrand der Praia da Lagoa in der Sonne liegen oder im Meeresschwimmbecken vergnügen.
Auch wer sich für das Sportfischen oder Wellenreiten interessiert, hat Porto da Cruz längst entdeckt. Und die Restaurantszene hat sich auf die neue Klientel eingestellt. Doch für alle ist Porto da Cruz vorerst Endstation, denn die Straße verschwindet im Hinterland und der nun folgende Küstenabschnitt ist erst bei der Halbinsel von São Lourenço wieder zugänglich.

INFO

PONCHA – SÜSSE VERSUCHUNG

Auf Madeira ist Poncha eine Art Nationalgetränk, das bei jeder Gelegenheit getrunken wird. Der Zuckerrohrschnaps wird mit frisch gepresstem Limetten- oder Zitronensaft vermischt und mit einem Löffel Bienenhonig gesüßt. Alles mit einem Holzquirl verrühren, und fertig ist die Poncha.
Der Zeitgeist hat neue Kreationen hervorgebracht, so etwa den Mandarinen- und den Maracuja-Poncha. Wer hochprozentige, klare Verdauungsschnäpse liebt, wird beim Aguardente bleiben. Eine Poncha kann man durchaus auch zwischendurch schlürfen, egal, ob in einem Café an der vornehmen Avenida Arriaga in Funchal, in einer Hafenkneipe von Câmara de Lobos oder am Encumeada-Pass, wo die Poncha ohne modischen Schnickschnack auf ganz traditionelle Art zubereitet wird. Wer die Poncha zuhause mixen möchte, kann sich bei Claudia Figueroa in der Casa do Rum in Porto da Cruz ein paar Tipps holen.

19 CEN AGC
18 CEN AGC
17 CEN AGC
12 CEN AGC
11 CEN AGC
10 CEN AGC
9 CEN AGC
8 CEN AGC
5 CEN AGC
16 CEN AGV
4 CEN AGV

SOMMERTREFF DER ENGLÄNDER – SANTO ANTÓNIO DA SERRA

Es ist Sonntag, und es scheint, als ob gerade Grill-Weltmeisterschaften stattfinden würden. Der Duft von Lorbeer steigt in die Nase. Über offenen Feuern werden *espetadas* ausgelegt, von Grillgittern tropft das Fett goldbrauner *frangos.* Saftige Rindfleischstücke, an Lorbeerzweigen aufgespießt, und Brathühnchen, die platt wie Flundern auf dem Grill brutzeln, lassen einem das Wasser im Mund zusammenlaufen.

Es ist kein Tag für Menschen, die kein Fleisch essen. Im Städtchen Santo da Serra, so die Kurzform für Santo António da Serra, ist jeden Sonntag Volksfest. Die *Feira da ladra,* der »Markt der Gaunerin«, zieht Groß und Klein an. Der Name? Nun ja, auf Märkten wird gehandelt, und wer sich über den Tisch ziehen lässt, ist selbst schuld. Kleidung und Hausrat werden angeboten, auf dem Wochenmarkt kann man sich zudem mit Obst, Gemüse und Erzeugnissen aus der Region eindecken: selbstgemachte Marmeladen, Apfelwein, Käse, Brot und andere Köstlichkeiten.
Das Mittagessen wird an diesem Tag natürlich im Freien eingenommen. Auf dem Speiseplan steht neben den bereits erwähnten Fleischspießen und Brathühnchen auch *sopa do trigo,* eine deftige Weizensuppe, die mit Kartoffeln, Bohnen und auch Schweinefleischstücken zubereitet wird. Als Beilage gibt es *bolo do caco,* das manchmal mit Knoblauchbutter

43

bestrichene Fladenbrot, an dem man sich auch die Finger verbrennen kann. Guten Appetit.

Quinta do Santo da Serra

Die vornehme englische Gesellschaft dürfte den Markt der Gaunerin gemieden haben. John Blandy und seine Landsleute hatten schließlich wunderschöne Villen mit großzügigen Esszimmern und ihr eigenes Küchenpersonal. Schon Mitte des 19. Jahrhunderts entdeckten die englischen Familien das knapp 700 Meter hoch gelegene Dörfchen für ihre Sommerfrische. Einige Herrenhäuser aus dieser Zeit sind seit Langem unbewohnt und dem Verfall preisgegeben, andere wurden in Hotels umgewandelt. Im Jahr 1916 kaufte die Regionalverwaltung das Anwesen der Blandys und machte aus der Quinta do Santo da Serra einen öffentlichen Park mit Spiel- und Picknickplätzen und einem Tierpark für Rotwild. Wer vom Markttrubel genug hat oder nach ausgiebigem Grillgenuss einen Verdauungsspaziergang unternehmen will, ist in diesem Park genau richtig. Er liegt nur wenige Schritte vom Ortszentrum entfernt und ist so groß, dass er auch an stark besuchten Sonntagen genügend lauschige Plätzchen zum Ausruhen bietet. Ein Pflasterweg führt in den rückwärtigen Teil der weitläufigen Anlage zum Miradouro dos Ingleses. Von dort überblickt man das Tal von Machico bis hin zur Ponta da São Lourenço. Die englischen Herren haben hier aber nicht die Aussicht genossen, sondern ließen den Schiffsverkehr überwachen. Kaum tauchte am Horizont ein Handelsschiff auf, wurde die Sommerfrische unterbrochen, und hoch zu Ross ging es zurück nach Funchal. Geschäfte hatten Vorrang.

← *British way of life* – gestern wie heute. Der Blick vom Golfplatz von Santo da Serra fällt auf die Halbinsel von São Lourenço und hat schon so manchen im falschen Augenblick abgelenkt.

Reiten, Golfen, Wandern

Heute macht der Ort außer an den Sonntagen einen ruhigen, ja beinahe verschlafenen Eindruck. Die Umgebung ist hingegen zum Ausreiten ideal, zum Wandern und auch zum Golfspielen. Im Clube de Golf herrscht immer Betrieb – er gilt als einer der spektakulärsten Goldplätze, mit Aussicht auf das Meer und die Berge. Der 1991 eröffnete 27-Loch-Platz wurde von dem bekannten US-amerikanischen Golfarchitekten Robert Trent Jones geplant und gilt als einer der besten Plätze Europas. Er liegt nur 15 Minuten Fahrtzeit vom Flughafen entfernt und bietet grandiose Ausblicke bis hin zu den Desertas-Inseln.
Wer hingegen die Umgebung der ehemaligen Sommerfrischorts erkunden will, kann gelassen am Golfplatz vorbeimarschieren und sich zu einer vierstündigen Rundwanderung ins Tal der Ribeira da Serra do Água und zur Levada dos Tornos aufmachen.

INFO

AUF DEN SPUREN DER ESPETADA

Der Sonntagsmarkt ist also ein Pflichttermin für alle, die *Espetadas* essen wollen. Nicht nur Rindfleisch wird dafür verwendet, auch Lamm. Ein Fleischspieß, der mit Lorbeerblättern garniert über offenem Feuer gebraten wird, schmeckt natürlich zweimal so gut. Wer es gemütlicher haben und trotzdem auf einen ausgezeichneten *espetada* nicht verzichten will, geht in Santo da Serra ins A Nossa Aldeia gleich neben dem Parque das Feiras, wo der Markt seinen Standort hat. Der Name »A Nossa Aldeia« bedeutet so viel wie »Unser Dorf« oder »In unserer Dorfgaststätte«. Tatsächlich ist meistens das halbe Dorf dort versammelt. Und wenn sich Einheimische dort zum Essen treffen, dann spricht das ja für das Gastlokal. Von der Gaststube aus kann man zusehen, wie die Fleischspieße gegrillt werden. Die Speisekarte umfasst eine Auswahl typischer regionaler Gerichte. Wer also eine Alternative zum Fleischspieß sucht, wird bestimmt fündig. Außer am Montag, da hat das Lokal Ruhetag.

WEITERE INFORMATIONEN

Santo da Serra Golf Club
Santo António da Serra,
9200-152 Machico
Tel. 00351 291 55 01 00
santodaserragolf.com

EIN WELTWEITER EXPORTSCHLAGER: KUNSTHANDWERK AUS MADEIRA

Marilyn Monroe und der hawaiianische Sänger Israel Kamakawiwo'ole verschafften einem kleinen Saiteninstrument weltweiten Ruhm: der Ukulele. Die kommt ursprünglich aus Madeira. Und die Stickereien der Insel waren auf der Pariser Fashionweek bei Chanel zu sehen. Madeiras Kunsthandwerk ist vielfältig und weltweit bekannt.

Eines der wertvollsten Kulturgüter des Atlantikarchipels ist das Kunsthandwerk, das eng mit dessen Geschichte verknüpft ist – von Generation zu Generation stetig weitergegeben. Doch manchmal klappt das nicht. So gehört die Tradition des Korbflechtens zum aussterbenden Handwerk. Fehlender Nachwuchs und die Billigkonkurrenz aus Asien trugen dazu bei. Lediglich vereinzelt flechten alte Männer noch Körbe. Dabei wachsen in der Umgebung Camachas, in den feuchten Tälern, die Weiden. Im Frühjahr werden die Stöcke geerntet, geschält und dann gekocht. Dadurch werden sie biegsam, bekommen die typisch braune Farbe und können dann zu Körben, Korbmöbeln und anderen Gegenständen verarbeitet werden.

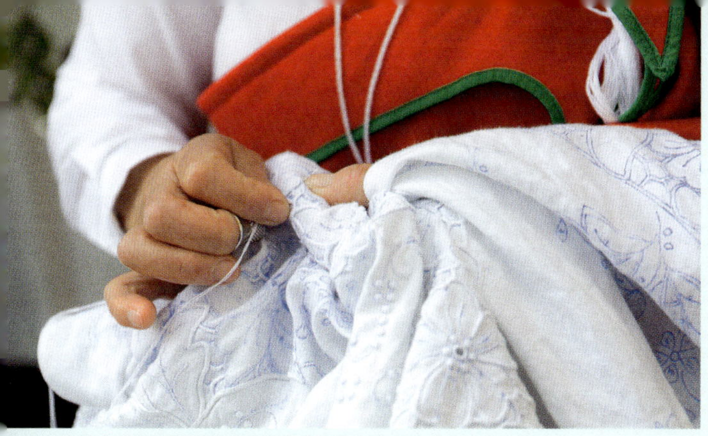

Spitzenklasse

Ob bei Chanel auf der Pariser Fashionweek, dem Homo-Faber-Event, einer Kunsthandwerksausstellung oder in royalen Häusern – Madeiras preisgekrönte Stickerei ist heute genauso angesagt wie vor mehr als 150 Jahren. Damals begann der Siegeszug dieser filigranen Handwerkskunst.
Dabei liegen die Anfänge der Stickerei Madeiras wahrscheinlich bereits im 15. Jahrhundert, als sich die ersten Familien hier ansiedelten. Vor allem die reichen Frauen sollen sich damit die Zeit vertrieben haben, verzierten Kleidung und Haushaltstextilien. Inspirieren ließen sie sich von der Pflanzenwelt – das ist bis heute so geblieben. Mitte des 19. Jahrhunderts dann begann Elizabeth (Bella) Phelps, Tochter eines Weinhändlers, Frauen und Mädchen das Sticken beizubringen, mit ihren eigenen Mustern. Auf der großen Weltausstellung in London im Jahr 1851 sorgten diese gestickten Ausstellungsstücke für Begeisterung – und wurden angeblich Teil der viktorianischen Aussteuer. Auf Madeira etablierte sich ein neuer Industriezweig rund um die Stickerei, initiiert von Bella. Der wurde vor allem in Heimarbeit von Müttern und ihren Töchtern durchgeführt, den *bordadeiras*. Die Stickereien wurden zum Großteil in Großbritannien verkauft. Ein Industriezweig war geboren, den es bis heute gibt, und der noch immer in Heimarbeit stattfindet. Die Stickerinnen bekommen das Material (Faden und Stoffe mit vorgedrucktem Muster), die fertigen Stücke kommen in die Fabrik. Hier bekommen sie das Qualitätssiegel vom Instituto de Vinho, Bordados e Artesanato da Madeira (IVBAM) und werden weltweit verkauft. Je nachdem wie anspruchsvoll ein Stück ist, kann die Herstellung schon mal mehrere Monate dauern – ein Luxusgut.

Der »hüpfende Floh« aus Holz

Es war 1959, als Marilyn Monroe als Sängerin Sugar in Billy Wilders legendärer Komödie »Some like it hot« Ukulele spielend durch einen Zugwaggon tänzelte und »Runnin' wild« sang. Im gleichen Jahr wurde auf Hawaii der spätere Sänger Israel Kamakawiwo'ole geboren, der mehr als 30 Jahre später mit seinem Cover von »Somewhere over the rainbow« der kleinen Ukulele noch mal einen Pusch gab. Das »hawaiianische« Instrument war in aller Hände. Die wenigsten wissen jedoch, dass es portugiesische Ursprünge hat. Wegen der kritischen wirtschaftlichen Lage auf der Atlantikinsel wanderten ab 1878 mehrere Tausend Menschen Madeiras nach Hawaii aus und nahmen ihr Kulturgut mit, inklusive der Braguinha alias Machete, ein kleines traditionelles Saiteninstrument. Drei der Auswanderer, die 1879 die neue Heimat erreichten, waren Augusto Dias, José do Espírito Santo und Manuel Nunes. Jeder von ihnen begann einige Jahre später das Instrument mit hawaiianischem Koa-Holz nachzubauen – in abgewandelter Form: die Geburtsstunde der Ukulele. Sie gelten heute als ihre Väter. Ukulele bedeutet auf Hawaiianisch »hüpfender Floh«, weil die Finger beim Spielen so schnell über die Seiten hüpfen. Manuel Nunes ist der bekannteste der drei Ukulele-Hersteller, er bezeichnete sich selbst als ihr Erfinder. Das kleine vierseitige Instrument wurde auf Hawaii schnell beliebt und später auf der ganzen Welt – außer auf Madeira, da bevorzugt man noch immer die Machete.

↑ Eine Folklore-Gruppe mit der Mutter der Ukulele.
↖← Stickerei und Korbflechterei wurden im 19. Jahrhundert auf Madeira industrialisiert.

44

DIE MÖRDERISCHE JAGD AUF MOBY DICK

WALFANGGESCHICHTE – CANIÇAL

Das Tor zur Insel ist für die Menschen von Caniçal 750 Meter lang. Bis in die 1950er-Jahre war der Ort am östlichen Ende der Küste beinahe gänzlich isoliert. Wer ihn erreichen wollte, kam über das Meer, auf dem Landweg führte nur ein unwegsamer Küstenpfad hierher. Mit dem Bau des Tunnels von Machico begann für Caniçal eine neue Zeit. Aber nach wie vor bestimmen der Fischfang und der Hafen den Alltag des Städtchens.

Es ist eine grausame Geschichte, die Caniçal erzählt, nämlich die Geschichte des Walfangs. Schätzungen zufolge dürften vor den Küsten Madeiras zwischen 5000 und 6000 dieser riesigen Meeressäuger, in der Mehrzahl Pottwale, geschlachtet worden sein. Es war ein ungleicher Kampf, der aber trotzdem auch vielen Walfängern das Leben kostete. Im großen Stil begann der Walfang erst Ende der 1930er-Jahre, als die Gewässer der Nachbarn auf den Azoren leergefischt waren. War ein Tier erlegt und an Land gezogen worden, wurde es sofort verwertet. Man kann sich kaum vorstellen, dass von den Kolossen des Meers kaum noch etwas übrig blieb.

Kein Wunder, dass Aufnahmen des Filmklassikers »Moby Dick« von 1956 vor der Küste Madeiras gedreht wurden. Fischer aus Caniçal durften als Komparsen mitmischen, aber von der Insel sieht man im Film nichts. Die Landschaftsbilder wurden bei der Bearbeitung sorgfältig herausgeschnitten.

Vom Walfang zum Containergeschäft

Mehr als zwei Jahrzehnte nach »Moby Dick«, Anfang der 1980er-Jahre war es mit dem Walfang in Portugal, der zuletzt ohnehin wirtschaftlich kaum mehr eine Rolle gespielt hatte, endgültig vorbei. Caniçal musste sich neu erfinden und hat diese Herausforderung angenommen. Die Fangflotte, die heute im Hafen liegt, jagt Thunfisch. Die Walfabrik machte einer Freihandelszone Platz, und von Funchal wurde der Containerhafen hierher verlegt, was zusätzliche Arbeits-

plätze schuf. Der gesamte Warenverkehr von und nach Madeira wird über Caniçal abgewickelt. Die Wale, aber auch Delfine und andere Meeressäuger, wie die Mönchsrobben, sind seit 1986 in den Gewässern rund um das Madeira-Archipel geschützt.
Aber die Erinnerung an den Walfang bleibt und wird im Museu da Baleia anschaulich und ohne falsches Pathos erzählt. Anfangs noch ein kleines Dorfmuseum mit zwei Räumen mitten im Ort, zog es 2011 in ein neues Gebäude um, das einem zeitgemäßen Museumskonzept Rechnung trägt. Die großen Schauräume bieten unter anderem Platz für Fiberglasmodelle von Walen und Delfinen in Lebensgröße. Die Geschichte des Walfangs wird dokumentiert und auch für wissenschaftliche Forschungsarbeit ist Platz. Es ist diese Geschichte, die den Besuch des Städtchens lohnt. Vom Hafen starten Bootsfahrten zum Wale beobachten, und wer das Glück hat, den Meeresriesen zu begegnen, wird sie danach mit anderen Augen sehen.

↑← Vier Jahrzehnte blutiges Gemetzel. Die Geschichte des Walfangs wird im Museum von Caniçal ohne falsches Pathos erzählt. Der einstige Walfangort hat sich als Handelshafen etabliert.

Heiß und trocken statt feucht und kühl

Hat man den Tunnel in Richtung Caniçal durchfahren, ist die Landschaft endgültig eine andere: Das grüne Madeira ist verschwunden. Ein extrem karges Hinterland, die Palmen entlang der Uferpromenade und in der Ferne die Felsenhalbinsel der Ponta de São Lourenço vermitteln Wüstenatmosphäre. Keine andere Region auf Madeira unterscheidet sich so stark vom Rest der Insel wie die südöstliche Ecke. Auch Wanderern zeigt sich Madeira hier von einer neuen Seite, ist das Gebiet doch heiß und trocken und nicht mehr feucht und kühl.

Wer ein Stück an der Küste entlang in Richtung Machico wandert, bekommt einen guten Eindruck von der Landschaft. Dass es hier ein Tal des Weihnachtsflüsschens gibt, sollte nicht zu falschen Vermutungen führen. Weihnachtsgefühle kommen bestimmt nicht auf. Steinmauern, die für die Südküste typische Terrassenlandschaft und dorniges Gestrüpp sind fast ständige Begleiter. Hat man auf der alten Steinbrücke die Ribeira de Natal überquert, wird der Weg ausgesetzter. Bis zum Aussichtsberg Pico do Facho ist man schon gut zwei Stunden unterwegs und hat 300 Höhenmeter überwunden. Das kann in dieser Gegend ganz schön schweißtreibend sein. So mancher zieht es deshalb vor, in einem der Cafés an der Uferpromenade zu sitzen, eines der Fischrestaurants aufzusuchen oder ganz einfach nur dem Treiben im Hafen zuzusehen. In der Sonne natürlich, denn das ist das Privileg des Südostens. Sie scheint hier fast immer.

INFO

DAS BELUGA-U-BOOT – ZUR HÄLFTE UNTER WASSER

Wer die Unterwasserwelt Madeiras sehen will, ohne nass zu werden, kann mit dem Beluga-U-Boot auf große Fahrt gehen, dem einzigen Glasbodenboot auf der Insel. Die untere Bootshälfte hat acht große Bullaugen, durch die man im Trockenen sitzend beobachten kann, was sich unter Wasser alles so abspielt. Zweimal täglich legt das Boot von der Marina in Funchal ab und tuckert die Südküste entlang. Die Ausflugsfahrten dauern zwischen zweieinhalb und drei Stunden. Erstes Ziel ist das Meeresschutzgebiet am Kap Garajau westlich von Funchal. Je nach Jahreszeit und Wetter ist dort auch eine Pause zum Schwimmen und Schnorcheln vorgesehen. Anschließend nimmt das Beluga-U-Boot Kurs aufs offene Meer und tiefere Gewässer, in der Hoffnung auf eine Begegnung mit Delfinen, Walen und auch Meeresschildkröten.

WEITERE INFORMATIONEN

Tel. 00351 967 04 42 17
madeira-boat-trips.info
madeira-tours.info

→ Die Ponta de São Lourenço ist der Prototyp der Landschaft im Südosten Madeiras. Die Halbinsel gehört nicht zufällig zu den beliebtesten Wandergebieten auf der gesamten Insel. Inmitten einer bizarren Felsenküste entdeckt man immer wieder Badebuchten, und es öffnen sich beeindruckende Blicke über das Meer nach Porto Santo.
↑ Wenn Camacha seinen Stadtheiligen Laurentius feiert, dann steht die neue in den 1990er-Jahren erbaute Kirche im Mittelpunkt.
← Landhaus-Hotels wie jenes in Santo da Serra bieten Komfort und Gemütlichkeit.

FARBENSPIELE DER NATUR – PONTA DE SÃO LOURENÇO

Auf ganz Madeira sieht man Rhododendren, Hortensien, Agapanthus, Hibiskus, blühende Parks und Gärten oder Wald in allen nur möglichen Grüntönen. Nur eine Halbinsel am östlichen Ende scheint bei der Verteilung der Gaben Gottes leer ausgegangen zu sein. Ein Trugschluss. Die Ponta de São Lourenço ist ein Paradies, das allerdings einen aufmerksamen Blick für die kleinen Wunder der Natur einfordert.

45

Zeit sollte man sich für diese Landschaft nehmen. Schließlich basteln Wind und Wellen, Sonne und Regen immerhin schon sechs Millionen Jahre an ihrer Gestaltung. Mag das Felsenband auch noch so spröde und lebensfeindlich aussehen, als würde es den Gästen ein »Bleib mir vom Leib!« entgegenrufen, so ist es doch in Wirklichkeit ein empfindlicher Lebensraum, der Schutz braucht und von allen, die ihn betreten, besondere Rücksicht verlangt.

Die gesamte Landfläche und das Meer an der Nordküste der Halbinsel sind geschützt und gehören zum Netzwerk Natura 2000. Der Industriehafen von Caniçal liegt keine fünf Kilometer entfernt, und schon hat man sämtliche Anzeichen der Zivilisation hinter sich gelassen. Verräterisch ist einzig und allein das Asphaltband, das zum Parkplatz an der Abra-Bucht führt. Ab diesem Punkt ist die Ponta de São Lourenço ein unberührtes Gebiet mit einer zum großen Teil endemischen Pflanzenwelt. Das halbtrockene Klima und die Nordwinde sind verantwortlich für die nahezu baumlose Landschaft. Wer im Frühjahr kommt, traut jedoch seinen Augen nicht, denn in dieser Zeit ist die Halbinsel weder staubtrocken noch scheinbar ohne Leben. Das Vulkangestein trägt Grün, und meterhoch ragen die blauvioletten Blütenstängel des Madeira-Natternkopfs in die Höhe.

Eine der größten Möwenkolonien nistet auf der der Halbinsel vorgelagerten Insel, der Ilhéu da Cevada. Geschützte Seevögel wie der Madeira-Wellenläufer, Gelbschnabel-Sturmtaucher oder die Fluss-Seeschwalbe haben hier ebenso ein Refugium gefunden wie einige für Madeira typische Vogelarten. Auch das einzige Reptil der Insel ist auf der Ponta do São Lourenço zu Hause, die Madeira-Mauereidechse.

Landschaftsschutz geht vor

Die ohnehin vom Wetter begünstigte Südküste ist an ihrem östlichen Ende noch um einen Tick gesegneter. Für Wanderer heißt das, besser den Regenschutz zu vergessen als Hut und Sonnencreme. Auf dem Weg von Caniçal zur Abra-Bucht kommt man am Miradouro da Ponta do Rosto vorbei. Der Aussichtspunkt bietet etwas ganz Besonderes: Von hier aus kann man sowohl die Nord- als auch die Südseite sehen.

Die Entdecker Madeiras machten um diese damals noch bewaldete Landzunge einen Bogen und gingen weiter westlich an Land, wo das Meer ruhiger und die Felsenküste weniger gefährlich war. Angeblich rief João Gonçalves Zarco, als die Landzunge näher kam: »Genug, São Lourenço, es reicht!« São Lourenço hieß das Schiff des Seefahrers, das so zum Namensgeber für die Halbinsel wurde.

Heutzutage hat man hingegen leichtes Spiel und fährt bis zum Parkplatz. Schon nach einer kurzen Wegstrecke auf der Halbinsel weist ein Schild darauf hin, dass hier eigene Spielregeln gelten. Sobald man die Grenze zum Naturpark erreicht hat, darf man die Pfade nicht mehr verlassen. Der Schutz der Vegetation hat oberste Priorität.

← Caniçal ist das Tor zur Ponta de São Lourenço.
↗ Wandern im Osten Madeiras hat eine Bühne der besonderen Art. Kleine Anhöhen lassen Gipfelträume wahr werden.

Fotomotive in Schwarz und Rot

Der Weg führt zu einer Kammhöhe, von der aus man zu beiden Seiten das Meer sieht. Vor uns ragt ein riesiger, nach oben spitz zulaufender Felsblock aus dem Wasser. Vulkanausbrüche, die sich vor Jahrmillionen ereigneten, haben eine bizarre und zerklüftete Felslandschaft hinterlassen, die im Licht der Sonne mit Farben, Farbtönen und Mustern nicht geizt. Manchmal wechseln schwarze und rötlichbraune Querstreifen, das Ergebnis erkalteter Lavaströme und verwitterter Vulkanasche. Dunkler Trachyt und rotes Tuffgestein stehen in ständigem Wettstreit. Auch der Felsblock im Meer glänzt zweifarbig: unten rot, oben schwarz. Die Route führt durch felsiges Gelände in Richtung Osten. Holztreppen und Steinplatten animieren nicht nur dazu, auf dem Weg zu bleiben, sondern erleichtern auch den Streifzug über die Landzunge. Die Höhenunterschiede sind minimal, nur der Aufstieg zum

170 Meter hohen Pico do Furado am Ende der Wanderung verlangt eine kleine Anstrengung.

Wie eine Oase

Estreito bedeutet Engpass, und je näher wir der so benannten Stelle kommen, desto schmaler wird die Halbinsel. Schließlich ist nur noch ein etwa fünf Meter breiter Grat verblieben, der zu beiden Seiten von einem Drahtseilgeländer gesichert wird. Man kann sich also umdrehen und einen Blick zurück auf die Südküste werfen, wo eine waghalsige Stelzenkonstruktion ins Auge sticht. Es ist die ins Meer hinaus verlängerte Landebahn des Flughafens von Santa Cruz. Aha, deshalb fliegen die Maschinen in einer großen Schleife über das Meer, bevor sie zur Landung ansetzen.

Wir erreichen eine Senke, in der Palmen einem Häuschen notdürftig Schatten geben. Die Casa do Sardinha ist ein ehemaliger Hirtenunterstand und heute Stützpunkt der Naturparkverwaltung. Sardinenschachtel! Wie treffend. Das Szenario erinnert an eine Oase in der Wüste. Picknickplätze unter Palmen laden zu einer Rast ein. Keine schlechte Idee, denn jetzt geht es steil nach oben. Hundert Höhenmeter muss man auf kurzer Distanz bis zum Doppelgipfel des Pico do Furado überwinden.

Nach knapp anderthalb Stunden haben wir unser Ziel erreicht. Die vorgelagerte Insel da Cevada und eine winzige Felseninsel, auf der gerade Platz für den Leuchtturm ist, markieren die Endpunkte der Ponta de São Lourenço und damit auch Madeiras. Rund 150 Meter unter der Meeresoberfläche verbindet ein Riff Madeira mit den 30 Kilometer weiter im Süden liegenden Desertas-Inseln, deren Silhouetten bei klarer Sicht zu sehen sind.

Die Badebucht Prainha

Zwischen Abra-Bucht und Caniçal liegt die Prainha. Diese kleine Badebucht mit kupferfarbenem vulkanischen Sand wird vom Vulkankegel Monte Gordo eingerahmt, der das Strändchen wie ein Schutzschild umschließt. Am oberen Rand des Vulkankegels steht die Capela da Senhora da Piedade. Alljährlich am dritten Wochenende im September wird die Namenspatronin gefeiert wird. Die Gläubigen kommen mit Booten zur Prainha und pilgern dann zu dem Kirchlein hinauf.

↑ Nach dem Aufstieg liegt einem die nächste Badebucht zu Füßen.
← Lässt man die Zivilisation zurück, taucht man ein in ein Naturschutzgebiet, das seit Jahrtausenden von Wind und Wasser modelliert wird.

INFO

GIPFELTOUR UND BADEFREUDEN

Die Wanderung entlang der Halbinsel Ponta de São Lourenço bietet die für Madeira seltene Gelegenheit, eine Gipfeltour mit einem Bad im Meer zu vereinen. Unterwegs auf die Bergspitze bieten sich zwei Gelegenheiten für ein kühles Bad im Ozean. Von dem Aussichtspunkt mit Blick auf den großen Felsen im Meer führt ein Pfad hinunter ans Wasser. Gegen Ende des Hinwegs, bei der Casa do Sardinha, ist ebenfalls ein Badestopp möglich. Ein Treppenweg führt hier hinab zu dem Bootsanleger Cais do Sardinha. Der kleine Strand ist steinig, aber das Meer wunderbar. Wer also an einem heißen Sommertag das Wandern und Baden miteinander verbinden will, kann sich auf den Weg zur Ponta de São Lourenço machen. Am Ende des Tages bleibt dann immer noch die Prainha.

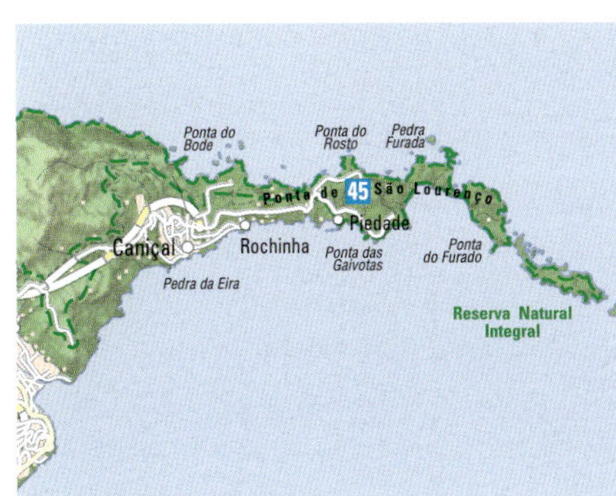

46

DREI MARMORSÄULEN ALS WIEDERGUTMACHUNG

MACHICO – DIE ERSTE HAUPTSTADT MADEIRAS

Machico ist mit 12 000 Menschen nicht nur der größte Ort Ost-Madeiras, sondern auch der älteste. In der Bucht von Machico gingen 1419 João Gonçalves Zarco, Tristão Vaz Teixeira und Bartolomeu Perestrelo an Land. Machico wurde Hauptstadt der Insel. Jahrzehntelang wehrte sich Machico im Kampf um die Führungsrolle erfolgreich gegen das aufstrebende Funchal. 1497 aber machte König Manuel I. von Portugal Funchal zur Hauptstadt.

Mit dem Verlust des Hauptstadtstatus gingen Macht und Ansehen verloren, und es hat fast den Anschein, als habe die Kleinstadt die Erinnerung an die Zeit danach ausgelöscht. Noch immer zehrt Machico von der Geschichte seiner ersten hundert Jahre. Tristão Vaz Teixeira erhielt die östliche Hälfte der Insel als Lehen übertragen und gründete die Stadt. Daher steht am zentralen Platz vor dem Rathaus sein Denkmal.

Der Largo do Município ist das Zentrum der Altstadt. Gegenüber vom Rathaus steht die Pfarrkirche Nossa Senhora da Conceição, die um 1440 gebaut und später mehrmals vergrößert und erneuert wurde. Das Innere der Kirche wurde in der Barockzeit völlig neu gestaltet. Vom ursprünglichen Bau erhalten geblieben ist das gotische Zwillingsportal an der Seitenfassade. Die drei weißen Marmorsäulen sollen 1485 von Manuel I. gestiftet worden sein. Einige Jahre später wurde Funchal zur Inselhauptstadt. Dort ließ sich ein größerer Hafen anlegen und Zuckerrohr hatte die Stadt reich gemacht.

Wehrburgen gegen Piratenüberfälle

Die Stadt fiel nach der Entmachtung in die Bedeutungslosigkeit. Immer wieder war Machico als erster großer Ort im Osten Madeiras Ziel von Piratenüberfällen. Als die Piraten immer dreister wurden und auch Funchal ins Visier nahmen, ordnete der damals regierende Gouverneur der Insel Anfang des 18. Jahrhunderts die Befestigung Machicos an. Zu beiden Seiten des Ribeira do Machico, der die Stadt in zwei Teile teilt, wurden Wehranlagen errichtet, das Forte de Nossa Senhora do Amparo und das Forte São João Baptista. Ersteres weist einen ungewöhnlichen dreieckigen Grundriss auf. Das hatte strategische Bedeutung, weil es so möglich war, die Kanonen nach zwei Seiten auf das Meer auszurichten. Für Gäste geöffnet ist nur das Forte Nossa Senhora do Amparo.

Die Uferpromenade beginnt am westlichen Stadtrand bei der Capela de São Roque. 1739 haben die Menschen Machicos die kleine Kirche als Dank dafür errichtet, dass sie von der Pest verschont blieben. Hier steht auch das neue Kulturzentrum, das Fórum Machico, ein Glas- und Basaltkubus, der unter anderem ein Theater und eine Bibliothek beherbergt. Am meisten gefragt aber dürfte die Terrasse des Cafés im ersten Stock sein, von wo aus man die gesamte Bucht überblickt.

Von der Mündung der Ribeira do Machico führt eine zweite Promenade landeinwärts bis zu einer Zuckerfabrik, die jedoch schon lange nicht mehr in Betrieb ist. Die Steinbögen des alten Aquädukts erinnern daran, woher die Zuckermühle einst das Wasser bekam. Auf dem Weg dorthin kommt man an der Capela dos Milagres vorbei. Errichtet wurde sie an der Stelle, wo 1419 die erste Messe auf Madeira stattfand. 1803 wurde das 1420 errichtete Gebäude von einem Hochwasser zerstört, bald darauf baute man die Kapelle neu. Eine Heiligenfigur aus dem 16. Jahrhundert, angeblich die älteste Madeiras, stellt den »Wundertätigen Christus« dar. Bei dem Hochwasser wurde dieser sogenannte Senhor dos Milagres ins Meer geschwemmt, jedoch von einem Seemann entdeckt und zurückgebracht. Das Ereignis wird alljährlich festlich begangen.

↑ Es muss nicht immer Aktivurlaub sein. Machicos Uferpromenade lädt zum Bummeln und Ausspannen ein.
← Die weitläufige Bucht war schon immer ein sicherer Hafen.

Aussichtspunkt Pico do Facho

Am Ostufer des Bachs liegen das alte Fischerviertel Banda d'Além, der neue Jachthafen und ein goldener Sandstrand, einer von wenigen auf der Insel. Er wurde mit Sand aus Marokko aufgeschüttet. Hier beginnt auch der Weg zum Pico do Facho. Auf dem rund 320 Meter hohen Felsen über der Bucht von Machico hielten die Späher Ausschau nach Piratenschiffen. Heute gibt es dort Picknickplätze und der Pico ist ein beliebtes Ausflugsziel. Zu Fuß ist der Aussichtspunkt in einer knappen Stunde zu erreichen, und man genießt einen herrlichen Blick über den gesamten Nordosten der Insel. Übrigens kommt man auch mit dem Auto rauf.

INFO

DIE MAIOS

Eine mehr als 500-jährige Geschichte lässt Zeit und Raum für Brauchtum und christliche Feste. So wird alljährlich am 1. Mai der Winter mit Hilfe von überlebensgroßen Strohpuppen ausgetrieben. Diese *maios* haben der Überlieferung zufolge magische Kräfte und besiegen nicht nur die kalte Jahreszeit, sondern so ziemlich alles Böse, was sich über den Winter angesammelt hat. Die ersten Maitage werden sie auf dem Platz gegenüber der Kirche aufgestellt. Das wichtigste religiöse Fest findet alljährlich am 8. Oktober statt und erinnert an die Bergung der Heiligenfigur des »Wundertätigen Christus«. Nach Einbruch der Dunkelheit wird die Christusfigur in einem Boot und im Licht von Fackeln zur Pfarrkirche gezogen. In Machico wird an diesem Abend die öffentliche Beleuchtung ausgeschaltet. Wie Seeleute die Heiligenfigur nach dem Hochwasser von 1803 aus dem Meer retteten, kann man auf einem Ölgemälde in der Capela dos Milagres (»Kapelle der Wunder«) sehen.

LEICHTE GÄNSEHAUT – SANTA CRUZ

Santa Cruz? Muss man da hin? Natürlich. Sogar zweimal. Außer man entscheidet sich für eine mehrtägige Schiffspassage von Lissabon nach Funchal. Wer aber im Flugzeug reist, kommt um Santa Cruz nicht herum. Denn dort befindet sich der Flughafen der Insel. Madeiras Airport hat es nach seiner Modernisierung im Jahr 2000 sogar in die Kategorie »Sehenswürdigkeiten« geschafft.

Die exponierte Lage und der Landeanflug sorgen dafür, dass das Abenteuer Madeira beginnt, bevor man überhaupt angekommen ist. Langsam kommt die Atlantikinsel näher, und glaubt man, es könne nur noch Sekunden dauern, bis die Maschine aufsetzt, sieht man auf einmal wieder nur Wasser. Erst muss eine große Schleife gedreht werden und dann wird in einer eng gehaltenen Rechtskurve die weit ins Meer hinausragende Landebahn angesteuert.
1964 wurde der Flughafen gebaut. Die Landebahn war von Anfang an sehr kurz und wurde in den 1980er-Jahren bereits auf knapp 1800 Meter verlängert. Im Jahr 2000 bekam die Landebahn weitere rund 1000 Meter hinzu. Um das Bauwerk zu verwirklichen, mussten mehrere Dutzend, 120 Meter hohe Betonpfeiler in den Meeresgrund gerammt werden. Santa Cruz hatte seine Attraktion, eine Brücke ins Meer, die im Nichts endet. Der Platz unter der Start- und Landebahn wird übrigens als Parkplatz genutzt.

Aeroporto Cristiano Ronaldo

Die technische Meisterleistung wurde 2004 mit dem Outstanding Structure Award ausgezeichnet und damit auf eine Stufe mit der San Francisco Oakland Bay Bridge und dem Burj Khalifa in Dubai gestellt. Trotz verlängerter Landebahn zählt der Aeroporto do Madeira zu den schwierigen seiner Art. Flugteams erhalten daher Schulungen für sichere Starts und Landungen. Seit 2016 hat der Flughafen auch einen neuen Namen: Aus Aeroporto Internacional da Madeira Cristiano Ronaldo wurde Aeroporto Cristiano Ronaldo. Regionalpräsident Miguel Albuquerque adelte damit den berühmtes-

↙ Der Flughafen von Madeira ist berühmt, berüchtigt und eine architektonische Sehenswürdigkeit. Das Flugpersonal, das die Insel anfliegt, wird mit geschult.
↑ Seit die Landebahn ins Meer hinaus verlängert wurde, ist die Herausforderung nicht mehr ganz so groß.

ten Sohn der Insel, nachdem dieser mit Portugal Fußballeuropameister wurde.
Man würde Santa Cruz aber unrecht tun, wenn man den hübschen Ort auf eine Reihe von Betonpfeilern reduziert. Wir befinden uns an einem geschichtsträchtigen Ort. Schon im 15. Jahrhundert hat der Zuckerexport die Gemeinde reich gemacht. In Santa Cruz gibt es noch eine Reihe von Herrschaftshäusern, die aus jener Zeit stammen und prägend für das Stadtbild sind.

Im Konkurrenzkampf mit Funchal

Das gilt auch für die Igreja de São Salvador, die im Ruf steht, das größte Gotteshaus außerhalb von Funchal zu sein. Und in der Tat ist die Erlöserkirche ein beeindruckendes Bauwerk. Ob die reichen Zuckerhändler von Santa Cruz die Hauptstädter übertrumpfen oder nur ärgern wollten, lässt sich nicht mit Gewissheit sagen. Architekt der Kirche war vermutlich Diogo Boitaca, der auch die wohl berühmtesten Gebäude Portugals, das Mosteiro dos Jerónimos und den Torre de Belém, entwarf. So entstand Anfang des 16. Jahrhunderts im gotischen Stil die Igreja de São Salvador. Das im manuelinischen Stil errichtete Grabmal eines der Bauherren befindet sich in der Kirche. Die Gassen und Plätze des Städtchens lassen das Betonungetüm des Flughafens am Ortsrand schnell vergessen. Der Kirchplatz wird von Drachenbäumen gesäumt. Hier befindet sich auch das Wahrzeichen der Stadt: Ein Kreuz auf einer Marmorsäule. Es steht an der Stelle des früheren Schandpfahls. Vom Kirchplatz kommt man über die Rua Cónego Oliveira zum Nabel der Altstadt, der Praçeta Padre Gabriel Olavo Garcês. Auf dem kleinen Platz treffen sich im Schatten der Bäume die Einheimischen zu einem Schwätzchen oder Kaffee.

Bunte Genüsse

In Strandnähe steht die Markthalle von Santa Cruz, eine kleinere Ausgabe des Mercado dos Lavradores von Funchal. Der Mercado Municipal ist dafür bekannt, dass ausnahmslos lokale Erzeugnisse verkauft werden, in erster Linie Fisch, Obst und Gemüse. Am Sonntag hat der Markt bis mittags geöffnet, unter der Woche bis in die frühen Abendstunden. Ebenfalls im Osten von Santa Cruz steht die Quinta do Revoredo. Die vornehme Villa war früher im Besitz der Familie Blandy und steht mitten in einem sehenswerten Garten. Sie wurde auf Hochglanz gebracht und in ein Kulturzentrum umgewandelt.

INFO

BADEN UNTER PALMEN ODER SPASS IM AQUAPARQUE

Wer Santa Cruz zur warmen Jahreszeit trotz der Nähe zum Flughafen als Urlaubsdomizil gewählt hat, wird mit Badefreuden belohnt. Etwas außerhalb des Zentrums, am östlichen Strand gleich hinter der Markthalle, beginnt am Meer eine von Palmen gesäumte und mit Mosaiken ausgelegte Promenade, die Praia das Palmeiras. Der Strand ist grobkiesig, aber es gibt Schwimmbecken und auch eine Badezone im Meer. Badespaß vor allem für die Jugend bietet hingegen der Aquaparque im Westen von Santa Cruz. Schon von der Schnellstraße aus sieht man die azurblauen Schleifen der Wasserrutschen des Vergnügungsparks. Insgesamt neun Rutschen gibt es hier – ob superschnell, eher gediegen oder dunkel und geschlossen. Jung und Alt kommen im Aquaparque auf ihre Kosten. Der Kinderbereich ist mit Planschbecken und flachen Rutschen ausgestattet. Dazu gibt es einen Strömungskanal, in dem man sich um die Badezone treiben lassen kann.

Endlich an einem richtigen Strand liegen und nur faulenzen.

RUND UM MADEIRA

Natur pur und aktive Erholung

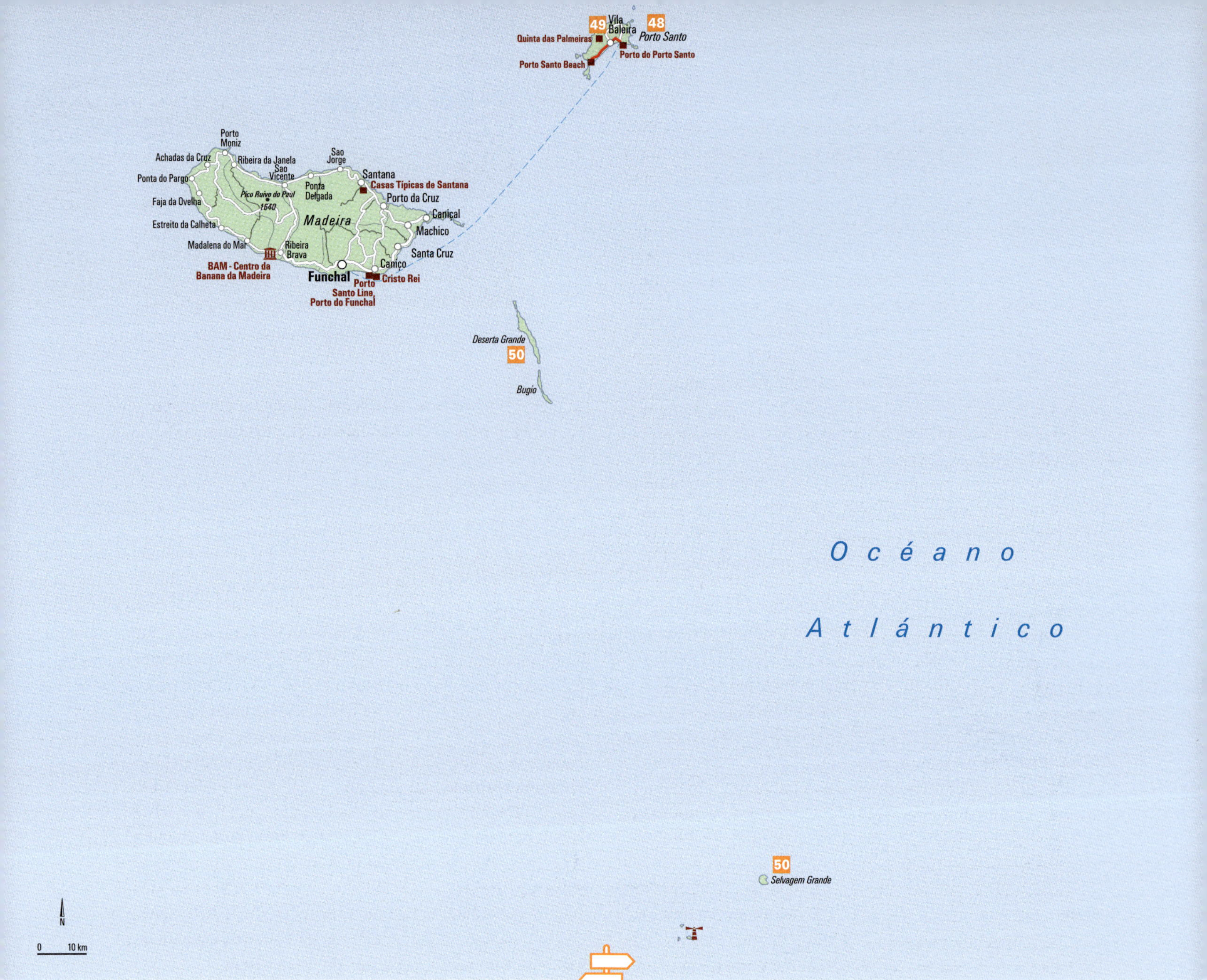

DIE VIELFALT DES MADEIRA-ARCHIPELS

INSELHOPPING IN DER WA(H)LHEIMAT

Madeira ist nicht nur diese einzigartige Vulkaninsel, sondern der Name des gesamten Archipels. Und nicht nur die kleineren Inseln, sondern der Atlantik drumherum sind ein wahres Naturspektakel. Das kann man entweder ganz in Ruhe genießen oder auch entdecken – am besten per Boot. Wale und Schildkröten fühlen sich hier ganzjährig wohl.

Was Madeira an überwuchernder grüner Natur fast schon viel hat, haben die anderen Inseln und Inselchen zu wenig. Dschungelartige Wälder, Wasserfälle und tropische Früchte sucht man eher vergebens. Was sie aber bieten ist Artenvielfalt – die meisten sieht man »under the sea«. Unmittelbar um Madeira herum erreicht das Meer eine Tiefe von bis zu 4000 Metern – ein wahrer Traum für Meereslebewesen. Das Archipel ist einer der privilegiertesten Orte weltweit, um ganzjährig Wale zu sehen oder die seltene Mittelmeer-Mönchsrobbe, aber auch Schildkröten und Meeresvögel – Letztere natürlich nur kurz im Wasser, wenn sie einen Fisch jagen.

Die einzige Insel, die ebenfalls bewohnt ist, ist Madeiras kleine Schwester, 48 **Porto Santo.** Entdeckt von den portugiesischen Seefahrern wurde das Eiland sogar noch vor Madeira. Es gibt mehrere Möglichkeiten von Funchal aus hierher zu gelangen. 42 Kilometer sind beide Inseln voneinander entfernt. Man kann beispielsweise fliegen und ist dann innerhalb weniger Minuten dort. Gängiger ist aber die Reise mit der Fähre – die Überfahrt dauert rund zweieinhalb Stunden. Am besten im Rahmen eines Tagesausflugs: morgens hin und abends zurück. Natürlich kann man seinen Aufenthalt auf Porto Santo auch verlängern – je nach Belieben. Die kleine Insel lässt sich gut zu Fuß erkunden, schließlich ist sie nur elf Kilometer lang und sechs Kilometer breit. Oder man leiht sich ein Fahrrad. Die Touren reichen von leicht bis schwer. Es gibt zudem öffentliche Busse und man kann Fahrzeuge mieten. Zu den Highlights zählen die Windmühlen und mehrere Aussichtspunkte, die *miradouros,* an erhöhten Positionen. Die höchsten Erhebungen, der Pico Facho und der Pico do Castelo, sind auch hier ehemalige Vulkane. Sie befinden sich im Osten der Insel. Bekannt und beliebt ist Porto Santo vor allem wegen des wunderschönen, goldenen Sandstrands 49 **Praia do Porto Santo,** der ganze neun Kilometer lang ist.

↑ Wunderschöner, goldener Sandstrand auf Porto Santo

An den östlichen bzw. nördlichen Teil des Strands grenzt der Hauptort der Insel, 49 **Vila Baleira.** Zur Erklärung: Die Insel ist eher schräg, also nicht Ost-West und Nord-Süd ausgerichtet. Nach Vila Baleira verschlägt es die meisten Reisenden – früher sogar schon Kolumbus.

Einsame wilde Inseln

Wer zu den anderen beiden Inselgruppen will, den, 50 **Ilhas Desertas und Selvagens,** ist entweder selbst mit dem Segelboot unterwegs oder muss sich eine Tour buchen. Die beinhaltet dann auch die Erlaubnis, dort zu ankern und die Inseln unter Begleitung zu betreten. Es handelt sich um Naturschutzgebiete. Zu den rund 45 Kilometer südöstlich von Madeira gelegenen 50 **Ilhas Desertas** braucht man hin und zurück etwa neun Stunden. Es sind drei »verlassene« Inseln: Ilhéu, Deserta Grande und Bugio. Die Pflanzen, die hier wachsen, haben sich der Umgebung angepasst, und es gibt sie nur hier: Sträucher, Blütenpflanzen und Sukkulenten. Um zu den 280 Kilometer südlich von Madeira gelegenen 50 **Ilhas Selvagens** zu gelangen, braucht man ca. 30 Stunden. Die Inseln Selvagem Grande, Selvagem Pequena, Ilhéu de Fora und eine Vielzahl kleinerer Inseln sind vor allem Vogelparadiese.

INFO

TOUR
Tour 1: Funchal – Porto Santo
Länge: ca. 70 km (hin)
Dauer: Minimum ein Tag
Tour 2: Funchal – Ilhas Desertas
Länge: ca. 45 km (hin)
Dauer: ein Tag
Tour 3: Funchal – Ilhas Selvagens
Länge: ca. 280 km (hin)
Dauer: drei bis fünf Tage
Beste Reisezeit: ganzjährig, da ewiger Frühling
Sehenswertes: Strand von Porto Santo, visitmadeira.com
Unterkunft: Porto Santo: Pestana Porto Santo, pestana.com/de/hotel/pestana-porto-santo; Vila Baleira Porto Santo, vilabaleira.com

WEITERE INFOS
Die Bootstouren gehen über das offene Meer; dafür sollte man seefest sein. Ansonsten kann es sein, dass man seekrank wird. Am besten von Alkohol und Kaffee fernhalten und nur leichte Speisen zu sich nehmen.

»HEILIGER, RETTENDER HAFEN«

SONNIGE SCHWESTERINSEL – PORTO SANTO

Der ideale Madeira-Urlaub endet am Strand von Porto Santo. Nun heißt es, die Windjacke wegzupacken, die Bergstiefel in die Ecke zu stellen und gegen Sonne, Sand und Meer einzutauschen. Neun Kilometer lang ist der von einem Dünengürtel abgeschirmte Sandstrand an der Südküste. Für ihre Entdecker war die kleine Insel ein »heiliger, rettender Hafen«. Dies könnte auch für manche Gäste gelten, die nach etlichen Levada-Wanderungen und Klettertouren rund um die 1800 Meter hohen Gipfel Porto Santo erreichen.

48

Mit einigem Sicherheitsabstand umfährt die Lobo Marinho die Ponta de São Lourenço und schlägt nun einen Kurs hart nach Norden ein. In der Ferne tauchen die zwei Vulkankegel des Pico do Castelo (437 m) und Pico do Facho (517 m) auf. Die beiden höchsten Erhebungen von Porto Santo stehen stoisch da wie Turmwächter, denen nichts entgeht. Über lange Zeit hatten beide Gipfel tatsächlich eine Schutzfunktion. Am Pico do Facho wurden Leuchtfeuer angezündet, um die Küstenorte auf Madeira vor Seeräubern zu warnen. Der Pico do Castelo hingegen war für die Menschen von Porto Santo ein Zufluchtsort, an dem sie sich vor Piraten in Sicherheit bringen konnten.
Die Fahrt führt am Kap Garajau vorüber, dann kommt die Flughafen-Landebahn in Sicht, und schließlich erscheinen die Felsen der Ponta de São Lourenço. Der Morgendunst hat sich verzogen, die Sonne lässt die Muskeln spielen, und das Meer ist friedlich.

Ein Tag im Jahr 1418

Wie anders muss es gewesen sein, als sich im Jahr 1418 ein Segelschiff der Insel näherte. Ein furchtbarer Sturm tobte, Wassermassen überspülten das Schiff. Die Seefahrer hatten mit dem Leben schon abgeschlossen, als in der Ferne schemenhaft der Pico do Castelo und der Pico do Facho auftauchten. Das Schiff steuerte auf das unbekannte Land zu und fand sich in einer geschützten Bucht wieder. Das war der Augenblick, als aus vielen Kehlen der Ruf »Porto Santo!« ertönte. João Gonçalves Zarco, Tristão Vaz Teixeira und Bartolomeu Perestrelo hatten die Insel Porto Santo entdeckt.
Eine schöne Geschichte. Ob sie sich so zugetragen hat, sei dahingestellt. Historisch belegt ist hingegen, dass schon im Mittelalter Schiffe bei schweren Unwettern in der Bucht Schutz fanden. Die drei genannten Seefahrer allerdings nahmen Porto Santo im Auftrag der portugiesischen Krone in Besitz. Bartolomeu Perestrelo, dessen Vater aus Italien stammte, erhielt Porto Santo als Legat, was gleichbedeutend war, mit wirtschaftlicher Ausbeutung. Als Erstes wurde der Wald niedergebrannt, um Flächen für die Landwirtschaft zu gewinnen. Den Rest besorgten die Kaninchen.
Den Ankömmlingen von heute zeigt sich eine ziemlich kahle Insel. Wiederaufforstungsversuche sind bisher nicht sehr erfolgreich gewesen. Es gibt zu wenig Wasser auf Porto Santo.

← Vom Miradouro dos Flores hat man einen der schönsten Blicke auf die Insel.
↗ Vila Baleira ist eine gemütliche Kleinstadt, die am Abend erwacht.

Eine Meerwasserentsalzungsanlage gewährleistet die Trinkwasserversorgung.
Nach zweieinhalb Stunden legt die Lobo Marinho im Hafen von Porto Santo an. Autos rollen aus dem Bauch des Schiffs, Fahrgäste gehen von Bord; viele kommen für einen Tagesausflug hierher. Aber die Aufmerksamkeit des Hafenpersonals gilt einzig und allein den Containern, die sofort in Empfang genommen und entladen werden. Alles was auf Porto Santo benötigt wird, kommt täglich mit der Autofähre an.

Die Urlaubsinsel huldigt dem Zeitgeist

Porto Santo ist eine typische Urlaubsinsel, die in der Hochsaison ihre Population von 5000 Seelen verzehnfacht. Und als richtige Urlaubsinsel verschließt sie sich nicht dem Zeitgeist, denn die Feriengäste wollen nicht mehr nur faul im Sand liegen, sondern zum Beispiel auf dem 18-Loch-Platz in Campo de Baixo Golf spielen.
Auf Porto Santo ist auch eine Sportart möglich, die auf Madeira beinahe einem Selbstmord gleichkommt: Radfahren. Von Vila Baleira nach Ponta da Calheta führt sogar ein zehn Kilometer langer, ebener Radweg.
Gleitschirmflüge starten auf dem Pico do Castelo oder dem Pico do Facho; aus der Luft kann man beobachten, was sich in der Tiefe an Land und im Wasser abspielt. Im Reitzentrum Centro Hípico do Porto Santo kann man Ausritte buchen.
Bei Wasseraktivitäten besteht die Qual der Wahl: Wasserskifahren, Wind- oder Kitesurfen, Tauchen, alles ist möglich, und das bei – fast immer – strahlend schönem Wetter.

Porto Santos entlegene Ecken

Sportprogramm und Strandaktivitäten gut und recht, aber Porto Santo hat mehr zu bieten. Ein Tag reicht für einen Bummel durch die Hauptstadt Vila Baleira, den Besuch des Kolumbus-Museums und einige Badestunden am Strand.

Ein Mietauto benötigt man – wenn überhaupt – nur für einen Tag. Das genügt, um die Insel zu umrunden. Das Verkehrsaufkommen hält sich in Grenzen. Man begegnet höchstens Eseln, Kühen und Ziegen.
Nicht weit von Vila Baleira stehen die Windmühlen von Campo de Cima. Einige wenige sind noch funktionstüchtig. In Camacha hält José Cardina die Geschichte der Getreidemühlen in seinem liebevoll gestalteten Museum am Leben. Aber auch hier sind die Zeichen der Zeit von Weitem zu sehen: Zu den Windmühlen haben sich Windräder gesellt. Mit den steigenden Gästezahlen sind auch Wasser- und Stromverbrauch gestiegen.
Von Camacha ist es nicht weit bis Serra de Dentro, Ausgangspunkt für eine Wanderung in die einsame Hochebene Terra Chã. Auch der Gipfel des Pico do Castelo lockt. Drei Stunden muss man einplanen, wenn man von Vila Baleira aufbricht. Kürzer ist der Weg vom Parkplatz unterhalb des Bergs. Zur Aussichtsterrasse gelangt man über Steintreppen und durch einen Kiefernwald, das Ergebnis von jahrelangen Aufforstungsbemühungen. Jetzt liegt einem die Insel zu Füßen, der unendliche Sandstrand im Süden, der karge, steil ins Meer abfallende Norden und in unmittelbarer Nachbarschaft der zweite Turmwächter, der Pico do Facho.
So ganz ohne ein paar Schritte zu Fuß kommt man also auch hier nicht aus. Vor allem der Strandspaziergang von Vila Baleira bis Ponta do Calheta ist ein Erlebnis. Vom Atlantik weht ständig eine kühle Brise – angenehm, ob man gerade spazieren geht oder sich sonnt. Je näher man der westlichen Inselspitze kommt, desto felsiger wird die Landschaft.
Die Dünen gewinnen an Höhe und schützen die dahinter liegenden Felder. Eine bizarre Felsenküste hat den Sandstrand abgelöst. Am Ende der Strandwanderung warten eine Bushaltestelle und das Fischrestaurant O Calhetas. Man braucht also nicht den ganzen Weg wieder zurückzugehen und schon gar nicht mit leerem Magen.

↑ Alles was Porto Santo braucht, kommt mit dem Fährschiff. Vom Hafen fahren Taxis in den einige Kilometer entfernten Hauptort.
← Seit mehr als zwei Jahrzehnten werden die Windmühlen zwar nicht mehr gebraucht, aber sie sind ein Wahrzeichen der Insel.

INFO

FÄHRE ODER FLUGZEUG?

Einmal täglich fährt die Autofähre Lobo Marinho von Funchal nach Porto Santo – freitags und sonntags sogar zweimal. Für einen Tagesausflug nimmt man die Fähre um 8 Uhr (Ankunft 10.30 Uhr) und fährt um 19 Uhr zurück. Die Preise für Fahrkarten sind saisonabhängig. Wer seinen Mietwagen mitnehmen möchte, zahlt je nach Saison 175 bis 224 Euro; Elektroautos kosten in der Mitnahme sogar nur die Hälfte. Eine Alternative zur Fähre ist das Flugzeug. Sowohl von Madeira aus (Flugzeit ca. 25 Min.) als auch vom portugiesischen Festland (Lissabon, Porto) gibt es täglich mehrere Flüge von und nach Porto Santo. Der Flughafen nördlich der Hauptstadt hat eine sehr viel längere Landebahn als jener auf Madeira, weil Platz vorhanden ist, aber vor allem, weil die NATO auf Porto Santo einen Außenposten unterhielt.

WEITERE INFORMATIONEN

portosantoline.pt
ana.pt

→ Endlich ein wenig auf dem Wasser paddeln.
↑ Der ganze Stolz von Porto Santo ist seine Praia. Der Blick geht nach Südwesten zur Ponta da Calheta. Daran schließt sich die vorgelagerte Ilhéu do Baixo an, auf der früher Kalk abgebaut wurde.
← Nabelschnur zwischen Funchal und Porto Santo. Täglich verbindet die Autofähre die Hauptinsel mit der »kleinen Schwester«.

OCEANDUO

EUROPAS GRÖSSTES MEERESSCHUTZ-GEBIET GEHÖRT ZU MADEIRA

Ein UNESCO-Weltnaturerbe, zwei UNESCO-Biosphärenreservate – das kleine Archipel mitten im Atlantik hat richtig etwas zu bieten. Hinzu kommen mehrere Schutzgebiete an Land und im Wasser. Der geschützte Lorbeerwald hat es sogar geschafft, eines der »sieben Naturwunder Portugals« zu werden, in der Kategorie Wälder.

Madeira ist weltweiter Vorreiter in Sachen Natur- und auch Klimaschutz. Neben dem Lorbeerwald gehören die Naturschutzgebiete der Ilhas Desertas, der Ilhas Selvagens, Garajau, Rocha do Navio, Ponta de São Lourenço sowie das Meeresschutzgebiet Ilha do Porto Santo und natürlich der Naturpark Madeira zu den geschützten Zonen der Inselgruppe. Dazu gehören auch die beiden UNESCO-Biosphärenreservate Santana und Porto Santo.

2021 wurde die Schutzzone um die Ilhas Selvagens um weitere zwölf Seemeilen erweitert, auf eine Gesamtgröße von nun insgesamt 2677 Quadratkilometer. Damit ist sie nicht nur die größte Europas, sondern im Nordatlantik. Hört sich toll an,

aber weltweit sind weniger als acht Prozent der Ozeane geschützt. In der kompletten Schutzzone um die Inselgruppe sind jede Art von Fischfang und der Abbau von Rohstoffen verboten. Hier leben nicht nur seltene und bedrohte Arten, das Gebiet liegt auch auf der Wander- und Migrationsroute vieler Fische und Meeressäuger zwischen Madeira, den Kanaren und Kap Verde. Neben der Unechten Karettschildkröte fühlen sich auch einige Walarten hier wohl, wie Finn-, Pott- oder Grindwal. Die Ilhas Selvagens stehen im Übrigen auch auf der Tentativliste des UNESCO-Welterbes.

↑ Eine Unechte Karettschildkröte in ihrem Element
↑ Der »verwunschene« Nebelwald Madeiras.
← Porto Santo ist seit 2020 Biosphärenreservat.

Natur und Mensch im Einklang

Im Oktober 2020 wurde Porto Santo zum zwölften UNESCO-Biosphärenreservat in Portugal erklärt – neben Santana ist es das zweite des Atlantikarchipels. Es umfasst auch die sechs unbewohnten, benachbarten Inselchen und die umgebende Meeresfläche. Die UNESCO honoriert mit dem Titel die Bemühungen, die Bedürfnisse der Menschen mit dem Schutz der Natur in Einklang zu bringen. Die 27 000 Hektar des Biosphärenreservats schließen alle vorhandenen Schutzgebiete und den Teil des Natura-2000-Netzwerks mit ein. 50 Quadratkilometer sind an Land und rund 220 Quadratkilometer Meeresfläche. Einige der Pflanzen- und Tierarten hier sind endemisch. Schützenswert, weil bedrohte Arten, sind die Mittelmeer-Mönchrobbe und die Unechte Karettschildkröte, die hier in den Gewässern zuhause sind. Und mit etwas Glück bekommt man sie auch zu Gesicht. Das kristallklare Meer, das ausgezeichnete Sichtverhältnisse bis zu einer Tiefe von 40 Metern liefert, bietet ideale Tauchverhältnisse. Interessant sind die beiden künstlichen Riffe, die durch die zwei gesunkenen Schiffe »Madeirense« und »Corveta General Pereira D'Eça« entstanden sind.

Unter dem Meer

Ein deutscher Auswanderer war einer der Hauptinitiatoren des Unterwasserschutzgebiets von Garajau auf der Hauptinsel Madeira: Rainer Waschkewitz. Als Radsportler und Taucher machte er die Insel bereits Anfang der 1980er-Jahre unsicher – und sich auch bald mit einer Tauchbasis selbstständig. Die klaren Gewässer rund um Garajau und die Meerestiere dort hatten es ihm angetan. Sie galt es zu schützen, konsequent, denn die Verödung und Verschmutzung des Meers waren besorgniserregend, eine Abnahme der Fauna offensichtlich.
1986 wurde dann das Reserva Natural Parcial do Garajau an der Südküste Madeiras, östlich von Funchal, eingerichtet. Es ist 376 Hektar groß und hat eine Küstenlinie von sieben Kilometern – zwischen Ponta do Lazareto und Ponta da Oliveira. Heute ist es das Tauch-Highlight bei Profis und Laien aus aller Welt. Die Bedingungen sind ideal, und das Wasser ist so klar, dass man auch noch in einer Tiefe von 20 Metern Meerestiere beobachten kann – in allen Größen, Farben und Formen.
Der Golfstrom führt hier vorbei und so ist die Vielfalt enorm: Papageien-, Trompeten-, Kugel- und Drückerfische, Röhrenaale, Barrakudas, Anemonen. Auch Riesenmantas, Teufelsrochen und Mönchsrobben mögen diese Gewässer. Hauptattraktion sind jedoch Zackenbarsche, die nicht nur rund anderthalb Meter groß, sondern auch noch zahm sind. Ganz selten schwimmt auch der Gelbe Zackenbarsch hier vorbei.
In dem Naturschutzgebiet ist sowohl das Fischen untersagt als auch der Schiffsverkehr eingeschränkt.

49

WIE IM FILM, SO KITSCHIG UND SCHÖN

VILA BALEIRA UND DIE PRAIA DO PORTO SANTO

Vila Baleiras größte Attraktion ist sein Strand und sein bedeutendster Bürger ein Ausländer, der nur wenige Jahre auf der Insel verbracht hat. Wenn man den goldgelben Sandstrand aber erst einmal gesehen hat und dann noch erfährt, dass der Ausländer kein Geringerer als Christoph Kolumbus war, hört sich die Sache schon anders an, und man wird neugierig. Neugierig auf das Städtchen, seine Geschichte und diesen wunderbaren Strand, der scheinbar kein Ende hat.

Die Unendlichkeit des Sandstrands ist natürlich ein Trugschluss. Aber sollte es irgendwo auf der Welt einen unendlichen Sandstrand geben, dann ist es der von Porto Santo. Am alten Schiffsanleger, am Cais Velho, beginnt der Traumstrand. Muschelschalen, die über Jahrhunderte zu feinem Sand zerrieben wurden, haben ihm zu seiner Farbe verholfen. Und dieses in der Sonne glänzende Gold wiederum ist der Grund, warum Porto Santo auch Ilha Dourada genannt wird, die »goldene Insel«.
Die Praia da Fontinha ist so etwas wie das städtische Strandbad mit Umkleidekabinen und Duschen. Je weiter man Richtung Südwesten spaziert, desto einsamer wird die Umgebung. Acht, neun Kilometer immer nur Sand, ein Dünengürtel und blaues Meer. Klingt kitschig, trifft aber zu. Man hört Meeresrauschen, das Konzert der Zikaden, und zum Abschluss versinkt die Sonne blutrot im Meer. Mehr Programm gibt es nicht, und das braucht es auch nicht.

Rathaus und Kirche – dazwischen Apollo 14

Die Abende in der Hauptstadt sind etwas weniger romantisch. Am Largo do Pelourinho trifft sich Jung und Alt. Der Platz

↑ Der Steg von Vila Baleira ist tagsüber und abends ein guter Treffpunkt.
← Der goldene Sandstrand mit dem blauen Meer von Porto Santo: ein Paradies.

ist das Zentrum der Stadt. Hier stehen sich weltliche und geistliche Macht gegenüber, das Rathaus und die Kirche. Den *pelourinho,* den Schandpfahl, der dem Platz den Namen gegeben hat, gibt es schon seit Langem nicht mehr. Dafür beherrscht das Apollo 14 die Szenerie wie eh und je. Im Kultlokal der Altstadt fließt das Bier. Zu den *sardinhas* aber trinkt man frischen Wein, den Vinho Verde.
Das Rathaus ist ein Renaissancebau aus dem 16. Jahrhundert und damit älter als die heutige Kirche. Die ursprüngliche Igreja de Nossa Senhora da Piedade wurde zwar im 15. Jahrhundert errichtet, allerdings im 17. Jahrhundert ausgeraubt und niedergebrannt, sodass sie neu erbaut werden musste. Die mit Azulejos verkleidete Fassade stammt aus dieser Zeit.

Wie Christoph Kolumbus nach Porto Santo kam

In einer Gasse hinter der Kirche steht die Casa Colombo, das Kolumbus-Museum. Damit wären wir bei der zweitwichtigsten Inselattraktion: Christoph Kolumbus oder Cristóvão Colombo, wie er in Portugal heißt. Heinrich der Seefahrer hatte Bartolomeu Perestrelo, einen der Entdecker der Insel, als Statthalter eingesetzt. Der legendäre Ruf der portugiesischen Seefahrer und die Aussicht auf gute Geschäfte mit dem Zucker lockten den knapp 30-jährigen Genueser nach Madeira. Hier lernte er die Tochter Perestrelos, Filipa Moniz, kennen. Dass Perestrelo italienischer Abstammung war, dürfte die Heiratspläne erleichtert haben. 1479 oder 1480 fand die Hochzeit auf Porto Santo statt, wo auch beider Sohn Diego geboren wurde. Dem Paar waren aber nur wenige gemeinsame Jahre beschieden. 1484 starb Filipa und Kolumbus verließ Porto Santo, um zu neuen Ufern aufzubrechen. Amerika wartete ja noch darauf, entdeckt zu werden.
Die wenigen Jahre genügten jedoch, um Cristóvão Colombo für immer und ewig an die Insel zu binden. Einmal im Jahr, beim Kolumbus-Festival, kehrt er ja ohnehin wieder zurück nach Porto Santo. Am Schiffsanleger steht das Kolumbus-Denkmal, und die Casa Colombo erzählt seine Geschichte und die der vielen portugiesischen und spanischen Seefahrer, die auf den Weltmeeren unterwegs waren. Eine Reihe von Kolumbus-Porträts lassen vermuten, dass man sich nie einig war, wie der Entdecker Amerikas wirklich ausgesehen hat. Kleider, Möbel und Arbeitsgeräte geben einen Einblick in das Leben der Menschen jener Zeit.
Es wird vermutet, dass einst Cristovão und seine Filipa hier in dem Haus lebten. In dem heutigen Museum zählen zu den Ausstellungsstücken auch Artefakte eines holländisches Handelsschiffs, das 1724 an der Nordküste zerschellte.

INFO

ALLE JAHRE WIEDER: KOLUMBUS ANKUNFT AUF PORTO SANTO
Auch wenn Kolumbus auf Porto Santo nicht unbedingt glücklich wurde, die Insel hält das Andenken an seinen prominenten Kurzzeitmitbürger wach. Einmal im Jahr feiert Vila Baleira an einem langen Wochenende im September das Kolumbus-Festival. Höhepunkt ist die Ankunft des Seefahrers aus Genua und seiner Getreuen in einem originalgetreuen Nachbau des Kolumbus-Schiffs *Santa Maria.* Ein Beiboot bringt Kolumbus an Land, wo er natürlich von sämtlichen Honoratioren der Insel erwartet und empfangen wird. Nachgestellt wird auch Kolumbus Hochzeit mit Filipa Moniz. Vila Baleira wird für drei Tage zu einem mittelalterlichen Marktplatz und die Menschen hier verwandeln sich in Zuckerhändler, Seefahrer, Gaukler und Piraten. Konzerte und Theateraufführungen sowie Ausstellungen und Umzüge runden das Programm ab.

WEITERE INFORMATIONEN
porto-santo.com

EIN RIFF DIENT ALS VERBINDUNG

WILD – ILHAS DESERTAS UND SELVAGENS

Wer die unberührte Natur der Desertas erleben möchte oder – im Fall der Selvagens – zumindest aus der Ferne sehen will, muss ein Zeitpolster einplanen. Die Boots- und Segeltouren, die in Funchal starten, dauern zu den Desertas ein oder auch zwei Tage, die Fahrten zu den Selvagens fünf Tage. Die zwei Inselgruppen sind unbewohnt und stehen als Reserva Natural unter Naturschutz. Landgänge bedürfen einer Sondererlaubnis und sind daher nur in Kombination mit einer gebuchten Bootsfahrt möglich.

Von der Spitze der Ponta de São Lourenço zieht sich in 150 Metern Meerestiefe ein Riff zu den drei Ilhas Desertas. Ilhéu Chão, Deserta Grande und Bugio liegen etwa 30 Kilometer von der Südküste Madeiras entfernt. Der Name Ilhas Desertas bedeutet »verlassene« oder »menschenleere Insel« – treffender könnte er nicht sein. Wassermangel macht es unmöglich, die Inseln zu bewirtschaften. Nur auf der größten Desertas-Insel, Deserta Grande, gibt es eine Süßwasserquelle.

Die Naturparkbehörde hat eine Forschungsstation errichtet, die aus einigen wenigen, einfachen Holzhütten besteht. Das Interesse gilt vorwiegend der vom Aussterben bedrohten Mönchsrobbe und rund zwei Dutzend Vogelarten, die auf Deserta Grande ihr Refugium gefunden haben. Schwer vorstellbar, dass die Insel einmal eine üppigere Vegetation aufwies. Bei wenig erfolgreichen Besiedlungsversuchen brachten die Menschen Ziegen und Kaninchen mit. Die Pflanzenfresser waren für das empfindliche Ökosystem ein Desaster.

50

Im Hafen von Funchal liegt der Motorsegler Ventura do Mar vor Anker. Wer seetüchtig ist, darf sich auf eine rund drei- bis vierstündige Fahrt freuen, auf der sich – mit etwas Glück – auch Wale und Delfine blicken lassen und Gelb- und Schwarzschnabel-Sturmtaucher ihre Flugkünste vorführen. Im Rahmen einer solchen Bootstour steht auch ein Landgang in Begleitung auf dem Programm. Für Wasserratten gibt es vor der Rückfahrt noch einen erfrischenden Badestopp in einer geschützten Bucht mit klarem Wasser von Deserta Grande.

Näher an Afrika als an Europa

Wer der Faszination des Ozeans erliegt, kann mit dem Gedanken spielen, das quirlige Madeira für einige Tage mit nichts als Wind und Wellen, blauem Himmel und endlosem Horizont zu tauschen. 280 Kilometer lang ist die Reise übers Meer von Madeira aus. Nur 165 Kilometer entfernt liegen die Selvagens nördlich von den Kanarischen Inseln. Zu ihnen gehören die drei größeren Inseln, Selvagem Grande, Selvagem Pequena und Ilhéu de Fora, sowie zwei Dutzend Felseilande. Auf keiner dieser Inseln gibt es Trinkwasser, trotzdem halten auf Selvagem Grande Naturschutzorganisationen in einer Station der Naturparkbehörde die Stellung. 1971 wurde die Inselgruppe als erstes Schutzgebiet in Portugal zum Naturreservat deklariert.

Zum Unterschied von Deserta Grande weisen die Selvagens eine intakte Flora auf, weil niemals Pflanzenfresser eingeführt wurden. Viele Meeresvögel haben hier ihre Nistplätze, darunter eine riesige Kolonie von Weißgesicht-Sturmschwalben, die alljährlich ab März brütet. Sie teilt sich die abgeschiedene Inselwelt mit Rosenseeschwalben und Gelbschnabel-Sturmtauchern.

↙ Von vielen Orten im Süden und Osten Madeiras hat man die Ilhas Desertas im Blick.

Viele Fische und ein Schatz

Die fischreichen Gewässer der Selvagens führten wiederholt zu Streitigkeiten zwischen Portugal und dem Nachbarland Spanien. Man ist sich uneins, ob die Schutzzone zwölf oder 200 Meilen beträgt. Portugal ist der Auffassung, dass die Inseln – dank der ständig anwesenden Naturschutzorganisationen – bewohnt sind und damit die 200-Meilen-Zone gilt. In Spanien sieht man das anders.

Weniger politischen Zündstoff beinhaltet die Geschichte vom sagenumwobenen Schatz der Kathedrale von Lima (Peru). Ihn soll der Pirat William Kidd auf einem seiner Beutezüge von einem spanischen Schiff geraubt und auf einer dieser Inseln vergraben haben. Schatzsucher haben immer wieder danach gesucht. Ohne Erfolg. Wer es bei einem Kurzbesuch trotzdem versuchen will, sollte sich dabei auf keinen Fall von den Naturschutzorganisationen erwischen lassen!

INFO

WALE, DELFINE UND MEERESSCHILDKRÖTEN

Madeiras Tierwelt ist überschaubar, weshalb sich das Interesse besonders auf die weitaus vielfältigere Meeresfauna konzentriert. Nicht nur in Funchal oder auf Porto Santo werden Halb-, Ein- oder Mehrtagesfahrten angeboten, die Wale als festen Programmpunkt und dazu auch noch den Schwimmspaß mit Delfinen im Angebot haben. Die Wahrscheinlichkeit, dass man sowohl Wale als auch Delfine zu Gesicht bekommt, ist tatsächlich hoch, schließlich sind mehr als 20 Meeressäugerarten rund um Madeira heimisch. Dazu zählen unter anderem Pott-, Blau- und Grindwal sowie Buckel- und Schwertwal, um nur einige der bekanntesten Arten zu nennen. Auch viele Delfinarten sind häufig zu sehen, seltener ist hingegen der Anblick von Meeresschildkröten. Wer zu den Desertas oder Selvagens unterwegs ist, hat bessere Chancen, vor allem die Karettschildkröte in ihrer natürlichen Umgebung zu sehen. Oft ist Geduld vonnöten, und verläuft eine Fahrt einmal nicht ganz nach den Erwartungen, sollte man sich immer ins Gedächtnis rufen: Das Meer ist kein Zoo.

WEITERE INFORMATIONEN

venturadomar.com
h2omadeira.com
rota-dos-cetaceos.pt

Jardim Botânico
in Funchal.

REGISTER

Der Süden Madeiras auf einen Blick (v.l.n.r.): Madeira-Klassiker für jeden Geschmack: Windsurfen, die Festung São Tiago in Funchal, englische Gartenbaukunst, ein Fado-Abend in Santa Maria Maior, Blumen und Blüten in allen Farben und kleine Fischerhäfen wie jener von Câmara de Lobos.

Autoren: Robert Asam verbindet seit seiner Pensionierung verstärkt das Schreiben mit dem Reisen.
Grit Schwarzenburg konnte als TV-Journalistin ein paar Jahre ihrer Leidenschaft fürs Reisen frönen und landete dadurch auch in Portugal und kehrt seitdem immer wieder dorthin zurück.

Fotograf: Udo Bernhart arbeitet seit über 40 Jahren als freier Fotograf und Fotojournalist. Seine Aufträge führten ihn natürlich auch nach Madeira.

IMPRESSUM

Verantwortlich: Carola Holzer, Ronja Holzinger
Korrektorat: Petra Sparrer
Layout und Producing: Roman Bold & Black
Umschlaggestaltung: Roman Bold & Black
Repro: Ludwig:media
Kartografie: Huber Kartographie, Block
Herstellung: Alexander Knoll
Printed in Poland by CGS Printing

★★★★★

Sind Sie mit diesem Titel zufrieden? Dann würden wir uns über Ihre Weiterempfehlung freuen.
Erzählen Sie es im Freundeskreis, berichten Sie Ihrem Buchhändler, oder bewerten Sie bei Onlinekauf. Und wenn Sie Kritik, Korrekturen, Aktualisierungen haben, freuen wir uns über Ihre Nachricht an Bruckmann Verlag, Postfach 40 02 09, D-80702 München oder per E-Mail an lektorat@verlagshaus.de.

Unser komplettes Programm finden Sie unter

www.bruckmann.de

Empfehlung der Redaktion
Sie sind auf der Suche nach weiterführender Literatur? Dann empfehlen wir Ihnen den Titel »Highlights Schweden« von Thomas Krämer und Petra Woebke.

Alle Bilder des Innenteils und des Umschlags stammen von **Udo Bernhart,** außer:
Lookphotos: S. 48 (age photostock); 49 o., 98 (VWPics); 69 (robertharding); 77, 128, 178 (Holger Leue); 107, 114/115 (Wagner, Hanna); 129 o., 129 u. (ClickAlps); 142/143 (Leue, Holger); 179 o. (Reinhard Discherl); 179 u. (Rainer Mirau); **Jose Baptista:** S. 52 u.; **Shutterstock:** S. 49 u. (Achim Wagner); 53 o. (imageBROKER.com); 76, 155 o. (Castro Cicero); 73 (Evannovostro); 81 (Dennis van de Water); 99 o. (gg-foto); 99 u. (Natalia Mylova); 100 (ikiforov Alexander); 125 (A_Mikhail); 158 (Roger Clark ARPS); 154, 155 u. (wjarek); 171 (Naturzeta Mad); 180 o. (Curioso.Photography); 182 (DaLiu); **picture alliance:** S. 74 (Jochen Schlen); S. 94 (Süddeutsche); 152 (Rainer Hackenberg); **Mauritius images:** S. 96 (Eric Nathan/Alamy); 124 (imageBROKER/Uwe Kraft); 133 (Westend61/Kontrastlicht); 147/158 (Sunny Celeste/Alamy); 167 u. (McCanner/Alamy); 175 (PURPLE MARBLES MADEIRA/Alamy); **HUBER IMAGES:** S. 172 (Da Ros Luca); 173 (Fantuz Olimpio); 176 (Fantuz Olimpio);

Umschlagvorderseite: o. Steintisch und Holzbank bei Caldeirao Verde (mauritius images/Rainer Mirau); u. Die felsige Küste Madeiras (mauritius images/Lukas Petereit)
Umschlagrückseite: o. Blick über den Botanischen Garten von Madeira in Funchal (lookphotos/Leue, Holger); u.l. Blumenfest in Funchal (Castro Cicero/Shutterstock), u.m. Wanderpfade führen auf Madeira oft entlang der Levadas (Martin Blazicek/Shutterstock), u.r. Die Casas de Colmo sind das Markenzeichen Santanas. (Udo Bernhart)

S. 2/3: Vom Garten von Ilhéu aus hat man einen weiten Blick über die Häuser von Câmara de Lobos.
S. 5: Die Strelitzie ist die Nationalblume Madeiras.
S. 6/7: São Vicente, eine kleine Stadt an der Nordküste Madeiras.

Die Deutsche Nationalbibliothek verzeichnet diese Publikation in der Deutschen Nationalbibliografie; detaillierte bibliografische Daten sind im Internet über http://dnb.d-nb.de abrufbar.

Vollständig überarbeitete Neuauflage

Infanteriestraße 11a
80797 München

ISBN: 978-3-7343-2981-4

Originalausgabe mit dem Titel »Highlights Madeira«
ISBN: 978-3-7343-0927-4

EBENFALLS ERSCHIENEN

ISBN 978-3-7343-1608-1

ISBN 978-3-7343-2523-6

ISBN 978-3-7343-0871-0

ISBN 978-3-7343-2643-1

ISBN 978-3-7343-1869-6

ISBN 978-3-7343-1868-9

ISBN 978-3-7343-2016-3

ISBN 978-3-7343-2710-0

100 Highlights Afrikas Süden
978-3-7343-1033-1

100 Highlights Alpen
978-3-7343-1031-7

100 Highlights Australien
978-3-7343-2391-1

100 Highlights Deutschland
978-3-7343-2341-6

100 Highlights Englands Süden
978-3-7343-0650-1

100 Highlights Europa
978-3-73433-0146-9

100 Highlights Israel
mit Palästina und Jordanien
978-3-7343-1656-2

100 Highlights Italien
978-3-7343-1028-7

100 Highlights Jakobswege
in Spanien und Portugal
978-3-7343-2095-8

100 Highlights Neuseeland
978-3-7343-2394-2

100 Highlights New York
978-3-7343-0797-3

100 Highlights Skandinavien
978-3-7343-0652-5

100 Highlights Südamerika
978-3-7343-0651-8

100 Highlights Südostasien
978-3-7343-0659-4

100 Highlights USA
978-3-7654-8227-4

100 Highlights Wildes Deutschland
978-3-7343-2265-5

100 Highlights Wildes Europa
978-3-7343-1318-9

Deutschlands Welterbe
978-3-7343-2161-0

Die schönsten Inseln der Welt
978-3-7343-1149-9

Highlights Antarktis
978-3-7343-0857-4

Highlights Bali
978-3-7343-2393-5

Highlights Chile · Argentinien
978-3-7654-6031-9

Highlights Costa Rica
978-3-7343-0858-1

Highlights Iran
978-3-7343-0663-1

Highlights Island
978-3-7343-2086-6

Highlights Japan
978-3-7343-1983-9

Highlights Karibik
978-3-7654-4869-0

Highlights Kreta
978-3-7343-2522-9

Highlights Kuba
978-3-7654-5596-4

Highlights Madeira
978-3-7343-0927-4

Highlights Norwegen
978-3-7343-2084-2

Highlights Oman m. Dubai u. Abu Dhabi
978-3-7343-1672-2

Highlights Österreich
978-3-7343-2256-3

Highlights Peru
978-3-7654-5436-3

Highlights Portugal
978-3-7654-5533-9

Highlights Provence mit Côte d'Azur
978-3-7343-1030-0

Highlights Sardinien
978-3-7343-0332-6

Highlights Schweiz
978-3-7343-2324-9

Highlights Sri Lanka
978-3-7343-0859-8

Highlights Südafrika
978-3-7343-1981-5

Highlights Südtirol
978-3-7343-2107-8

Highlights Tibet
978-3-7343-2392-8

Highlights USA Der Westen
978-3-7654-5758-6

ISBN 978-3-7343-1089-8

BRUCKMANN

www.bruckmann.de

Steg von Vila Baleira
auf Porto Santo.